中国語検定試験で学ぶ中国語シリーズ③

完全攻略! 中検 **3** 級

8 週間の学習プログラム

奥村佳代子
氷野善寛
馮誼光

アルク

はじめに

　私たちは中国語を教える中で、学生にどのように中国語を教え、定着させていくかを常に考えてきました。その学習者の学習の到達度を測るための試験の一つが「中国語検定試験」（中検）で、「読む・聞く・書く・話す」の４技能の到達度を測る指標として利用しています。

　中検は級別の試験を採用しており、それぞれの級で求められるスキルや学習の到達度が異なります。その違いを本書では中国語学習という長い階段を上って行くうえで必要となる「個別のスキル」と、積み上げていく「基礎力」の２つの側面から捉え、本書を作成する上での基本的な設定としました。３級では「文法の総まとめ、リスニング力の更なる向上、単語量の大幅なアップ」に焦点を当て、「中級から上級へステップアップするための基礎作り」となる中国語力を定着させることが特徴となっています。

　中検では各級のレベルに到達するための学習時間を設定しており、３級では 200 〜 300 時間の学習を終えた受験者を想定しています。そのため、中検４級合格時にすでに 120 〜 200 時間の学習をしている学習者であれば、本書の学習プログラムである「文法と単語の学習」を５週間（35 日）、「長文とリスニング学習」を３週間（21 日）でクリアしようと思うと、１日２時間程度しっかり勉強する必要があります。その学習をできるだけスムーズに効率的にできるよう設計していますが、語学の習得には近道はありません。学習した時間は着実に自身の力となり、積みあがっていくものなので、毎日こつこつと中国語学習に取り組んでください。

　本書執筆にあたり、中検で過去５年にわたり出題された内容を分析しました。その級の対策で必要な内容はもちろん、単に合格するだけではなく、確実な中国語力を身に付けてもらいたいと考えて作成しています。「どれかこれか」でななく「どれもこれも」といった気持ちでしっかりと勉強していただければと思います。そのため、本書では可能な限り中検の問題形式に準拠していますが、しっかりとした基礎力を養成するために、中検が採用しているマークシートによる選択問題式だけではなく、「書く力」を養うため、毎日の基礎練習のページではあえて選択式や記号式は採用せず、自分で考えて書く問題を採用しています。

　本書が中国語学習者の皆様の学習ニーズに応えられること、そして中国語検定試験というツールによって皆様の中国語力が向上していくことを心から願っています。

著者一同

本書の **4** 大特長

1 過去の問題を徹底分析

だから、**試験対策にぴったり**

過去中検問題5年分を徹底分析。出題範囲、出題傾向を分析し3級の合格に必要な文法項目、構文、単語を収録しました。中国語学習の中期の段階で必要な幅広い力を習得できます。さらに「検定試験注目ポイント」で出題傾向も把握できます。

2 書いて覚える本格派！

だから、**力が付く！**

「筆記練習」では検定試験の出題を意識しながら、しっかり書いて覚える問題を準備しました。頭で考え、手を動かし、書き込むことで記憶にしっかりと定着させます。「単語練習」では3級に出題される単語だけではなく、準4〜4級で学んだ単語も含めて音を聞いて書くことで習得していきます。

3 筆記にリスニング、**8週間のカリキュラム学習**

だから、**無理なくマスターできる！**

「読む」「書く」「聞く」を中心にまんべんなく学習できるように、カリキュラムを設計しました。まずは最初の5週間でしっかりと3級で必要となる文法と単語を学び、その後の3週間で、長文やリスニングなどの実践形式の問題により総合的な力を養っていくことができます。

4 自由なコース設計で伸ばしたいところを**集中学習！**

だから、**自分の苦手なところをしっかりマスター！**

「文法解説」「筆記練習」「単語練習」「長文」「リスニング練習」はそれぞれ独立して学習することができます。試験直前に文法をまとめて再確認したい場合は「解説→練習」、耳を短期間で鍛えたい人は「単語練習→リスニング練習」と、強化したいところに焦点を当てた学習も可能です。

中国語検定試験で学ぶ中国語シリーズ③

完全攻略！中検 **3** 級
8週間の学習プログラム

中 国 語 検 定 試 験 (中 検) に つ い て

　「中国語検定試験」（中検）は一般財団法人日本中国語検定協会によって実施されている、中国語の学習成果を客観的に測定するための試験です。
　日本国内で最も広く認知されている中国語の資格であり、1981 年秋に第 1 回中国語検定試験が実施されて以来、評価基準、評価方法に検討が加えられながら、これまで回を重ねてきています。

3 級合格にはどんな学力が必要なのか

　中検は級別出題形式を採用しており、難しいものから順番に 1 級、準 1 級、2 級、3 級、4 級、準 4 級と 6 つの級に分けられています。
　日本中国語検定協会試験概要に、3 級の認定基準は以下のように定められています。

自力で応用力を養いうる能力の保証（一般的事項のマスター）

　基本的な文章を読み、書くことができること。簡単な日常会話ができること。(学習時間 200 〜 300 時間。一般大学の第二外国語における第二年度履修程度。)

出題内容

- 常用語 1,000 〜 2,000 語
- 発音（ピンイン表記）及び単語の意味
- 複文の日本語訳・中国語訳

中検と HSK の違い

　中検は、中国語読解、聴解能力のほか翻訳能力を問うものですが、HSK は中国語の運用能力のみを問うものであり翻訳能力は問われません。

3 級試験概要

構　成 ▶ リスニングと筆記の2部構成

試験時間 ▶ 100分　（前半にリスニング、後半に筆記）

試験と申込日程

試験日		申込開始日	申込締切日（時）		
			郵送申込	インターネット申込	
3月	第4日曜日	1/15	2/15	2/25	14：00
6月		4/15	5/15	5/25	
11月		9/15	10/15	10/25	

（郵送申込）申込締切日が日・祝日の場合は、翌営業日が締切日。

（インターネット申込）申込締切日が土・日・祝日の場合は、翌営業日14:00が締切。

試験会場 ▶ 日本各地、北京、上海、深圳、台北、シンガポール

受験料 ▶ 郵送申込5,200円、インターネット申込5,000円（税込）

最新情報は中国語検定協会のウェブページを確認してください。

http://www.chuken.gr.jp/

一般財団法人 日本中国語検定協会

〒103-8468 東京都中央区東日本橋2-28-5 協和ビル

TEL 03-5846-9751　FAX 03-5846-9752

本 書 を 使 っ て の 学 習 法

段階的に「聞く・読む・書く」の３つの力を育てるメソッドで、３級中国語脳を作ります。

基礎力を鍛える５週間

● １週間単位で学習
● １～５日目は毎日学習、６～７日目は週末学習として１～５日目の復習
● ５週間同じ間隔で繰り返す

応用力とリスニング力を鍛える３週間

● ５週間の基礎トレーニングが終わったら「長文」「リスニング」にチャレンジ
● 「長文」は１日１回分、「リスニング対策①」は１日２回分（１日だけ３回分）、
　リスニング対策②～④は１日１回分で合計 21 日間、分からないところがあ
　れば「文法」や「単語」を確認しながらゆっくりと進みます

「文法」「単語」「長文」「リスニング」と分かれているので、伸ばしたいところを集中的に学習しても良し、１日ごとにまんべんなく学習しても良しの自由なコース設計で学習を進めることもできます。

＊ ⓪⓪1 マークの部分には音声があります（ダウンロード方法は p10）。

「文法」 では、その日に学習する文法を項目ごとにしっかり解説しています。まずは解説をしっかり読み、その文法が使われている例文を確認しましょう。このページを通して、３級に必要となる文法事項の習得だけではなく、準４～４級で学習した内容もしっかり復習して基礎をしっかり固めましょう。

「筆記練習」 では、その日に学習した文法を中心に「語順整理」、「空欄補充」、「日文中訳」形式の問題を解いていきます。この問題を通して筆記問題の 2、3、5 を解く力を付けます。検定試験はマークシート形式ですが、本書では書いて覚えることをコンセプトにしているため、しっかり書きこんでいきましょう。

中検の3級合格に必要な基礎単語 は1000〜2000語とされています。本書では過去問を精査し、3級試験で出題されやすい傾向にある単語を選び、筆記問題1を解く力を身に付けるため、また試験全体の中国語文を読み解き、聞き取る力を身に付けるために、「単語練習」では2つのリスニング形式の問題を通して単語を学ぶ方式を採用しました。この「単語練習」には、中検3級に合格するために必要な単語だけではなく、準4〜4級で学んだ単語も含めて繰り返し出てきます。

筆記問題の4（長文） では400字前後の文章を読み、空欄補充と内容理解に関する問題が出題されます。空欄補充では副詞や介詞、補語を中心とした選択問題が出題されます。ここでは「文法」や「単語練習」で学習した内容の応用として、実践的な問題を解きながら、実力を付けていきましょう。また3級の長文では書面語的な言い回しや、成語なども出てきますので、分からない単語が出てきたときは辞書を引きながら読み解いていくようにしましょう。

「リスニング対策」 は、まずリスニング全体でよく使われる構文や対話形式を「リスニング対策１」で学び、リスニング試験1(1)〜(5)「一問一答」の形式を使って確認していきます。次に「リスニング対策２」で1(6)〜(10)の「二人三話」に対応した練習を、「リスニング対策３」で2(1)〜(5)の「ＡＢ形式」の会話の練習を、「リスニング対策４」で2(6)〜(10)の300字前後の長文の聞き取り形式の練習をしていきます。それぞれの対策でヒントや単語の確認をできるように工夫してありますので、自分の学習レベルに合わせながら練習していきましょう。

ダウンロード音声について

本書の学習音声 (001) ～ (364) を、スマートフォンやパソコンに無料でダウンロードできます。ぜひ、活用してください。

スマートフォンの場合

語学学習アプリ booco

以下のQRコードから**学習用アプリ「booco」**をインストール(無料)の上、ホーム画面下「さがす」から本書を検索し、音声ファイルをダウンロードしてください。
(本書の商品コードは 7020027)

https://booco.page.link/4zHd

パソコンの場合

以下のURLで**「アルク・ダウンロードセンター」**にアクセスの上、画面の指示に従って、音声ファイルをダウンロードしてください。

https://www.alc.co.jp/dl/

＊このサービス内容は予告なく変更する場合がございます。
　あらかじめご了承ください。

第1週

ウォーミングアップ　疑問文①

基本的な疑問文（諾否疑問文・反復疑問文・選択疑問文・省略疑問文）を復習しましょう。

❶ まずは基本をおさらい

❶ 諾否疑問文

　　陳述文の文末に"吗"を置くと、文全体の内容を「～か」と問う意味になります。

(001) 你喜欢去旅行吗?　Nǐ xǐhuan qù lǚxíng ma?
あなたは旅行に行くのが好きですか。

　― 我喜欢去旅行。Wǒ xǐhuan qù lǚxíng.
　― 我不喜欢去旅行。Wǒ bù xǐhuan qù lǚxíng.
　　私は旅行に行くのが好きです。
　　私は旅行に行くのが好きではありません。

你晚上想吃中国菜吗?
Nǐ wǎnshang xiǎng chī Zhōngguócài ma?
あなたは夜中国料理を食べたいですか。

　― 我晚上想吃中国菜。Wǒ wǎnshang xiǎng chī Zhōngguócài.
　― 我晚上不想吃中国菜。Wǒ wǎnshang bù xiǎng chī Zhōngguócài.
　　私は夜中国料理を食べたい。
　　私は夜中国料理を食べたくありません。

他写的字漂亮吗?
Tā xiě de zì piàoliang ma?
彼が書いた字はきれいですか。

　― 他写的字很漂亮。Tā xiě de zì hěn piàoliang.
　― 他写的字不太漂亮。Tā xiě de zì bú tài piàoliang.
　　彼が書いた字は（とても）きれいです。
　　彼が書いた字はあまりきれいではありません。

❷ 反復疑問文

　　肯定形と否定形とを並べると反復疑問文になります。

(002) 你是不是留学生?　Nǐ shì bu shì liúxuéshēng?
あなたは留学生ですか。

　― 我是留学生。Wǒ shì liúxuéshēng.

諾否疑問文に対する
返答は、疑問文の述
語を肯定形か否定形
で表すのが基本です。

— 我不是留学生。Wǒ bú shì liúxuéshēng.
私は留学生です。／ 私は留学生ではありません。

你能不能帮助我? Nǐ néng bu néng bāngzhù wǒ?
あなたは私を手伝ってくれますか。

— 我能帮助你。Wǒ néng bāngzhù nǐ.
— 我不能帮助你。Wǒ bù néng bāngzhù nǐ.
あなたを手伝うことができます。／ あなたを手伝うことができません。

反復疑問文の答え方は、諾否疑問文の場合と同じです。

❸ 選択疑問文

　二つの選択肢を"还是"でつなぐと、どちらかを選んでもらう**選択疑問文**となります。

(003) 你喝咖啡，还是喝红茶? Nǐ hē kāfēi, háishi hē hóngchá?
あなたはコーヒーを飲みますか、それとも紅茶を飲みますか。

— 我喝咖啡。Wǒ hē kāfēi. ／ 我喝红茶。Wǒ hē hóngchá.
私はコーヒーを飲みます。／ 私は紅茶を飲みます。

反復疑問文、選択疑問文には、文末に"吗"を置くことができません。

你想学习汉语，还是想学习英语?
Nǐ xiǎng xuéxí Hànyǔ, háishi xiǎng xuéxí Yīngyǔ?
あなたは中国語を勉強したいですか、それとも英語を勉強したいですか。

— 我想学习汉语。Wǒ xiǎng xuéxí Hànyǔ.
— 我想学习英语。Wǒ xiǎng xuéxí Yīngyǔ.
私は中国語を勉強したいです。／ 私は英語を勉強したいです。

助動詞を伴っていても OK。

今天的晚饭，我做，还是你做?
Jīntiān de wǎnfàn, wǒ zuò, háishi nǐ zuò?
きょうの夕食は、私が作る、それともあなたが作る?

— 我做。Wǒ zuò. ／ 你做吧。Nǐ zuò ba.
私が作ります。／ あなたが作ってください。

主語を選ぶ場合もあります。
"你～吧"は「～してください」。

❹ 省略疑問文

　言わなくても分かることを省略し、文末に"呢"を置くのが**省略疑問文**です。

(004) 我喝咖啡，你呢? Wǒ hē kāfēi, nǐ ne?
私はコーヒーを飲みますが、あなたは?
— 我喝红茶。Wǒ hē hóngchá.　私は紅茶を飲みます。

第1週1日／第2週／第3週／第4週／第5週／筆記対策／リスニング対策／模擬試験

我喜欢听古典音乐，你呢？ Wǒ xǐhuan tīng gǔdiǎn yīnyuè, nǐ ne?
私はクラシック音楽を聴くのが好きなのですが、あなたは？

— 我不太喜欢听古典音乐，我喜欢听摇滚乐。
　Wǒ bú tài xǐhuan tīng gǔdiǎn yīnyuè, wǒ xǐhuan tīng yáogǔnyuè.
　私はクラシック音楽はあまり好きではなくて、ロックを聴くのが好
　きです。

　このように、省略疑問文は全てを言わなくても会話が成立する場合に
使える疑問文で、日本語の「〜は？」に当ります。たとえば、何の前ぶ
れもなくいきなり "〜呢?" と問えば、「どこにいるのか、どこにあるのか」
を意味し、人や物の存在する場所を尋ねる文になります。

(005) 小李呢？ Xiǎo-Lǐ ne?
李さんは（どこにいるの）？

我的钥匙呢？ Wǒ de yàoshi ne?
私の鍵は（どこにあるの）？

プラスワン

　諾否疑問文、反復疑問文、選択疑問文は、疑問文（質問）の中に返答が含まれています。
疑問文から答えとなる部分を抜き出すことによって、受け答えは成立します。
　ただし、選択疑問文は、選択肢が限られていますから、答えがその中にはない場合も考え
られます。そんなときは、"我都不〜" か "不〜，也不〜" のように、いずれも否定する答え
方もありえます。

你喜欢学习汉语，还是喜欢学习英语？
Nǐ xǐhuan xuéxí Hànyǔ, háishi xǐhuan xuéxí Yīngyǔ?
あなたは中国語を勉強するのが好きですか、それとも英語を勉強するのが好きですか。

我都不喜欢学习，我喜欢学习韩语。
Wǒ dōu bù xǐhuan xuéxí, wǒ xǐhuan xuéxí Hányǔ.
私はどちらも勉強するのが好きではありません。韓国語を勉強するのが好きです。

我不喜欢学习汉语，也不喜欢学习英语，我喜欢学习韩语。
Wǒ bù xǐhuan xuéxí Hànyǔ, yě bù xǐhuan xuéxí Yīngyǔ, wǒ xǐhuan xuéxí Hányǔ.
私は中国語を勉強するのが好きではなく、英語を勉強するのも好きではなく、韓国語を勉
強するのが好きです。
→私は中国語でも英語でもなく、韓国語を勉強するのが好きです。

検定
注目ポイント
３級レベルになると、答えを要求する諾否疑問文、反復疑問文、選択
疑問文による出題はあまり多くはありません。これらはできて当然という
ことです。完璧に身に付いていますね？

練習問題

第1週1日

第2週

第3週

第4週

第5週

筆記対策

リスニング対策

模擬試験

1 並べ替え問題

次の語を適切に並べ替えて文を完成させましょう。

(1) ［吗　中国电影　喜欢　看］　あなたは中国映画を観るのが好きですか。

你 ＿＿＿＿＿＿ ＿＿＿＿＿＿ ＿＿＿＿＿＿ ＿＿＿＿＿＿ ?

(2) ［工作　吗　也　星期六］　あなたは土曜日も仕事をしますか。

你 ＿＿＿＿＿＿ ＿＿＿＿＿＿ ＿＿＿＿＿＿ ＿＿＿＿＿＿ ?

(3) ［饺子　好吃　吗　包的］　彼の作る餃子はおいしいですか。

他 ＿＿＿＿＿＿ ＿＿＿＿＿＿ ＿＿＿＿＿＿ ＿＿＿＿＿＿ ?

(4) ［想　去　想　不］　あなたは夏休みに中国へ行きたいですか。

你暑假 ＿＿＿＿＿＿ ＿＿＿＿＿＿ ＿＿＿＿＿＿ ＿＿＿＿＿＿ 中国?

(5) ［家　不　在　在］　あなたのご両親は家にいますか。

你父母 ＿＿＿＿＿＿ ＿＿＿＿＿＿ ＿＿＿＿＿＿ ＿＿＿＿＿＿ ?

2 空欄記入問題

日本語の意味に合うように空欄に適切な語を書き入れましょう。

(1) わたしはフランス映画を観たいですが、あなたは?
我想看法国电影, 你（　　　　　　　）?

(2) ここからあなたの家へ行くには乗り換えなくてはなりませんか。
从这儿到你家, 要（　　　　　　　）要换车?

(3) 手伝ってもらえませんか。
你能（　　　　　　　）能帮助我?

(4) あなたは夏休みにヨーロッパへ行きたいですか、それともアメリカへ行きたいですか。
你暑假想去欧洲,（　　　　　　　）想去美国?

(5) 私たちはタクシーで行きますが、あなたは?
我们坐出租车去, 你（　　　　　　　）?

3 作文問題

日本語から中国語へ訳しましょう。

(1) あなたは中国語の先生ですか。（諾否疑問文）

(2) 彼の専攻は経済ですか、それとも法律ですか。（選択疑問文）

(3) 彼が書いた字はきれいですか。（反復疑問文）

(4) 私はサッカーが好きですが、あなたは？（省略疑問文）

(5) あなたには兄弟姉妹がいますか。（反復疑問文）

(6) あなたはドイツへ行ったことがありますか。（諾否疑問文）

(7) あなたは麺類を食べますか、それともご飯を食べますか。（選択疑問文）

(8) あなたは旅行へ行くのが好きですか。（諾否疑問文）

(9) あなたはコーヒーを飲みますか、それとも紅茶を飲みますか。（選択疑問文）

(10) 私は音楽を聴くのが好きですが、あなたは？（省略疑問文）

解 答　　解 説

---

1 (1) 你喜欢看中国电影吗？ Nǐ xǐhuan kàn Zhōngguó diànyǐng ma？ 「"喜欢"＋動詞」で文末に "吗" を置きます。
(2) 你星期六也工作吗？ Nǐ xīngqīliù yě gōngzuò ma？文末に "吗" を置きます。"星期六" "也" ともに述語の動詞 "工作" の前に置きます。
(3) 他包的饺子好吃吗？ Tā bāo de jiǎozi hǎochī ma？　文末に "吗" を置きます。"包的饺子" の語順にも注意しましょう。
(4) 你暑假想不想去中国？ Nǐ shǔjià xiǎng bu xiǎng qù Zhōngguó？反復疑問文です。助動詞 "想" を肯定形と否定形で言います。
(5) 你父母在不在家？ Nǐ fùmǔ zài bu zài jiā？反復疑問文です。動詞 "在" を肯定形と否定形で言います。

2 (1) 我想看法国电影，你（呢）？ Wǒ xiǎng kàn Fǎguó diànyǐng, nǐ (ne)？ 省略疑問文です。
(2) 从这儿到你家，要（不）要换车？ Cóng zhèr dào nǐ jiā, yào (bu) yào huàn chē？ 反復疑問文です。
(3) 你能（不）能帮助我？ Nǐ néng (bu) néng bāngzhù wǒ？ 反復疑問文です。
(4) 你暑假想去欧洲，(还是) 想去美国？ Nǐ shǔjià xiǎng qù Ōuzhōu, (háishi) xiǎng qù Měiguó？ 選択疑問文です。
(5) 我们坐出租车去，你（呢）？ Wǒmen zuò chūzūchē qù, nǐ (ne)？ 省略疑問文です。

3 (1) 你是 汉语 / 中文 老师吗？ Nǐ shì Hànyǔ/Zhōngwén lǎoshī ma？ 諾否疑問文は文末に "吗" を置きます。
(2) 他的专业是经济，还是法律？ Tā de zhuānyè shì jīngjì, háishi fǎlǜ？ 選択疑問文の形です。
(3) 他写的字 漂亮不漂亮/好看不好看？ Tā xiě de zì piàoliang bu piàoliang/hǎokàn bu hǎokàn？ 反復疑問文です。
(4) 我喜欢踢足球，你呢？ Wǒ xǐhuan tī zúqiú, nǐ ne？ 省略疑問文です。「〜するのが好き」は「喜欢」＋動詞です。
(5) 你有没有兄弟姐妹？ Nǐ yǒu méiyǒu xiōngdì jiěmèi？ 反復疑問文です。否定形は "没有" です。
(6) 你去过德国吗？ Nǐ qùguo Déguó ma？ 諾否疑問文です。「〜したことがある」は「動詞＋"过"」です。
(7) 你吃面条，还是吃米饭？ Nǐ chī miàntiáo, háishi chī mǐfàn？ 選択疑問文です。
(8) 你喜欢去旅行吗？ Nǐ xǐhuan qù lǚxíng ma？ 諾否疑問文です。
(9) 你喝咖啡，还是喝红茶？ Nǐ hē kāfēi, háishi hē hóngchá？ 選択疑問文です。
(10) 我喜欢听音乐，你呢？ Wǒ xǐhuan tīng yīnyuè, nǐ ne？ 省略疑問文です。

単語練習①

第1週1日　第2週　第3週　第4週　第5週　筆記対策　リスニング対策　模擬試験

1 音声を聞いて声調符号をつけ、4つの中から声調の組み合わせが異なる単語に〇をつけなさい。 006

	①		②		③		④	
[1]	xingqi	星期（週）	bingxiang	冰箱（冷蔵庫）	gongzi	工资（給料）	kache	卡车（トラック）
[2]	zaocan	早餐（朝食）	zongtong	总统（大統領）	zhengtian	整天（一日中）	shougong	手工（手製）
[3]	yuyi	雨衣（レインコート）	ganjue	感觉（感覚）	zhinan	指南（指針）	yanqian	眼前（目の前、当面）
[4]	linyu	淋浴（シャワー）	gutou	骨头（骨）	baicai	白菜（白菜）	qunzhong	群众（大衆）
[5]	weiyuan	委员（委員）	gongchang	工厂（工場）	jingcha	警察（警察）	daoyou	导游（ガイド）
[6]	lingdai	领带（ネクタイ）	meishu	美术（美術）	dangqian	当前（当面）	falü	法律（法律）

2 音声を聞いてピンインを書き、さらに4つの中から声調の組み合わせが異なる単語に〇をつけなさい。 007

	①	②	③	④
[1]	今天（今日）	春天（春）	专家（専門家）	灰色（灰色）
[2]	大夫（医者）	袜子（靴下）	橘子（ミカン）	月亮（月）
[3]	大家（みんな）	门口（入口）	蛋糕（ケーキ）	衬衫（シャツ）
[4]	电视（テレビ）	作业（宿題）	作品（作品）	汉字（漢字）
[5]	外国（外国）	后年（再来年）	年龄（年齢）	面条（麺）
[6]	米饭（ごはん）	政治（政治）	艺术（芸術）	印象（印象）

解答

1
[1] ①星期 xīngqī ②冰箱 bīngxiāng ③工资 gōngzī ❹卡车 kǎchē
[2] ①早餐 zǎocān ❷总统 zǒngtǒng ③整天 zhěngtiān ④手工 shǒugōng
[3] ❶雨衣 yǔyī ②感觉 gǎnjué ③指南 zhǐnán ④眼前 yǎnqián
[4] ①淋浴 línyù ❷骨头 gǔtou ③白菜 báicài ④群众 qúnzhòng
[5] ①委员 wěiyuán ❷工厂 gōngchǎng ③警察 jǐngchá ④导游 dǎoyóu
[6] ①领带 lǐngdài ②美术 měishù ❸当前 dāngqián ④法律 fǎlǜ

2
[1] ①今天 jīntiān ②春天 chūntiān ③专家 zhuānjiā ❹灰色 huīsè
[2] ①大夫 dàifu ②袜子 wàzi ❸橘子 júzi ④月亮 yuèliang
[3] ①大家 dàjiā ❷门口 ménkǒu ③蛋糕 dàngāo ④衬衫 chènshān
[4] ①电视 diànshì ②作业 zuòyè ❸作品 zuòpǐn ④汉字 Hànzì
[5] ①外国 wàiguó ②后年 hòunián ❸年龄 niánlíng ④面条 miàntiáo
[6] ❶米饭 mǐfàn ②政治 zhèngzhì ③艺术 yìshù ④印象 yìnxiàng

ウォーミングアップ　疑問文②

疑問詞にはさまざまな種類があります。ここでは疑問詞を用いた疑問文を確認しましょう。

❶ まずは基本をおさらい

　疑問詞疑問文は、聞きたい部分、分からない部分を疑問詞で置き換えます。語順は変化しません。

(008) 这是什么? Zhè shì shénme?
これは何ですか。

他是谁? Tā shì shéi?
彼は誰ですか。

你去哪儿? Nǐ qù nǎr?
あなたはどこへ行くのですか。

你家有几口人? Nǐ jiā yǒu jǐ kǒu rén?
あなたの家は何人家族ですか。

他们班有多少人?
Tāmen bān yǒu duōshao rén?
彼らのクラスは何人いますか。

　疑問詞疑問文への返答は、疑問詞を答えの言葉に置き換えます。

(009) 这是一把钥匙。Zhè shì yì bǎ yàoshi.
これは1本のカギです。

他是我的同事。Tā shì wǒ de tóngshì.
彼は私の同僚です。

我去学校的游泳池。
Wǒ qù xuéxiào de yóuyǒngchí.
私は学校のプールへ行きます。

我家有五口人。Wǒ jiā yǒu wǔ kǒu rén.
私の家は五人家族です。

他们班有二十来个学生。
Tāmen bān yǒu èrshí lái ge xuésheng.
彼らのクラスは20人ばかりいます。

"来" は、「数字＋"来"＋量詞（＋名詞）」の形で、「～くらい、～ばかり」という意味の概数を表します。

第1週2日

第2週

第3週

第4週

第5週

筆記対策

リスニング対策

模擬試験

❶ "怎么" ＋ 動 詞

"怎么"には2種類の意味がありますが、使い方の違いははっきりしています。

❶ 手段・方法を聞く "怎么"

"怎么"＋動詞の肯定形の場合、基本的には「どうやって、どのように」と手段を尋ねています。

010 你怎么去东京?　Nǐ zěnme qù Dōngjīng?
東京へはどうやって行きますか。

到车站怎么走?　Dào chēzhàn zěnme zǒu? 駅へはどう行きますか。

这个菜，怎么做?　Zhège cài, zěnme zuò?
この料理はどうやって作るのですか。

❷ 理由を聞く "怎么"

"怎么"＋動詞や "怎么"＋形容詞の間に "不" "没" などの副詞が入っている場合と、すでに発生・実現した出来事および形容詞述語文の場合には、基本的には「なぜ、どうして」と理由を尋ねています。

011 你怎么去东京了?　Nǐ zěnme qù Dōngjīng le?
あなたはなぜ東京へ行ったのですか。

你怎么不吃?　Nǐ zěnme bù chī? あなたはどうして食べないのですか。

这里的商品怎么这么贵?　Zhèli de shāngpǐn zěnme zhème guì?
ここの商品はなぜこんなに高いのですか。

❷ "怎么样"

"怎么样" は、「どうですか」と様子や状態を尋ねるときに用い、そのままで述語になります。

012 你最近工作怎么样?　Nǐ zuìjìn gōngzuò zěnmeyàng?
あなたは最近仕事の方はどうですか。

你觉得怎么样?　Nǐ juéde zěnmeyàng? あなたはどう思いますか。

"怎么办"
"怎么" (どのように) と"办" (処理する) で、「どうしよう」という意味です。
我的钱包没有了，怎么办?
Wǒ de qiánbāo méi - yǒu le, zěnme bàn?
財布がなくなった、どうしよう。

「〜は、…が○○だ」は主述述語文です。
我最近工作很忙。Wǒ zuìjìn gōngzuò hěn máng.
名詞＋名詞＋形容詞
主語　述語(主語＋述語)
私は最近仕事が (とても) 忙しい。

❸ "什么样的" + 名詞

"什么样的"は「どのような」という意味で、名詞の前に置き、「どのような〜か」を表します。"什么样"が修飾語、"的"の後の名詞が被修飾語です。

(013) 你喜欢什么样的人?
Nǐ xǐhuan shénmeyàng de rén?
あなたはどんな人が好きですか。

他是一个什么样的人?
Tā shì yí ge shénmeyàng de rén?
彼はどんな人ですか。

❹ "多" + 形容詞

"多长""多大""多重"のように一部の形容詞の前に"多"を置くと、「どのくらいの〜」という意味になり、"多"が疑問の意味を持つので、疑問詞に似た働きをします。

(014) 你的房间 (有) 多大?
Nǐ de fángjiān (yǒu) duō dà?
あなたの部屋はどのくらいの大きさですか。

你 (有) 多高? Nǐ (yǒu) duō gāo?
あなたはどのくらいの背の高さですか。
(あなたの背の高さはどのくらいですか。)

プラスワン

疑問詞疑問文は、リスニング問題の質問文に多く出題されますので、完璧に覚えておきましょう。

検定
注目ポイント   "怎么""怎么样""什么样"の使い分けは出題ポイントになっています。

練習問題

第1週2日

第2週

第3週

第4週

第5週

筆記対策

リスニング対策

模擬試験

1 並べ替え問題

次の語を適切に並べ替えて文を完成させましょう。

(1) ［的　书包　谁　是］ あれは誰のかばんですか。

那 ＿＿＿＿＿＿＿ ＿＿＿＿＿＿＿ ＿＿＿＿＿＿＿ ＿＿＿＿＿＿＿ ?

(2) ［去　你　哪儿　想］ 夏休み、あなたはどこへ行きたいですか。

暑假 ＿＿＿＿＿＿＿ ＿＿＿＿＿＿＿ ＿＿＿＿＿＿＿ ＿＿＿＿＿＿＿ ?

(3) ［谁　有　你家　都］ あなたの家族は誰と誰がいますか。

＿＿＿＿＿＿＿ ＿＿＿＿＿＿＿ ＿＿＿＿＿＿＿ ＿＿＿＿＿＿＿ ?

(4) ［中国　时候　去　什么］ あなたはいつ中国へ行きますか。

你 ＿＿＿＿＿＿＿ ＿＿＿＿＿＿＿ ＿＿＿＿＿＿＿ ＿＿＿＿＿＿＿ ?

(5) ［的　是　你　哪个］ どれがあなたのですか。

＿＿＿＿＿＿＿ ＿＿＿＿＿＿＿ ＿＿＿＿＿＿＿ ＿＿＿＿＿＿＿ ?

2 空欄記入問題

日本語の意味に合うように空欄に適切な語を書き入れましょう。

(1) あなたたちの会社には何人の人がいますか。

你们公司有（　　　　　　　）人?

(2) 首都空港へはどう行きますか。

到首都机场（　　　　　　　）走?

(3) あなたは何色が好きですか。

你喜欢（　　　　　　　）颜色?

(4) あなたは昨日なぜ来なかったのですか。

你昨天（　　　　　　　）没来?

(5) 彼は中国語を話すのはどうですか。

他汉语说得（　　　　　　　）?

(6) あなたのお父さんはどんな人ですか。

你爸爸是（　　　　　　　）的人?

(7) あなたはどのくらいの重さですか（あなたの体重はどのくらいですか）。

你有（　　　　　　　）重?

(8) きょうの夜あなたはどんな料理を食べたいですか。

今天晚上你想吃（　　　　　）菜?

(9) この漢字はどう読むのですか。

这个汉字（　　　　　）念?

(10) この英語はどういう意味ですか。

这个英文是（　　　　　）意思?

3 作文問題

日本語から中国語へ訳しましょう。

(1) あなたたちの学校にはどのくらい留学生がいますか。

(2) 駅へはどう行きますか。

(3) あなたはなぜご飯を食べないのですか。

(4) 長江はどのくらいの長さですか。

(5) あなたは最近仕事はどうですか。

解答 解説

1
(1) 那是谁的书包? Nà shì shéi de shūbāo？"谁的书包"で「誰のかばん」です。
(2) 暑假你想去哪儿? Shǔjià nǐ xiǎng qù nǎr？"哪儿"は「どこ」。
(3) 你家都有谁? Nǐ jiā dōu yǒu shéi？家族構成を尋ねる言い方です。
(4) 你什么时候去中国? Nǐ shénme shíhou qù Zhōngguó？"什么时候"で「いつ」です。
(5) 哪个是你的? Nǎge shì nǐ de？"哪个"は「どれ」。"你的"は「あなたの(もの)」。

2
(1) 你们公司有(多少)人? Nǐmen gōngsī yǒu (duōshao) rén？"多少"は数量を尋ねる疑問詞として用いられ、「どのくらい」という意味です。
(2) 到首都机场(怎么)走? Dào Shǒudū jīchǎng (zěnme) zǒu？"怎么走"で行き方を尋ねる言い方です。
(3) 你喜欢(什么)颜色? Nǐ xǐhuan (shénme) yánsè？"什么"は名詞の前に置くと「何の」「どんな」という意味になります。
(4) 你昨天(怎么)没来? Nǐ zuótiān (zěnme) méi lái？"怎么"には「なぜ」という意味があります。
(5) 他汉语说得(怎么样)? Tā Hànyǔ shuōde (zěnmeyàng)？状態を尋ねる疑問詞は"怎么样"です。
(6) 你爸爸是(什么样)的人? Nǐ bàba shì (shénmeyàng) de rén？"什么样"は名詞の前に置き「どのような」という意味です。
(7) 你有(多)重? Nǐ yǒu (duō) zhòng？"多"は形容詞の前に置いて、「どのくらいの」の意味で用います。
(8) 今天晚上你想吃(什么)菜? Jīntiān wǎnshang nǐ xiǎng chī (shénme) cài？"什么"は名詞の前に置くと「何の」「どんな」という意味です。
(9) 这个汉字(怎么)念? Zhège Hànzì (zěnme) niàn？"怎么"は「どのように」と方法や手段を尋ねます。
(10) 这个英文是(什么)意思? Zhège Yīngwén shì (shénme) yìsi？"什么"は名詞の前に置くと「何の」「どんな」という意味です。

3
(1) 你们学校有多少留学生? Nǐmen xuéxiào yǒu duōshao liúxuéshēng？「どのくらい」と数量を尋ねており、答えとして通常10以上が想定される場合には"多少"を用います。(10 未満は「几个"。)動詞は"有"を用います。
(2) 到车站怎么走? Dào chēzhàn zěnme zǒu？行き方を尋ねる場合は"怎么走"と言います。
(3) 你怎么不吃饭? Nǐ zěnme bù chī fàn？「なぜ」と理由を尋ねる場合は"怎么"を用います。
(4) 长江有多长? Chángjiāng yǒu duō cháng？長さを尋ねているので"多长"を用います。動詞の"有"は省略してもかまいません。
(5) 你最近工作怎么样? Nǐ zuìjìn gōngzuò zěnmeyàng？様子や状態を尋ねる場合は"怎么样"を用います。この文は主述述語文です。

単語練習②

1 音声を聞いて声調符号をつけ、4つの中から声調の組み合わせが異なる単語に○をつけなさい。(015)

[1]	① wenzi 文字 （文字）	② huanjing 環境 （環境）	③ niandai 年代 （年代）	④ haojiu 好久 （長い間）
[2]	① zuichu 最初 （最初）	② didian 地点 （地点）	③ shixian 事先 （事前）	④ riqi 日期 （期日）
[3]	① zhongyang 中央 （中央）	② baihuo 百货 （さまざまな品物）	③ kongjian 空間 （空間）	④ jiguan 机关 （機関）
[4]	① yewan 夜晚 （晩、夜）	② fanguan 饭馆 （レストラン）	③ tiji 体積 （体積）	④ qishui 汽水 （清涼飲料水）
[5]	① caise 彩色 （カラー）	② youyi 友谊 （友情）	③ dami 大米 （米）	④ limao 礼貌 （礼儀、マナー）
[6]	① neibu 内部 （内部）	② qihou 气候 （気候）	③ suliao 塑料 （プラスチック）	④ kaoya 烤鸭 （アヒルの丸焼き）

2 音声を聞いてピンインを書き、さらに4つの中から声調の組み合わせが異なる単語に○をつけなさい。(016)

[1]	① 点心 （軽食、点心）	② 马路 （通り）	③ 手续 （手続き）	④ 礼物 （プレゼント）
[2]	① 桌子 （机）	② 知识 （知識）	③ 行李 （荷物）	④ 消息 （ニュース）
[3]	① 电车 （電車）	② 半天 （長い時間）	③ 毛巾 （タオル）	④ 电灯 （電灯）
[4]	① 司机 （運転手）	② 操场 （運動場）	③ 公司 （会社）	④ 餐厅 （レストラン）
[5]	① 足球 （サッカー）	② 文学 （文学）	③ 问题 （問題）	④ 民族 （民族）
[6]	① 学费 （学費）	② 德语 （ドイツ語）	③ 人口 （人口）	④ 词典 （辞典）

解 答

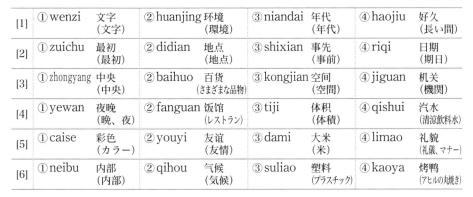

1
[1]	① 文字 wénzì	② 环境 huánjìng	③ 年代 niándài	❹ 好久 hǎojiǔ
[2]	① 最初 zuìchū	❷ 地点 dìdiǎn	③ 事先 shìxiān	④ 日期 rìqī
[3]	① 中央 zhōngyāng	❷ 百货 bǎihuò	③ 空间 kōngjiān	④ 机关 jīguān
[4]	① 夜晚 yèwǎn	② 饭馆 fànguǎn	❸ 体积 tǐjī	④ 汽水 qìshuǐ
[5]	① 彩色 cǎisè	② 友谊 yǒuyì	❸ 大米 dàmǐ	④ 礼貌 lǐmào
[6]	① 内部 nèibù	② 气候 qìhòu	③ 塑料 sùliào	❹ 烤鸭 kǎoyā

2
[1]	❶ 点心 diǎnxīn	② 马路 mǎlù	③ 手续 shǒuxù	④ 礼物 lǐwù
[2]	① 桌子 zhuōzi	② 知识 zhīshi	❸ 行李 xíngli	④ 消息 xiāoxi
[3]	① 电车 diànchē	② 半天 bàntiān	❸ 毛巾 máojīn	④ 电灯 diàndēng
[4]	① 司机 sījī	❷ 操场 cāochǎng	③ 公司 gōngsī	④ 餐厅 cāntīng
[5]	① 足球 zúqiú	② 文学 wénxué	❸ 问题 wèntí	④ 民族 mínzú
[6]	❶ 学费 xuéfèi	② 德语 Déyǔ	③ 人口 rénkǒu	④ 词典 cídiǎn

疑問文③　疑問詞の用法

その他の疑問文と、疑問以外の疑問詞を用いる表現法を見ていきましょう。

❶ 確認口調の疑問文

　1日目と2日目に取り上げた疑問文以外に、よく用いられる疑問文があります。

❶ "是不是"

(017) 你是不是忘了我的名字？　Nǐ shì bu shì wàngle wǒ de míngzi?
私の名前を忘れていませんか。

　── 对不起，我忘了你的名字。
　　　Duìbuqǐ, wǒ wàngle nǐ de míngzi.
　　　すみません、あなたの名前を忘れました。

他的演奏会是不是非常成功？
Tā de yǎnzòuhuì shì bu shì fēicháng chénggōng?
彼の演奏会はたいへんな成功だったのではないですか。

　── 他的演奏特别好，使大家非常感动。
　　　Tā de yǎnzòu tèbié hǎo, shǐ dàjiā fēicháng gǎndòng.
　　　彼の演奏はとても素晴らしく、みんなを感動させました。

你很喜欢她，是不是？　Nǐ hěn xǐhuan tā, shì bu shì?
彼女が好きなんでしょう？

　── 你说什么？　Nǐ shuō shénme?
　　　何を言うのですか（そんなことはありませんよ）。

"是不是" は、文頭、文中、文末に置くことができます。

❷ "吧"

(018) 他也想去中国旅游吧？
Tā yě xiǎng qù Zhōngguó lǚyóu ba?
彼も中国へ旅行に行きたいですよね。

你也同意我的意见吧？　Nǐ yě tóngyì wǒ de yìjian ba?
あなたも私の意見に賛成でしょう。

❸ "好吗" "可以吗" "行吗"

(019) 你晚上再给我打电话，好吗？
Nǐ wǎnshang zài gěi wǒ dǎ diànhuà, hǎo ma?
夜にまた電話をください、いいですか。（夜にまた電話をくれませんか。）

第1週3日
第2週
第3週
第4週
第5週
筆記対策
リスニング対策
模擬試験

我用一下你的词典，可以吗?
Wǒ yòng yíxià nǐ de cídiǎn, kěyǐ ma?
あなたの辞書をちょっと使いますが、いいですか。
(あなたの辞書を使わせてもらえませんか。)

我骑你的自行车去打工，行吗?
Wǒ qí nǐ de zìxíngchē qù dǎgōng, xíng ma?
あなたの自転車に乗ってアルバイトに行きますが、いいですか。
(あなたの自転車でアルバイトに行ってもいいですか。)

❷ 疑問詞の呼応表現

同じ疑問詞を前後で用いた呼応表現です。疑問文ではありません。

(020) 谁想去，谁就去。
Shéi xiǎng qù, shéi jiù qù.
誰かが行きたければ、(その) 誰かが行く
⇒行きたい人が行く。

你想吃什么，就吃什么 (吧)。
Nǐ xiǎng chī shénme, jiù chī shénme (ba).
あなたが何かを食べたければ、あなたは (その) 何かを食べる
⇒食べたいものを食べなさい (食べてください)。

你想去哪儿，就去哪儿 (吧)。
Nǐ xiǎng qù nǎr, jiù qù nǎr (ba).
あなたがどこかへ行きたければ、(その) どこかへ行く
⇒行きたいところへ行きなさい (行ってください)。

你要哪个，就买哪个 (吧)。
Nǐ yào něige, jiù mǎi něige (ba).
あなたはどれかを買いたければ、(その) どれかを買う
⇒買いたいものを買いなさい (買ってください)。

後ろの疑問詞は前の疑問詞と同じものを指します。日本語に訳すときは、疑問詞を用いる必要はなく、むしろ「人」「もの」「ところ (場所)」という語に置き換えて訳した方が分かりやすい日本語になります。

❸ 反語文

反語文とは、あえて否定や疑問の形で表現することによって、強調する文です。反語表現として固定された言い方の中には、一見すると疑問文のものが多くあります。

❶ "不是～吗"「～ではないですか」

(021) 我不是说过吗? Wǒ bú shì shuōguo ma? 私は言ったじゃないですか。

⇒私は言った。

她不是去中国留学了吗？ Tā bú shì qù Zhōngguó liúxué le ma?
彼女は中国へ留学に行ったのではなかったのですか。

⇒彼女は中国へ留学に行ったはずだ。

❷ "难道～吗"「まさか～ではあるまい」

022 你难道没学过英语吗？ Nǐ nándào méi xuéguo Yīngyǔ ma?
まさか英語を勉強したことがないわけではあるまい。
他难道不知道吗？ Tā nándào bù zhīdào ma?
彼はまさか知らないわけではあるまい。

⇒英語を勉強したことがあるはずだ。

⇒知っているはずだ。

❸ "哪儿～"「どこに～があるのか」

023 每天非常忙，哪儿有时间啊？
Měi tiān fēicháng máng, nǎr yǒu shíjiān a?
毎日とても忙しいのに、どこに時間があるものですか。

⇒時間などありはしない。

❹ "～什么（呀）"「何が～なのか」

024 难什么（呀）？ 这个问题很简单。
Nán shénme (ya)? Zhège wèntí hěn jiǎndān.
何が難しいものですか。この問題はとても簡単です。

❺ "怎么会～" "怎么能～"「どうして～するものか」

025 这么好的天气，怎么会下雨呢？
Zhème hǎo de tiānqì, zěnme huì xià yǔ ne?
こんなに良い天気なのに、どうして雨など降るでしょうか。

⇒雨など降るはずがない。

プラスワン

　反語表現は、日常的によく用いられます。また、確かめる口調で尋ねる言い方も、よく用いられます。要件や感情をただ伝えるだけでなく、伝え方にも注意して、これらの表現をマスターしましょう。

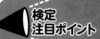

検定
注目ポイント
細やかなニュアンスを含み持つ表現や、ひねった表現は4級以下では求められない、新たな段階です。3級で押さえるべき語は限定されていますから、確実に覚えましょう。

練習問題

1 並べ替え問題

次の語を適切に並べ替えて文を完成させましょう。

(1) ［了　累　不是　是］　あなたは疲れたのでしょう。

你 ＿＿＿＿ ＿＿＿＿ ＿＿＿＿ ＿＿＿＿ ？

(2) ［都　是老师　吧　也］　彼らも皆先生ですよね。

他们 ＿＿＿＿ ＿＿＿＿ ＿＿＿＿ ＿＿＿＿ ？

(3) ［汉语　吗　学过　不是］　あなたは中国語を勉強したことがあるのではないですか。

你 ＿＿＿＿ ＿＿＿＿ ＿＿＿＿ ＿＿＿＿ ？

(4) ［钱　哪儿　啊　有］　私はどこにお金があるでしょう。

我 ＿＿＿＿ ＿＿＿＿ ＿＿＿＿ ＿＿＿＿ ？

(5) ［吗　吃过饺子　难道　没］　あなたはまさか餃子を食べことがないわけではないでしょう。

你 ＿＿＿＿ ＿＿＿＿ ＿＿＿＿ ＿＿＿＿ ？

2 空欄記入問題

日本語の意味に合うように空欄に適切な語を書き入れましょう。

(1) あなたは私を好きではないのでしょう。
你（　　　　　　）不喜欢我?

(2) 夜あなたに電話をかけてもかまいませんか。
我晚上给你打电话,（　　　　　　）吗?

(3) あなたは中国人でしょう。
你是中国人（　　　　　　）?

(4) 時間のある人が行きます。
（　　　　　　）有时间,（　　　　　　）就去。

(5) あなたが行きたいところへ行きましょう。
你想去（　　　　　　）,咱们就去（　　　　　　）吧。

(6) あなたが欲しいものを買ってあげます。
你要（　　　　　　）,我就给你买（　　　　　　）。

(7) 彼女はアメリカにいるのではないですか。
她（　　　　　　）在美国（　　　　　　）?

(8) あなたの弟さんはすでに結婚したのではないですか。

你弟弟（　　　　　　　）已经结婚了（　　　　　　　）？

(9) 私はこんなに忙しいのに、どうして遊びに行く時間があるでしょうか。

我这么忙，（　　　　　　）会有时间去玩儿？

(10) 何が難しいのですか、この問題は難しいうちに入りません。

难（　　　　　　），这个问题不算难。

③ 作文問題

日本語から中国語へ訳しましょう。

(1) あなたは食べたいものを食べなさい。

(2) あなたも日本人ですよね。

(3) 先生がおっしゃったじゃないですか。

(4) 今日の夜は中国料理を食べるということで、良いですか。

(5) あなたが観たい映画を私たちは観ましょう。

1 (1) 你是不是累了？ Nǐ shì bu shì lèi le？「～なのでしょう」は、"是不是"を前に置きます。
(2) 他们也都是老师吧？ Tāmen yě dōu shì lǎoshī ba？"吧"は文末に置き、確認の語気を含んだ疑問を表します。"也都"の語順にも注意しましょう。
(3) 你不是学过汉语吗？ Nǐ bú shì xuéguo Hànyǔ ma？"不是～吗"の反語文です。
(4) 我哪儿有钱啊？ Wǒ nǎr yǒu qián a？"哪儿"を用いた反語文です。
(5) 你难道没吃过饺子吗？ Nǐ nándào méi chīguo jiǎozi ma？"难道～吗"の反語文です。

2 (1) 你（是不是）不喜欢我？ Nǐ (shì bu shì) bù xǐhuan wǒ？「～なのでしょう」を表す"是不是"が入ります。
(2) 我晚上给你打电话，（可以）吗？ Wǒ wǎnshang gěi nǐ dǎ diànhuà, (kěyǐ) ma？確認口調を表します。他に"好吗""行吗"も用いられます。
(3) 你是中国人（吧）？ Nǐ shì Zhōngguórén (ba)？確認の語気を含む文末に置く語気助詞は"吧"です。
(4) （谁）有时间，（谁）就去。(Shéi) yǒu shíjiān, (shéi) jiù qù. 疑問詞の呼応表現です。
(5) 你想去（哪儿），咱们就去（哪儿）吧。Nǐ xiǎng qù (nǎr), zánmen jiù qù (nǎr) ba. 疑問詞の呼応表現です。
(6) 你要（哪个），我就给你买（哪个）。Nǐ yào (nǎge), wǒ jiù gěi nǐ mǎi (nǎge). 疑問詞の呼応表現です。
(7) 她（不是）在美国（吗）？ Tā (bú shì) zài Měiguó (ma)？「～ではないですか」という反語文は"不是～吗"を用います。
(8) 你弟弟（不是）已经结婚了（吗）？ Nǐ dìdi (bú shì) yǐjing jiéhūn le (ma)？「～ではないですか」という反語文は"不是～吗"を用います。
(9) 我这么忙，（怎么）会有时间去玩儿？ Wǒ zhème máng, (zěnme) huì yǒu shíjiān qù wánr? 反語文です。「どうして」という日本語に対応して"怎么"が入りますが、"哪儿"でも成立します。
(10) 难（什么），这个问题不算难。Nán shénme, zhège wèntí bú suàn nán. 「形容詞＋"什么"」の反語文です。

3 (1) 你想吃什么，就吃什么。Nǐ xiǎng chī shénme, jiù chī shénme. 疑問詞の呼応表現を用います。「もの」を指しているので"什么"を用います。
(2) 你也是日本人吧？ Nǐ yě shì Rìběnrén ba？「～ですよね」と確認口調で尋ねているので"吧"を文末に置きます。"也"を述語の前に置くのは基本事項ですね。
(3) 老师不是说了吗？ Lǎoshī bú shì shuō le ma? 反語文「～ではないですか」は"不是～吗"です。
(4) 今天晚上咱们吃中国菜，好吗 / 可以吗 / 行吗？ Jīntiān wǎnshang zánmen chī Zhōngguó cài, hǎo ma/kěyǐ ma/xíng ma？「良いですか、かまいませんか」は、"，"の後に"好吗""可以吗""行吗"を加えます。
(5) 你想看哪个电影，咱们就看哪个电影吧。Nǐ xiǎng kàn nǎge diànyǐng, zánmen jiù kàn nǎge diànyǐng ba. 疑問詞の呼応表現です。

単語練習③

1 音声を聞いて声調符号をつけ、4つの中から声調の組み合わせが異なる単語に○をつけなさい。 (026)

	①	②	③	④
[1]	① wuli 物理（物理）	② dizhi 地址（住所）	③ xitong 系统（システム）	④ zhongtou 钟头（時間）
[2]	① chengdu 程度（程度）	② ganxiang 感想（感想）	③ zaji 杂技（雑技）	④ xueshu 学术（学術）
[3]	① zuojia 作家（作家）	② shangyi 上衣（上着）	③ guandian 观点（観点）	④ jiaqi 假期（休暇）
[4]	① gongcheng 工程（工事）	② yixue 医学（医学）	③ benling 本领（能力）	④ xianwei 纤维（繊維）
[5]	① luxian 路线（路線）	② shiye 事业（事業）	③ guke 顾客（顧客）	④ shulin 树林（林）
[6]	① yuqi 语气（口ぶり）	② yanlei 眼泪（涙）	③ yongqi 勇气（勇気）	④ hetong 合同（契約）

2 音声を聞いてピンインを書き、さらに4つの中から声調の組み合わせが異なる単語に○をつけなさい。 (027)

	①	②	③	④
[1]	① 东西（もの）	② 杯子（コップ）	③ 叔叔（おじ）	④ 葡萄（ブドウ）
[2]	① 牛奶（牛乳）	② 滑冰（スケート）	③ 食品（食品）	④ 啤酒（ビール）
[3]	① 学校（学校）	② 老师（先生）	③ 小说（小説）	④ 广播（放送）
[4]	① 目的（目的）	② 时代（時代）	③ 社会（社会）	④ 绿色（緑色）
[5]	① 题目（テーマ）	② 活动（活動）	③ 网球（テニス）	④ 职业（職業）
[6]	① 香蕉（バナナ）	② 沙发（ソファー）	③ 西瓜（スイカ）	④ 同学（クラスメート）

解答

1

	①	②	③	④
[1]	① 物理 wùlǐ	② 地址 dìzhǐ	③ 系统 xìtǒng	❹ 钟头 zhōngtóu
[2]	① 程度 chéngdù	❷ 感想 gǎnxiǎng	③ 杂技 zájì	④ 学术 xuéshù
[3]	① 作家 zuòjiā	② 上衣 shàngyī	❸ 观点 guāndiǎn	④ 假期 jiàqī
[4]	① 工程 gōngchéng	② 医学 yīxué	❸ 本领 běnlǐng	④ 纤维 xiānwéi
[5]	① 路线 lùxiàn	② 事业 shìyè	③ 顾客 gùkè	❹ 树林 shùlín
[6]	① 语气 yǔqì	② 眼泪 yǎnlèi	③ 勇气 yǒngqì	❹ 合同 hétong

2

	①	②	③	④
[1]	① 东西 dōngxi	② 杯子 bēizi	③ 叔叔 shūshu	❹ 葡萄 pútao
[2]	① 牛奶 niúnǎi	❷ 滑冰 huábīng	③ 食品 shípǐn	④ 啤酒 píjiǔ
[3]	❶ 学校 xuéxiào	② 老师 lǎoshī	③ 小说 xiǎoshuō	④ 广播 guǎngbō
[4]	① 目的 mùdì	❷ 时代 shídài	③ 社会 shèhuì	④ 绿色 lùsè
[5]	① 题目 tímù	② 活动 huódòng	❸ 网球 wǎngqiú	④ 职业 zhíyè
[6]	① 香蕉 xiāngjiāo	② 沙发 shāfā	③ 西瓜 xīguā	❹ 同学 tóngxué

動詞述語文（存在と所在）・量詞

述語が動詞の動詞述語文のうち、特に注意しておきたい点を見ていきましょう。

❶ 「いる」と「ある」

"有" は人や物が存在していることを示し、"在" は人や物の所在を示します。

❶ "有"

「場所を表す語 ＋ "有"（＋数量詞）＋その場所に存在する人や物」

"有" は、不特定の、あるいは未知の人や物の存在を表します。否定は "没（有）" を用います。

(028) 教室里有五十个学生。
Jiàoshì li yǒu wǔshí ge xuésheng.
教室に学生が 50 人います。

桌子上有一本书，是谁的?
Zhuōzi shang yǒu yì běn shū, shì shéi de?
机の上に本が 1 冊ありますが、誰のですか。
—— 是我的。Shì wǒ de.
　　私のです。

❷ "是"

"是" が実質的には存在を表す場合があります。たとえば、建物の 1 階全体がフロントの場合、"一楼是前台。" と言うことができます。これは、日本語でも「1 階はフロントです」と言うことができるので、感覚的に分かりやすいのではないでしょうか。

(029) 车站对面是中央邮局。
Chēzhàn duìmiàn shì Zhōngyāng yóujú.
駅の向かいは中央郵便局です。

书架上都是中文小说。
Shūjià shang dōu shì Zhōngwén xiǎoshuō.
本棚はすべて中国語の小説です。

"桌子" や "教室" の後に "上" や "里" を置いて、"桌子上" "教室里" とすることによって、「場所を表す語」になります。
桌子上有两台电脑。
Zhuōzi shang yǒu liǎng tái diànnǎo. 机の上にパソコンが 2 台あります。

❸ 所在を表す "在"

「人や物＋"在"＋人や物の所在地を表す語」

"在"は、特定、あるいは既知の人や物の所在を表します。

(030) 你们学校在哪儿? Nǐmen xuéxiào zài nǎr?
あなたたちの学校はどこにありますか。

— 我们学校在东京。
　　Wǒmen xuéxiào zài Dōngjīng.
　　私たちの学校は東京にあります。

西班牙在哪儿? Xībānyá zài nǎr?
スペインはどこにありますか。

— 西班牙在欧洲。
　　Xībānyá zài Ōuzhōu.
　　スペインはヨーロッパにあります。

❹ 所有を表す "有"

"有"には「持っている」の意味もあります。

所有を表す場合、"有" の前の語は場所を表す語である必要はありません。

(031) 她有两个妹妹。Tā yǒu liǎng ge mèimei.
彼女は妹が2人います。

你家有几口人? Nǐ jiā yǒu jǐ kǒu rén?
あなたの家は何人家族ですか。

— 我家有五口人。Wǒ jiā yǒu wǔ kǒu rén.
　　私の家は5人家族です。

高桥没有电子词典。
Gāoqiáo méiyǒu diànzǐ cídiǎn.
高橋さんは電子辞書を持っていません。

存在や所在を表す例文でも出てきましたが、「量詞」の語彙量を増やす必要があります。

家 jiā（商店など）	一家商店	1 軒の店
座 zuò（どっしりしたもの）	一座山	一つの山
	一座桥	一つの橋
片 piàn（薄く平らなもの、あたり一面のもの）	一片面包	1 枚のパン
	一片土地	一面の大地
块 kuài（かたまり）	一块肉	ひとかたまりの肉
	一块手表	1 個の腕時計
架 jià（組み立てられた機械類）	一架飞机	1 機の飛行機
	一架照相机	1 台のカメラ
朵 duǒ（花）	一朵玫瑰花	1 輪のバラ
封 fēng（手紙）	一封信	1 通の手紙
把 bǎ（取っ手のあるもの）	两把雨伞	2 本の傘
条 tiáo（川、道などの細長いもの）	一条高速公路	1 本の高速道路
	两条鱼	2 匹の魚
	两条裤子	2 本のズボン
辆 liàng（車両、乗り物）	两辆自行车	2 台の自転車
	一辆出租汽车	1 台のタクシー
套 tào（セットのもの）	两套西服	ふた揃いのスーツ
	一套家具	一揃いの家具
双 shuāng（対のもの、二つで一つのもの）	两双筷子	2 膳の箸
	一双鞋	1 足の靴
副 fù（対のもの）	两副眼镜	2 つの眼鏡
对 duì（対のもの）	一对夫妻	1 組の夫婦
	一对花瓶	1 組の花瓶

プラスワン

量詞の "个" の使用範囲は広いのですが、その他の量詞も知ることで日本語と中国語の違いが少し明らかになってきます。

検定注目ポイント

3 級では、"有"、"在" のそれぞれの語順を身に付けていることは当然のことと見なされますから、これ自体が出題されることはあまりありません。しかし、出題個所以外で用いられる可能性は大いにありますから、正確に聞きとったり読みとったりできる必要があります。また、方位詞を適切に使うこと、量詞の語彙を増やすことが大切です。

練習問題

第1週4日

第2週

第3週

第4週

第5週

筆記対策

リスニング対策

模擬試験

1 並べ替え問題

次の語を適切に並べ替えて文を完成させましょう。

(1) ［有　便利店　车站对面　一家］　駅の向かいにコンビニが1軒あります。

　　＿＿＿＿＿　＿＿＿＿＿　＿＿＿＿＿　＿＿＿＿＿ 。

(2) ［四口　我家　人　有］　私の家は4人家族です。

　　＿＿＿＿＿　＿＿＿＿＿　＿＿＿＿＿　＿＿＿＿＿ 。

(3) ［的　在　上面　地铁站］　私たちの会社は地下鉄の駅の上にあります。

　　我们公司 ＿＿＿＿＿　＿＿＿＿＿　＿＿＿＿＿　＿＿＿＿＿ 。

(4) ［漫画　我儿子的书架　都是　上］　私の息子の本棚は全部マンガです。

　　＿＿＿＿＿　＿＿＿＿＿　＿＿＿＿＿　＿＿＿＿＿ 。

(5) ［上　在　你的大衣　椅子］　あなたのコートは椅子の上にあります。

　　＿＿＿＿＿　＿＿＿＿＿　＿＿＿＿＿　＿＿＿＿＿ 。

2 空欄記入問題

日本語の意味に合うように空欄に適切な語を書き入れましょう。

(1) 公園にはたくさんの木があります。
　　公园里（　　　　　　　）很多树。

(2) このタンスの中は全部姉の服です。
　　这个柜子里都（　　　　　　　）姐姐的衣服。

(3) ここにお店が1軒あります。
　　这儿（　　　　　）一（　　　　　　　）商店。

(4) 彼女はパソコンを全部で3台持っています。
　　她一共（　　　　　）三（　　　　　　　）电脑。

(5) 私は彼女に1枚の絵を贈ります。
　　我送她一（　　　　　）画。

(6) 机の上に2通の手紙があります。
　　桌子上（　　　　　）两（　　　　　　）信。

(7) 私は傘を2本持っています。
　　我（　　　　　）两（　　　　　）伞。

(8) 前方に大きな河が1本あります。

前面（　　　　　）一（　　　　　　　）大河。

(9) 彼は新しいスーツを1着持っています。

他（　　　　　）一（　　　　　　）新的西服。

(10) 私は靴下を5足持っています。

我（　　　　）五（　　　　　　）袜子。

③ 作文問題

日本語から中国語へ訳しましょう。

(1) 1階は中国銀行です。

(2) ここに傘が1本あります。

(3) あなたのメガネは机の上にあります。

(4) 駅の向かいにお店が1軒あります。

(5) 私の財布はかばんにあります。

解答　解説

1 (1) 车站对面有一家便利店。Chēzhàn duìmiàn yǒu yì jiā biànlìdiàn. ある場所に存在する未知や不特定のものを表す語順です。

(2) 我家有四口人。Wǒ jiā yǒu sì kǒu rén. 家族の人数を言う定型文です。

(3) 我们公司在地铁站的上面。Wǒmen gōngsī zài dìtiě zhàn de shàngmian. 既知や特定のものの所在を表す語順です。

(4) 我儿子的书架上都是漫画。Wǒ érzi de shūjià shang dōu shì mànhuà. "是" の存在を表す用法です。

(5) 你的大衣在椅子上。Nǐ de dàyī zài yǐzi shang. 既知や特定のものの所在を表す語順です。

2 (1) 公园里（有）很多树。Gōngyuán li (yǒu) hěn duō shù.「場所＋"有"＋人・物」で存在を表します。

(2) 这个柜子里都（是）姐姐的衣服。Zhège guìzi li dōu (shì) jiějie de yīfu. ある場所にあるのが全て～だと言う場合は"是"で表します。

(3) 这儿（有）一（家）商店。Zhèr (yǒu) yì (jiā) shāngdiàn. 存在文です。適切な量詞を覚えましょう。

(4) 她一共（有）三（台）电脑。Tā yígòng (yǒu) sān (tái) diànnǎo. 所有を表すのは"有"です。適切な量詞を覚えましょう。

(5) 我送她一（幅）画。Wǒ sòng tā yì (fú) huà. 適切な量詞を入れましょう。5日目に登場する二重目的語文の形です。

(6) 桌子上（有）两（封）信。Zhuōzi shang (yǒu) liǎng (fēng) xìn. 存在文です。適切な量詞を覚えましょう。

(7) 我（有）两（把）伞。Wǒ (yǒu) liǎng (bǎ) sǎn. 所有文です。適切な量詞を覚えましょう。

(8) 前面（有）一（条）大河。Qiánmiàn (yǒu) yì (tiáo) dàhé. 存在文です。適切な量詞を覚えましょう。

(9) 他（有）一（套）新的西服。Tā (yǒu) yí (tào) xīn de xīfú. 所有文です。適切な量詞を覚えましょう。

(10) 我（有）五（双）袜子。Wǒ (yǒu) wǔ (shuāng) wàzi. 所有文です。適切な量詞を覚えましょう。

3 (1) 一楼是中国银行。Yī lóu shì Zhōngguó yínháng. "是" は存在を表し「どこどこは何々です」という意味です。

(2) 这儿有一把伞。Zhèr yǒu yì bǎ sǎn.「場所＋"有"＋人・物」で存在を表します。「1本の傘」とあるので、適切な量詞を用いましょう。

(3) 你的眼镜在桌子上。Nǐ de yǎnjìng zài zhuōzi shang.「人・物＋"在"＋場所」で所在を表します。

(4) 车站对面有一家商店。Chēzhàn duìmiàn yǒu yì jiā shāngdiàn. "有" を用いる存在文です。

(5) 我的钱包在书包里。Wǒ de qiánbāo zài shūbāo li. "在" を用いる所在文です。日本語では「かばんに」と言えますが、中国語では方位詞が必要で、"书包" ＋ "里" です。

単語練習④

1 音声を聞いて声調符号をつけ、4つの中から声調の組み合わせが異なる単語に〇をつけなさい。 (033)

[1]	① yewu 业务（業務）	② zuozhe 作者（作者）	③ wujia 物价（物価）	④ jilü 纪律（規律）
[2]	① cuoshi 措施（措置）	② siren 私人（個人）	③ waijiao 外交（外交）	④ dianti 电梯（エレベーター）
[3]	① guimo 规模（規模）	② gongren 工人（労働者）	③ ayi 阿姨（おばさん）	④ shouzhi 手指（手の指）
[4]	① jiaotong 交通（交通）	② senlin 森林（森林）	③ Xi'an 西安（西安）	④ weiji 危机（危機）
[5]	① nongye 农业（農業）	② renyuan 人员（人員）	③ cailiao 材料（材料）	④ xingshi 形式（形式）
[6]	① qinqi 亲戚（親戚）	② boli 玻璃（ガラス）	③ zhongdian 重点（重要な部分）	④ gebo 胳膊（腕）

2 音声を聞いてピンインを書き、さらに4つの中から声調の組み合わせが異なる単語に〇をつけなさい。 (034)

[1]	① 红色（赤）	② 口语（口語）	③ 条件（条件）	④ 全部（全部）
[2]	① 节日（祝祭日）	② 白色（白）	③ 寒假（冬休み）	④ 以前（以前）
[3]	① 秋天（秋）	② 书包（かばん）	③ 旁边（そば）	④ 医生（医者）
[4]	① 傍晚（夕方）	② 玉米（トウモロコシ）	③ 长城（万里の長城）	④ 市场（市場）
[5]	① 舌头（舌）	② 故事（物語）	③ 地方（場所、ところ）	④ 筷子（箸）
[6]	① 日元（日本円）	② 地图（地図）	③ 自由（自由）	④ 信封（封筒）

解答

1

[1]	① 业务 yèwù	❷ 作者 zuòzhě	③ 物价 wùjià	④ 纪律 jìlǜ
[2]	① 措施 cuòshī	❷ 私人 sīrén	③ 外交 wàijiāo	④ 电梯 diàntī
[3]	① 规模 guīmó	② 工人 gōngrén	③ 阿姨 āyí	❹ 手指 shǒuzhǐ
[4]	① 交通 jiāotōng	❷ 森林 sēnlín	③ 西安 Xī'ān	④ 危机 wēijī
[5]	① 农业 nóngyè	❷ 人员 rényuán	③ 材料 cáiliào	④ 形式 xíngshì
[6]	① 亲戚 qīnqi	② 玻璃 bōli	❸ 重点 zhòngdiǎn	④ 胳膊 gēbo

2

[1]	① 红色 hóngsè	❷ 口语 kǒuyǔ	③ 条件 tiáojiàn	④ 全部 quánbù
[2]	① 节日 jiérì	② 白色 báisè	③ 寒假 hánjià	❶ 以前 yǐqián
[3]	① 秋天 qiūtiān	② 书包 shūbāo	❸ 旁边 pángbiān	④ 医生 yīshēng
[4]	① 傍晚 bàngwǎn	② 玉米 yùmǐ	❸ 长城 Chángchéng	④ 市场 shìchǎng
[5]	❶ 舌头 shétou	② 故事 gùshi	③ 地方 dìfang	④ 筷子 kuàizi
[6]	① 日元 Rìyuán	② 地图 dìtú	③ 自由 zìyóu	❹ 信封 xìnfēng

動詞述語文 (二重目的語をとる動詞)・離合詞

何かの受け渡しを意味する動詞の中には、目的語となる名詞を二つ続けて後ろに置き、
「誰々に何々を〜する」を表すことのできるものがあります。

❶ 二重目的語

　物事や言葉の受け渡しに関する動詞の中には、目的語を二つ取ることができる動詞があります。日常的によく用いられる語は限られているので、よく使われるものを覚えてしまいましょう。

❶ "问"

(035) 老师，我想问您一个问题。Lǎoshī, wǒ xiǎng wèn nín yí ge wèntí.
先生、一つ質問をしたいのですが。

❷ "送"

(036) 我送你一个小礼物吧。Wǒ sòng nǐ yí ge xiǎo lǐwù ba.
私はあなたにちょっとしたプレゼントを贈りましょう。

❸ "给"

(037) 他给了我一本英文杂志。
Tā gěile wǒ yì běn Yīngwén zázhì.
彼は私に英文雑誌を1冊くれました。

❹ "教"

(038) 张老师教我们弹钢琴。Zhāng lǎoshī jiāo wǒmen tán gāngqín.
張先生は私たちにピアノを教えてくださいます。

"弹钢琴" は「ピアノを弾く」

❺ "告诉"

(039) 我告诉你一个好消息。Wǒ gàosu nǐ yí ge hǎo xiāoxi.
私はあなたに良いニュースをお知らせします。

❻ "借"

(040) 我借给她一本小说。
Wǒ jiègěi tā yì běn xiǎoshuō.
私は彼女に小説を1冊貸しました。

❼ "还"

(041) 我今天先还你两千日元。
Wǒ jīntiān xiān huán nǐ liǎng qiān Rìyuán.
私は今日まずあなたに 2000 円返します。

❷ 離合詞

　"游泳""结婚""见面"などは、それぞれ「泳ぐ」「結婚する」「会う」という意味ですが、少し注意が必要です。というのも、これらの語は「動詞＋名詞」の組み合わせでできていて、目的語に相当する名詞がすでに含まれている語なので、その後ろにさらなる目的語を付け足したり、補語を付け足すことはできないからです。日本語で「泳ぐ」「結婚する」「会う」と覚えてしまうと、あたかも 2 文字で 1 語のようですが、そうではありません。これらの語を使いこなすポイントを見ていきましょう！

❶ 切り離せば OK！

(042) 我跟他见过面。Wǒ gēn tā jiànguo miàn.
私は彼に会ったことがあります。
× 我跟他见面过。

「彼に会う」○ 见他
○ 跟他见面　× 见面他

我以前结过一次婚。Wǒ yǐqián jiéguo yí cì hūn.
私は以前一度結婚したことがあります。
× 我以前结婚过一次。

我每星期打三天工。Wǒ měi xīngqī dǎ sān tiān gōng.
私は毎週バイトを 3 日します。
× 我每星期打工三天。

❷ 介詞（前置詞）を使いこなす！

(043) 他跟那个明星握（了）手了。Tā gēn nàge míngxīng wò(le)shǒu le.
彼はあのスターと握手しました。
× 他握手那个明星了。

我昨天跟他见（了）面了。Wǒ zuótiān gēn tā jiàn(le)miàn le.
私はきのう彼と会いました。
× 我昨天见面他了。

　離合詞の注意点は、1 文字目が動詞で、2 文字目は名詞だという点です。完了の "了" や、動作の回数や時間、目的語をどこに置くかがポイントです。

第 1 週 5 日

第 2 週

第 3 週

第 4 週

第 5 週

筆記対策

リスニング対策

模擬試験

❸ 「～する」には要注意！

　3級レベルの離合詞で注意しなくてはならないことの一つに、日本語に訳した上での意味の捉え方があります。

　例えば、"結婚"の2文字で「結婚する」、"毕业"の2文字で「卒業する」だ、と理解していると、確かに意味としては間違ってはいないのですが、使い方を誤ってしまう可能性が高くなるといえます。日本語の「結」と「婚」、「卒」と「業」は切り離して用いないという感覚を、中国語にも適用してしまうことになる危険性をはらんでいます。

　同様の離合詞はほかにも、以下のようなものがあります。

本書では、「離合詞」のひとことで説明しましたが、「離合詞」を組み合わせによって分類する考え方もあります。興味のある人は専門書で調べると良いでしょう。

(044)

睡 觉	shuìjiào	寝る
留 学	liúxué	留学する
帮 忙	bāngmáng	手伝う、助ける
游 泳	yóuyǒng	泳ぐ
跳 舞	tiàowǔ	踊る
住 院	zhùyuàn	入院する
离 婚	líhūn	離婚する

　日本語の意味を右に記しましたが、これらは全て中国語では分解可能な離合詞です。

　離合詞というものがあるということをしっかり認識しておきましょう。

プラスワン

日本語の意味に引きずられないことが大切です。

検定
注目ポイント

　二重目的語をとることのできる動詞は数に限りがありますから、目にしたら覚えるようにすると良いでしょう。いわゆる間接目的語（日本語では「に」で示されます）を先に、直接目的語（日本語では「を」で示されます）を後に置きます。語順が大切です。

　離合詞は、切り離して用いることができるかどうかが試されるので、語の構成も意識して学びましょう。

練習問題

1 並べ替え問題

次の語を適切に並べ替えて文を完成させましょう。

(1) ［音乐　教　李老师　我们］　李先生は私たちに音楽を教えています。
　　_____ _____ _____ _____ 。

(2) ［一个　张老师　问了　问题］　私は張先生に質問を一つしました。
　　我 _____ _____ _____ _____ 。

(3) ［手表　女朋友　一块　送了］　私は彼女に腕時計を一つ贈りました。
　　我 _____ _____ _____ _____ 。

(4) ［了　他　见面　跟］　私は昨日彼と会いました。
　　我昨天 _____ _____ _____ _____ 。

(5) ［过　见　他　面］　私は以前彼と会ったことがあります。
　　我以前跟 _____ _____ _____ _____ 。

(6) ［他　一本　借　小说］　私は彼に小説を1冊貸します。
　　我 _____ _____ _____ _____ 。

(7) ［还　还没　那本书　我］　彼は私にまだあの本を返していません。
　　他 _____ _____ _____ _____ 。

(8) ［铃木　了　结婚　和］　田中さんは鈴木さんと結婚しました。
　　田中 _____ _____ _____ _____ 。

(9) ［两个小时　一天　工　打］　私は1日に2時間バイトをします。
　　我 _____ _____ _____ _____ 。

(10) ［那个明星　跟　了　握手］　私の妹はあのスターと握手しました。
　　我妹妹 _____ _____ _____ _____ 。

2 空欄記入問題

日本語の意味に合うように空欄に適切な語を書き入れましょう。

(1) 私は彼に良いニュースを一つ知らせます。
　　我（　　　　　　　）他一个好消息。

(2) 私はあなたに一つ質問したいのですが。

我想（　　　　　）你一个问题。

(3) 私は1週間に3回アルバイトをします。

我一个星期（　　　　　）三次（　　　　　）。

(4) 私は以前彼に会ったことはありません。

我以前没（　　　　　）他见（　　　　　）面。

③ 作文問題

日本語から中国語へ訳しましょう。

(1) あなたに一つ質問します。

(2) 私は姉にバースデープレゼントを贈りました。

(3) 張先生は私たちに中国語を教えます。

(4) 私は彼と会ったことがありません。

解　答　　解　説

1 (1) 李老师教我们音乐。Lǐ lǎoshī jiāo wǒmen yīnyuè. "教" は二重目的語を取ることのできる動詞です。目的語を置く順番は「〜に…を」です。
(2) 我问了张老师一个问题。Wǒ wènle Zhāng lǎoshī yí ge wèntí. "问" は二重目的語を取ることのできる動詞です。
(3) 我送了女朋友一块手表。Wǒ sòngle nǚpéngyou yí kuài shǒubiǎo. "送" は二重目的語を取ることのできる動詞です。
(4) 我昨天跟他见面了。Wǒ zuótiān gēn tā jiànmiàn le. 「见面」は「動詞＋名詞」の組み合わせです。「〜と会う」は前置詞 "跟" を用います。
(5) 我以前跟他见过面。Wǒ yǐqián gēn tā jiànguo miàn. 「〜したことがある」を表す "过" は動詞の直後に置きます。
(6) 我借他一本小说。Wǒ jiè tā yì běn xiǎoshuō. "借" は二重目的語を取ることのできる動詞です。この一語で「借りる」「貸す」両方の意味があります。
(7) 他还没还我那本书。Tā hái méi huán wǒ nà běn shū. "还" は二重目的語を取ることのできる動詞です。
(8) 田中和铃木结婚了。Tiánzhōng hé Língmù jiéhūn le. 「〜と結婚する」は "和／跟〜结婚" です。
(9) 我一天打两个小时工。Wǒ yì tiān dǎ liǎng ge xiǎoshí gōng. アルバイトの回数や時間は "打" の直後に置きます。また「期間＋動詞＋その期間内に行う回数・時間」という語順にも注意しましょう。
(10) 我妹妹跟那个明星握手了。Wǒ mèimei gēn nàge míngxīng wòshǒu le. 「〜と握手する」は "跟〜握手" です。

2 (1) 我（告诉）他一个好消息。Wǒ (gàosu) tā yí ge hǎo xiāoxi. 二重目的語を取ることのできる "告诉" が入ります。「伝える」動作のひとつである "说" は二重目的語を取ることができません。
(2) 我想(问)你一个问题。Wǒ xiǎng (wèn) nǐ yí ge wèntí. 「尋ねる」という意味の"问"は二重目的語を取ることができます。
(3) 我一个星期（打）三次（工）。Wǒ yí ge xīngqī (dǎ) sān cì (gōng). 「アルバイトをする」は "打工" で、離合詞です。
(4) 我以前没（跟）他见（过）面。Wǒ yǐqián méi (gēn) tā jiàn(guo)miàn. "跟〜见面" で「〜に会う」、動詞 "见" の直後に "过" を入れます。

3 (1) 我问你一个问题。Wǒ wèn nǐ yí ge wèntí. "问" ＋目的語（〜に）＋目的語（〜を）です。
(2) 我送了姐姐一个生日礼物。Wǒ sòngle jiějie yí ge shēngri lǐwù. "送" を用い、目的語を続けて置きます。
(3) 张老师教我们汉语。Zhāng lǎoshī jiāo wǒmen Hànyǔ. "教" を用い、目的語を続けて置きます。
(4) 我没见过他。／我没跟他见过面。Wǒ méi jiànguo tā./Wǒ méi gēn tā jiànguo miàn. "见" の直後に "过" を置きます。"见面" という表現を用いる場合は、「彼と」は "跟他" と言わなくてはいけません。否定詞 "没" の位置にも気をつけましょう。

単語練習⑤

1 音声を聞いて声調符号をつけ、4 つの中から声調の組み合わせが異なる単語に○をつけなさい。 (045)

[1]	① duifang 対方 （相手）	② zhuangkuang 状況 （状況）	③ mianji 面積 （面積）	④ mifeng 蜜蜂 （ミツバチ）
[2]	① jiegou 結構 （構成）	② lilun 理論 （理論）	③ maodun 矛盾 （矛盾）	④ chengjiu 成就 （成就）
[3]	① diqu 地区 （地区）	② liyi 利益 （利益）	③ zhengce 政策 （政策）	④ huiyi 会议 （会議）
[4]	① gongyuan 公元 （西暦）	② xinde 心得 （収穫）	③ diren 敌人 （敵）	④ fengsu 风俗 （風俗）
[5]	① shuji 书记 （書記）	② guanghui 光辉 （輝き）	③ shuangfang 双方 （双方）	④ hunyin 婚姻 （婚姻）
[6]	① zongli 总理 （総理）	② pinzhong 品种 （品種）	③ xiaomai 小麦 （小麦）	④ chanpin 产品 （製品）

2 音声を聞いてピンインを書き、さらに 4 つの中から声調の組み合わせが異なる単語に○をつけなさい。 (046)

[1]	① 姐姐 （姉）	② 晩上 （夜）	③ 火车 （列車）	④ 饺子 （ギョウザ）
[2]	① 宿舎 （宿舎）	② 滑雪 （スキー）	③ 照片 （写真）	④ 数字 （数字）
[3]	① 哲学 （哲学）	② 平时 （普段）	③ 排球 （バレーボール）	④ 文化 （文化）
[4]	① 中国 （中国）	② 空调 （エアコン）	③ 新年 （新年）	④ 国家 （国家）
[5]	① 年纪 （年齢）	② 乘客 （乗客）	③ 黄色 （黄色）	④ 小学 （小学校）
[6]	① 想法 （考え）	② 眼睛 （目）	③ 耳朵 （耳）	④ 嗓子 （のど、声）

解 答

1

[1]	① 对方 duìfāng	❷ 状況 zhuàngkuàng	③ 面积 miànjī	④ 蜜蜂 mìfēng
[2]	① 结构 jiégòu	❷ 理論 lǐlùn	③ 矛盾 máodùn	④ 成就 chéngjiù
[3]	❶ 地区 dìqū	② 利益 lìyì	③ 政策 zhèngcè	④ 会议 huìyì
[4]	① 公元 gōngyuán	② 心得 xīndé	❸ 敌人 dírén	④ 风俗 fēngsú
[5]	❶ 书记 shūjì	② 光辉 guānghuī	③ 双方 shuāngfāng	④ 婚姻 hūnyīn
[6]	① 总理 zǒnglǐ	② 品种 pǐnzhǒng	❸ 小麦 xiǎomài	❹ 产品 chǎnpǐn

2

[1]	① 姐姐 jiějie	② 晩上 wǎnshang	❸ 火车 huǒchē	④ 饺子 jiǎozi
[2]	① 宿舎 sùshè	❷ 滑雪 huáxuě	③ 照片 zhàopiàn	④ 数字 shùzì
[3]	① 哲学 zhéxué	② 平时 píngshí	③ 排球 páiqiú	④ 文化 wénhuà
[4]	① 中国 Zhōngguó	② 空调 kōngtiáo	③ 新年 xīnnián	❹ 国家 guójiā
[5]	① 年纪 niánjì	② 乘客 chéngkè	③ 黄色 huángsè	❹ 小学 xiǎoxué
[6]	❶ 想法 xiǎngfa	② 眼睛 yǎnjing	③ 耳朵 ěrduo	④ 嗓子 sǎngzi

第1週5日 第2週 第3週 第4週 第5週 筆記対策 リスニング対策 模擬試験

今週の復習 第1週

1 空欄に適当な漢字を入れましょう。

(1) 私は中国映画を観たいですが、あなたは？
我想看中国电影，你（　　　　　　　）？

(2) お尋ねしますが、空港へはどう行きますか。
请问，去机场（　　　　　　　）走？

(3) 行きたいところへ行きなさい。
你想去（　　　　　　　），就去（　　　　　　　）吧。

(4) 誕生日に妹が手袋をプレゼントしてくれた。
过生日的时候，妹妹送给我一（　　　　　　　）手套。

2 次の文を中国語に訳しましょう。

(1) あなたはどのような部屋を予約しましたか。

(2) 今日はどうしてこんなに寒いのだろう。

(3) 週末あなたはアルバイトしますか、それとも休むつもりですか。

(4) 私は彼に2回会ったことがあります。

3 次の文を日本語に訳しましょう。

(1) 这个箱子有多重?

(2) 我想问你点儿事儿。

(3) 我跟哥哥借了两千多。

(4) 你是不是忘了我的名字?

解 答　解 説

1 (1) 我想看中国电影，你（呢）？ Wǒ xiǎng kàn Zhōngguó diànyǐng, nǐ ne?
(2) 请问，去机场（怎么）走？ Qǐngwèn, qù jīchǎng zěnme zǒu?
(3) 你想去（哪儿），就去（哪儿）吧。 Nǐ xiǎng qù nǎr, jiù qù nǎr ba.
(4) 过生日的时候，妹妹送给我一（副）手套。 Guò shēngri de shíhou, mèimei sònggěi wǒ yí fù shǒutào.

2 (1) 你订了什么样的房间? Nǐ dìngle shénmeyàng de fángjiān?
(2) 今天怎么这么冷? Jīntiān zěnme zhème lěng?
(3) 周末你打算打工，还是休息? Zhōumò nǐ dǎsuan dǎgōng, háishi xiūxi?
(4) 我跟他见过两次面。 Wǒ gēn tā jiànguo liǎng cì miàn.

3 (1) このスーツケースはどれくらいの重さですか。
(2) 私はあなたに少し尋ねたいことがあります。
(3) 私は兄に2000元余り借りました。
(4) 私の名前を忘れたのではありませんか。

第2週

形容詞述語文・主述述語文

述語が形容詞の二つの文型の復習です。

❶ 形容詞述語文

　述語が形容詞である文を形容詞述語文と言います。副詞と組み合わせるか組み合わせないかで意味合いに違いが出ます。

❶ 副詞と組み合わせない場合

　形容詞を述語として用いるとき、副詞と組み合わせなければ、形容詞が本来持っている「対比」の意味を生かした表現となります。また、副詞がなければ、それだけでは文として言い終えた形になりません。

　✕　今天热。

(047) 今天热，明天更热。Jīntiān rè, míngtiān gèng rè.
今日は暑いが、明日はさらに暑い。

这个行李重，那个行李轻。
Zhège xíngli zhòng, nàge xíngli qīng.
この荷物は重く、あの荷物は軽い。
(この荷物が重く、あの荷物が軽い。)

小张的个子高，小李的个子矮。
Xiǎo-Zhāng de gèzi gāo, Xiǎo-Lǐ de gèzi ǎi.
張さんの背は高く、李さんの背は低い。
(張さんの背が高く、李さんの背が低い。)

　質問に答える場合は、次の例のように副詞がなくても言えます。
(今天热吗？)　今天热。Jīntiān rè. 今日は暑い。

❷ 副詞と組み合わせる場合

対比の意味を消す
　副詞 "很" を用いると、形容詞の持つ「対比」の意味合いが消えます。

(048) 这个行李很重。Zhège xíngli hěn zhòng.
この荷物は重い。

小张的个子很高。Xiǎo-Zhāng de gèzi hěn gāo.

"很" を付けると、比べる意味合いはなくなり、客観性が失われ、主観的な判断になると言えます。

張さんの背は高い。

　上のような文では対比の意味合いは含まれません。比べた結果を事実として伝えるのではなく、状態や様子が「〜だ」と言いたいときは、副詞"很"が必要です。

程度・度合いを付け足す

(049) 她很漂亮。Tā hěn piàoliang.
彼女はとてもきれいです。

他们都非常热情。Tāmen dōu fēicháng rèqíng.
彼らは皆たいへん親切です。

你包的饺子真好吃。Nǐ bāo de jiǎozi zhēn hǎochī.
あなたが作った餃子は本当においしい。

你做的炒饭最好吃。Nǐ zuò de chǎofàn zuì hǎochī.
あなたが作るチャーハンが一番おいしい。

这种手机太贵了。Zhè zhǒng shǒujī tài guì le.
この携帯電話は値段が高過ぎます。

我有点儿冷。Wǒ yǒudiǎnr lěng. 私は少し寒い。

否定文にする

(050) 这个麻婆豆腐不辣。Zhège mápó dòufu bú là.
この麻婆豆腐は辛くない。

这个葡萄不太甜。Zhège pútao bú tài tián.
このぶどうはあまり甘くない。

❸ 名詞を修飾する形容詞

　形容詞は、名詞の前に置くことによって、その名詞を修飾し、どんな人なのか、どんな物なのかを言うことができます。例えば、日本語の「明るい人」や「静かな場所」は、「修飾語（明るい、静かな）＋被修飾語（人、場所）」の組み合わせです。中国語も日本語と同じ語順で、修飾語を先に、被修飾語を後に言います。そのときに、修飾語（特に2音節の形容詞）と被修飾語の間に"的"を必要とします。

(051) 她是很开朗的人。Tā shì hěn kāilǎng de rén.
彼女は（とても）明るい人だ。

"很"は強く発音すると「とても」の意味、特に強く発音しなければ「とても」を意味せず、形容詞の対比の意味合いを消す役割になります。

程度や否定を表す副詞は、形容詞の直前に置きます。

"不太〜"（あまり〜でない）は部分否定です。

"多"は"的"を介さずに、直接名詞を修飾することができますが、必ず"很多"の形にしなくてはなりません。
我们学校有很多留学生。Wǒmen xuéxiào yǒu hěn duō liúxuéshēng. 私たちの学校には留学生がたくさんいます。

那儿是非常安静的地方。 Nàr shì fēicháng ānjìng de dìfang.
そこはとても静かな場所です。

　この場合の“的”は、“的”の前の語が修飾語で、“的”の後の語が被修飾語である、という前後の語の関係性を示しています。これは、“的”のとても重要な役割のひとつです。

ただし、熟語として定着している語には“的”は不要です。
“中国老师”中国人の先生、“日本漫画”日本の漫画

学生在明亮的教室里上课。
Xuésheng zài míngliàng de jiàoshì li shàngkè.
学生は明るい教室で授業を受けます。

もう少し例文を挙げましょう。

我喜欢凉快的季节。
Wǒ xǐhuan liángkuai de jìjié.
私は涼しい季節が好きです。

❷ 主述述語文

　述語が「主語（名詞）＋述語（形容詞）」で構成され、「ゾウは鼻が長い」（～は…がどうこうだ）型の日本語に相当します。

(052) 我头很疼。Wǒ tóu hěn téng.
わたしは頭が痛い。

她学习非常紧张。Tā xuéxí fēicháng jǐnzhāng.
彼女は勉強がたいへん忙しい。

他身体不太好。Tā shēntǐ bú tài hǎo.
彼は身体の具合があまり良くない。

プラスワン

形容詞は実は奥が深いのですが、やはり基本をしっかり押さえることが大切です。

検定注目ポイント

形容詞述語文も主述述語文も文型自体は4級レベルです。3級では確実に得点しなくてはなりません。とにかく語彙量を増やして、聞き取れて読めて書けるようにしましょう。
　後日学ぶ比較文や様態補語は3級でよく出題されますが、形容詞が必須です。

練習問題

1 並べ替え問題

次の語を適切に並べ替えて文を完成させましょう。

(1) ［麻婆豆腐　好吃　很　这里的］　ここのマーボー豆腐はおいしい。

＿＿＿＿＿　＿＿＿＿＿　＿＿＿＿＿　＿＿＿＿＿。

(2) ［不太　麻婆豆腐　辣　这里的］　ここのマーボー豆腐はあまり辛くない。

＿＿＿＿＿　＿＿＿＿＿　＿＿＿＿＿　＿＿＿＿＿。

(3) ［贵　这件　了　衣服　太］　この服は高すぎます。

＿＿＿＿＿　＿＿＿＿＿　＿＿＿＿＿　＿＿＿＿＿。

(4) ［有点儿　这个　咸　青椒肉丝］　このチンジャオロースは少し塩辛い。

＿＿＿＿＿　＿＿＿＿＿　＿＿＿＿＿　＿＿＿＿＿。

(5) ［汉语　的　流利　非常］　彼女の話す中国語は非常に流暢です。

她说 ＿＿＿＿＿　＿＿＿＿＿　＿＿＿＿＿　＿＿＿＿＿。

(6) ［你　忙　工作　最近］　あなたは最近仕事が忙しいですか。

＿＿＿＿＿　＿＿＿＿＿　＿＿＿＿＿　＿＿＿＿＿吗?

(7) ［不　英语　流利　流利］　彼女の英語は流暢ですか。

她的 ＿＿＿＿＿　＿＿＿＿＿　＿＿＿＿＿　＿＿＿＿＿?

(8) ［好　天气　今天　非常］　今日は天気がとても良い。

＿＿＿＿＿　＿＿＿＿＿　＿＿＿＿＿　＿＿＿＿＿。

(9) ［健康　身体　我爷爷　很］　私の祖父は体が健康です。

＿＿＿＿＿　＿＿＿＿＿　＿＿＿＿＿　＿＿＿＿＿。

(10) ［很　她　漂亮　头发］　彼女は髪の毛がきれいだ。

＿＿＿＿＿　＿＿＿＿＿　＿＿＿＿＿　＿＿＿＿＿。

2 空欄記入問題

日本語の意味に合うように空欄に適切な語を書き入れましょう。

(1) 彼女はとても親切です。

她（　　　　　　）热情。

(2) 私は最近仕事がとても忙しい。

我最近工作太忙（　　　　　　）。

(3) 私は少しお腹が空いている。

我肚子（　　　　　　）饿。

(4) 私の母が作るチャーハンは一番おいしい。

我妈妈做的炒饭（　　　　　　）好吃。

(5) 私はあまり疲れていません。

我（　　　　　　）累。

3 作文問題

日本語から中国語へ訳しましょう。

(1) これは値段が高いが、あれは値段が高くない。

(2) この携帯は値段が高すぎます。

(3) 私は勉強が忙しい。

(4) 彼は仕事があまり忙しくない。

(5) 彼らは皆親切です。

解　答　　解　説

1 (1) 这里的麻婆豆腐很好吃。Zhèlǐ de mápó dòufu hěn hǎochī.「副詞＋形容詞」の語順です。
(2) 这里的麻婆豆腐不太辣。Zhèlǐ de mápó dòufu bú tài là.「あまり～でない」は "不太" です。
(3) 这件衣服太贵了。Zhè jiàn yīfu tài guì le. "太～了" で程度の甚だしさを表します。
(4) 这个青椒肉丝有点儿咸。Zhège qīngjiāo ròusī yǒudiǎnr xián. "有点儿" は形容詞の前に置き、「少し～だ」という意味です。
(5) 她说的汉语非常流利。Tā shuō de Hànyǔ fēicháng liúlì.「副詞＋形容詞」の語順です。「動詞＋"的"＋名詞」の修飾語の構造にも注意しましょう。
(6) 你最近工作忙吗? Nǐ zuìjìn gōngzuò máng ma?「主語＋述語(主語(名詞)＋述語(形容詞))」の語順の主述述語文です。
(7) 她的英语流利不流利? Tā de Yīngyǔ liúlì bu liúlì? 形容詞の反復疑問文です。疑問文には "很" は必要ではありません。
(8) 今天天气非常好。Jīntiān tiānqì fēicháng hǎo. 主述述語文の語順と「副詞＋形容詞」に注意しましょう。
(9) 我爷爷身体很健康。Wǒ yéye shēntǐ hěn jiànkāng. 主述述語文です。
(10) 她头发很漂亮。Tā tóufa hěn piàoliang. 主述述語文です。

2 (1) 她（非常）热情。Tā (fēicháng) rèqíng.「とても」には "非常" が対応します。
(2) 我最近工作太忙（了）。Wǒ zuìjìn gōngzuò tài máng le. "太～了" で程度の甚だしさを表します。
(3) 我肚子（有点儿）饿。Wǒ dùzi (yǒudiǎnr) è. 形容詞の前に置くことのできる「少し」は "有点儿" です。
(4) 我妈妈做的炒饭（最）好吃。Wǒ māma zuò de chǎofàn (zuì) hǎochī.「一番」は "最" が対応します。
(5) 我（不太）累。Wǒ (bú tài) lèi.「あまり～でない」は "不太～" です。

3 (1) 这个贵，那个不贵。Zhège guì, nàge bú guì. "这个" と "那个" とを対比しているので肯定形に副詞をつけません。
(2) 这个手机太贵了。Zhège shǒujī tài guì le.「～すぎる」は "太～了" です。
(3) 我学习很忙。Wǒ xuéxí hěn máng. 主述述語文の形です。
(4) 他工作不太忙。Tā gōngzuò bú tài máng. 主述述語文の形です。「あまり～でない」は "不太～" です。
(5) 他们都很热情。Tāmen dōu hěn rèqíng. 日本語に「とても」という語がなくても、中国語に訳す場合には対比の意味合いを除くために "很" を用います。

単語練習⑥

1 音声を聞いて声調符号をつけ、4つの中から声調の組み合わせが異なる単語に〇をつけなさい。 053

[1]	①zuguo 祖国（祖国）	②mingpian 名片（名刺）	③tongshi 同事（同僚）	④quanli 权利（権利）
[2]	①wufan 午饭（昼食）	②guniang 姑娘（女の子）	③zhuren 主任（主任）	④shaoshu 少数（少数）
[3]	①maoyi 贸易（貿易）	②daolu 道路（道路）	③zhangfu 丈夫（夫）	④mianmao 面貌（容貌）
[4]	①zaihai 灾害（災害）	②liangshi 粮食（食糧）	③gonglu 公路（自動車道路）	④shengwu 生物（生物）
[5]	①weizhi 位置（位置）	②guilü 规律（法則）	③gongye 工业（工業）	④jieduan 阶段（段階）
[6]	①shangchang 商场（マーケット）	②jichu 基础（基礎）	③zhenli 真理（真理）	④haizi 孩子（子ども）

2 音声を聞いてピンインを書き、さらに4つの中から声調の組み合わせが異なる単語に〇をつけなさい。 054

[1]	①最近（最近）	②変化（変化する）	③年级（〜年生）	④意义（意味、意義）
[2]	①兴趣（興味）	②护照（パスポート）	③动物（動物）	④成绩（成績）
[3]	①法语（フランス語）	②首都（首都）	③老家（故郷）	④每天（毎日）
[4]	①孙子（孫）	②舌头（舌）	③馒头（マントウ）	④头发（髪の毛）
[5]	①家庭（家庭）	②香肠（ソーセージ）	③人民（人民）	④中文（中国語）
[6]	①绿茶（緑茶）	②不久（ほどなく）	③去年（去年）	④日元（日本円）

解答

1

[1]	❶祖国 zǔguó	②名片 míngpiàn	③同事 tóngshì	④权利 quánlì
[2]	①午饭 wǔfàn	❷姑娘 gūniang	③主任 zhǔrèn	④少数 shǎoshù
[3]	①贸易 màoyì	②道路 dàolù	❸丈夫 zhàngfu	④面貌 miànmào
[4]	①灾害 zāihài	❷粮食 liángshi	③公路 gōnglù	④生物 shēngwù
[5]	❶位置 wèizhi	②规律 guīlǜ	③工业 gōngyè	④阶段 jiēduàn
[6]	①商场 shāngchǎng	②基础 jīchǔ	③真理 zhēnlǐ	❶孩子 háizi

2

[1]	①最近 zuìjìn	②变化 biànhuà	❸年级 niánjí	④意义 yìyì
[2]	①兴趣 xìngqù	②护照 hùzhào	③动物 dòngwù	❶成绩 chéngjì
[3]	❶法语 Fǎyǔ	②首都 shǒudū	③老家 lǎojiā	④每天 měi tiān
[4]	❶孙子 sūnzi	②舌头 shétou	③馒头 mántou	④头发 tóufa
[5]	①家庭 jiātíng	②香肠 xiāngcháng	❸人民 rénmín	④中文 Zhōngwén
[6]	①绿茶 lǜchá	❷不久 bùjiǔ	③去年 qùnián	④日元 Rìyuán

助動詞①

可能を表すときは、助動詞 "会" "能" "可以" を用いますが、"会" には他の意味もあります。

❶ 可能の助動詞 "会" "能" "可以"

"会" "能" "可以" の基本の意味をおさらいしましょう。練習や訓練によって何らかの技能を身につけてできることは "会"、能力や条件がそろっていてできることは "能"、許可されてできることは "可以" を用います。

(055) 我会开车。Wǒ huì kāichē.
私は車の運転ができます。

我会游泳。Wǒ huì yóuyǒng.
私は泳げます。

我现在能开车送你。
Wǒ xiànzài néng kāichē sòng nǐ.
私は今車であなたを送ることができます。

我能游三千米。
Wǒ néng yóu sān qiān mǐ.
私は3000m泳げます。

我可以开车来吗?
Wǒ kěyǐ kāichē lái ma?
私は車で来てもかまいませんか。

这儿可以游泳吗?
Zhèr kěyǐ yóuyǒng ma?
ここは泳げますか。

条件がそろっていてできることと、許可されてできることは、意味が通じる点があり、"能" と "可以" のどちらを用いてもよい場合もあります。

❶「"会" +動詞」は、習得して「〜できる」。

スポーツ全般や外国語ができる、できないには "会" を。

(056) 我会滑雪。Wǒ huì huáxuě.
私はスキーができます。

我母亲会说法语。
Wǒ mǔqin huì shuō Fǎyǔ.
私の母はフランス語が話せます。

❷「"能" ＋動詞」は、能力・条件があって「～できる」。

　　レベルを問われる事柄や、できる場合とできない場合がある事柄には "能" を。

⑤⑤⑦ 我姐姐能看懂法语小说。
Wǒ jiějie néng kàndǒng Fǎyǔ xiǎoshuō.
私の姉はフランス語の小説を読んで理解することができます。

❸「"能／可以" ＋動詞」は、許可されて「～できる」。

　　「～してもよい」には "可以" を。

⑤⑤⑧ 现在你可以休息。Xiànzài nǐ kěyǐ xiūxi.
今は休んでも良い。

这儿能 / 可以抽烟吗?
Zhèr néng/kěyǐ chōu yān ma?
ここではタバコを吸えますか。

　　否定形は、"会" ⇒ "不会"、"能"・"可以" ⇒ "不能 / 不可以" が基本です。

我不会骑自行车。Wǒ bú huì qí zìxíngchē.
私は自転車に乗れません。

我会说一点儿汉语，但还不能看中文小说。
Wǒ huì shuō yìdiǎnr Hànyǔ, dàn hái bù néng kàn Zhōngwén xiǎoshuō.
私は中国語を少し話せますが、中国語の小説を読むことはまだできません。

他喝酒了，不能开车。Tā hē jiǔ le, bù néng kāichē.
彼はお酒を飲んだので、車を運転できません。

这儿不能 / 不可以照相。
Zhèr bù néng/bù kěyǐ zhàoxiàng.
ここは写真を撮ることはできません。

❷ 得意であることを表す "会"

　　"会" は、練習や訓練の有無に関係なく、「～することが得意である」「～することが上手だ」を表す場合にも用いられます。

"看懂" は「動詞＋結果補語」の形です。結果補語は第 24 日目に学びます。
明天我能陪你去。
Míngtiān wǒ néng péi nǐ qù. 明日私はあなたに付き添うことができます。

"不能" は「～してはいけない」という禁止の意味を持ちます。

この場合、"会" の前に程度を強調する副詞 "很" "真" "非常" がよく付けられます。

⑤⑨ 她很会买东西。Tā hěn huì mǎi dōngxi.
彼女は買い物が得意です。

你真会说话！Nǐ zhēn huì shuōhuà!
あなたは本当に話が上手ですね。

否定形は、「〜することが下手だ」「〜するのは無理だ」という意味です。

我不会点菜。Wǒ bú huì diǎn cài.
私は料理の注文が下手です。

❸ 可能性を推測する "会"

「できる、できない」という可能ではなく、「あり得る、あり得ない」
という可能性の有無を表します。

⑥⓪ 明天会下雨吧。Míngtiān huì xià yǔ ba.
明日は雨が降るだろう。

八月的大阪不会下雪。
Bāyuè de Dàbǎn bú huì xià xuě.
8月の大阪に雪は降らない。

文末に "的" を置くことがよくあります。"会〜的" の形にすると、語
気が強くなります。

她会来的。Tā huì lái de.
彼女は来るはずです。

さらに語気を強めたいときは、"一定 yídìng" "肯定 kěndìng" "絶対
juéduì" を "会" の前に置きます。

她一定会来的。Tā yídìng huì lái de.
彼女はきっと来るはずです。

検定
注目ポイント
"会" と "能" と "可以" を完全に使い分けられることが前提です。"会"
に可能性を表す用法と、得意であることを表す用法とがあることを、きち
んと押さえておきましょう。作文問題にも出題されます。

練習問題

1 並べ替え問題

次の語を適切に並べ替えて文を完成させましょう。

(1) ［车　不　开　会］　私は車の運転ができません。

我 ＿＿＿＿＿＿ ＿＿＿＿＿＿ ＿＿＿＿＿＿ ＿＿＿＿＿＿ 。

(2) ［米　游　能　一千］　私は1000 m泳ぐことができます。

我 ＿＿＿＿＿＿ ＿＿＿＿＿＿ ＿＿＿＿＿＿ ＿＿＿＿＿＿ 。

(3) ［了　中文小说　看　能］　私は今中国語の小説を読めるようになりました。

我现在 ＿＿＿＿＿＿ ＿＿＿＿＿＿ ＿＿＿＿＿＿ ＿＿＿＿＿＿ 。

(4) ［照相　吗　可以　这儿］　ここは写真を撮ってもかまいませんか。

＿＿＿＿＿＿ ＿＿＿＿＿＿ ＿＿＿＿＿＿ ＿＿＿＿＿＿ ？

(5) ［能　明天　去　不］　私は明日行けません。

我 ＿＿＿＿＿＿ ＿＿＿＿＿＿ ＿＿＿＿＿＿ ＿＿＿＿＿＿ 。

2 空欄記入問題

日本語の意味に合うように空欄に適切な語を書き入れましょう。

(1) 私は泳げません。
我（　　　　　　　）游泳。

(2) 私は中国語を話せます。
我（　　　　　　　）说汉语。

(3) 私は2000 m泳げます。
我（　　　　　　　）游两千米。

(4) 私は中国語の小説を読めます。
我（　　　　　　　）看中文小说。

(5) 私は一人で旅行に行けます。
我（　　　　　　　）一个人去旅行。

(6) 私たちの会社ではたばこを吸ってはいけません。
我们公司不（　　　　　　　）抽烟。

(7) 今日はとても寒いので、夜は雪が降るでしょう。
今天很冷，晚上（　　　　　　　）下雪吧。

(8) 彼女は最近忙しいから、日曜日も休めないでしょう。

　　她最近很忙，星期天也不（　　　　　　　）休息吧。

(9) 私の妹は料理の注文が得意です。

　　我妹妹很（　　　　　　）点菜。

(10) 私は買い物が不得意です。

　　我不（　　　　　　）买东西。

3 作文問題

日本語から中国語へ訳しましょう。

(1) 私は英字新聞が読めます。

(2) 明日雨は降らないでしょう。

(3) 彼はこんなふうにはしないでしょう。

(4) 彼女は本当に話が上手だ。

(5) ここは泳げますか。

解 答　　解 説

1 (1) 我不会开车。Wǒ bú huì kāichē.「助動詞＋動詞」の語順です。否定詞は助動詞の前に置きます。
(2) 我能游一千米。Wǒ néng yóu yì qiān mǐ.「助動詞＋動詞」の語順です。"一千米" は動詞の後に置きます。
(3) 我现在能看中文小说了。Wǒ xiànzài néng kàn Zhōngwén xiǎoshuō le.「助動詞＋動詞」の語順です。"了" は、変化を表す語気助詞で、文末に置きます。
(4) 这儿可以照相吗？Zhèr kěyǐ zhàoxiàng ma?「助動詞＋動詞」の語順です。
(5) 我明天不能去。Wǒ míngtiān bù néng qù.「助動詞＋動詞」の語順です。否定詞は助動詞の前に置きます。

2 (1) 我（不会）游泳。Wǒ (bú huì) yóuyǒng.「スポーツができる」を表す助動詞は、"会" です。
(2) 我（会）说汉语。Wǒ (huì) shuō Hànyǔ.「外国語ができる」を表す助動詞は、"会" です。
(3) 我（能）游两千米。Wǒ (néng) yóu liǎng qiān mǐ.「能力があってできる」を表す助動詞は、"能" です。
(4) 我（能）看中文小说。Wǒ (néng) kàn Zhōngwén xiǎoshuō.「能力があってできる」を表す助動詞は、"能" です。
(5) 我（可以）一个人去旅行。Wǒ (kěyǐ) yí ge rén qù lǚxíng.「ひとりでできる」は、"可以" または "能" を用います。
(6) 我们公司不（可以）抽烟。Wǒmen gōngsī bù (kěyǐ) chōu yān.「許可されてできる、できない」を表す助動詞は、"可以" です。
(7) 今天很冷，晚上（会）下雪吧。Jīntiān hěn lěng, wǎnshang (huì) xià xuě ba.「可能性がある」を表す助動詞は、"会" です。
(8) 她最近很忙，星期天也不（会）休息吧。Tā zuìjìn hěn máng, xīngqītiān yě bú (huì) xiūxi ba.「可能性がない」を表すには "不会" を用います。
(9) 我妹妹很（会）点菜。Wǒ mèimei hěn (huì) diǎn cài.「〜するのが得意である」は、"会" を用います。得意不得意を表す場合は、"很" を置くことができます。
(10) 我不（会）买东西。Wǒ bú (huì) mǎi dōngxi.「〜するのが不得意である」は、"不会" を用います。

3 (1) 我能看英文报。Wǒ néng kàn Yīngwén bào. 英語の新聞 "英文报" を読める能力があるということで、"能" を用います。
(2) 明天不会下雨吧。Míngtiān bú huì xià yǔ ba. 可能性の有無は、"会／不会" で表します。よく語気助詞の "吧" を伴います。
(3) 他不会这样做。Tā bú huì zhèyàng zuò ba. 可能性の有無は、"会／不会" で表します。よく語気助詞の "吧" を伴います。
(4) 她很会说话。Tā hěn huì shuōhuà.「〜するのが上手だ」は、"会" を用います。"很" を置くことができます。
(5) 这儿可以游泳吗？Zhèr kěyǐ yóuyǒng ma?「許可されてできる、できない」を表す助動詞は、"可以" です。

単語練習⑦

1 音声を聞いて声調符号をつけ、4つの中から声調の組み合わせが異なる単語に〇をつけなさい。 (061)

[1]	① diezi　碟子（小皿）	② qingxu　情绪（気持ち）	③ shitou　石头（石）	④ qingxing　情形（状況）
[2]	① tushu　图书（図書）	② weijin　围巾（マフラー）	③ jiti　集体（集団）	④ yashua　牙刷（歯ブラシ）
[3]	① canguan　餐馆（レストラン）	② biaozhun　标准（標準）	③ airen　爱人（ご主人,奥さん）	④ youdian　优点（長所）
[4]	① shoushu　手术（手術）	② xiaoguo　效果（効果）	③ yinliao　饮料（飲み物）	④ shouduan　手段（手段）
[5]	① qianzheng　签证（ビザ）	② yingyang　营养（栄養）	③ guanzhong　观众（観衆）	④ ziliao　资料（資料）
[6]	① yaoshi　钥匙（カギ）	② shousi　寿司（すし）	③ diqu　地区（地区）	④ guxiang　故乡（故郷）

2 音声を聞いてピンインを書き、さらに4つの中から声調の組み合わせが異なる単語に〇をつけなさい。 (062)

[1]	① 父母（両親）	② 中餐（中国料理）	③ 政府（政府）	④ 各种（さまざまな）
[2]	① 当时（当時）	② 将来（将来）	③ 新闻（ニュース）	④ 银行（銀行）
[3]	① 全体（全体）	② 现代（現代）	③ 世纪（世紀）	④ 过去（過去）
[4]	① 性格（性格）	② 蓝色（青）	③ 酱油（醤油）	④ 课文（教科書の本文）
[5]	① 杂志（雑誌）	② 苹果（リンゴ）	③ 节目（番組）	④ 能力（能力）
[6]	① 邮局（郵便局）	② 红茶（紅茶）	③ 飞机（飛行機）	④ 明年（来年）

解　答

1

[1]	① 碟子 diézi	❷ 情绪 qíngxù	③ 石头 shítou	④ 情形 qíngxíng
[2]	① 图书 túshū	② 围巾 wéijīn	❸ 集体 jítǐ	④ 牙刷 yáshuā
[3]	① 餐馆 cānguǎn	② 标准 biāozhǔn	❸ 爱人 àiren	④ 优点 yōudiǎn
[4]	① 手术 shǒushù	❷ 效果 xiàoguǒ	③ 饮料 yǐnliào	④ 手段 shǒuduàn
[5]	① 签证 qiānzhèng	❷ 营养 yíngyǎng	③ 观众 guānzhòng	④ 资料 zīliào
[6]	❶ 钥匙 yàoshi	② 寿司 shòusī	③ 地区 dìqū	④ 故乡 gùxiāng

2

[1]	① 父母 fùmǔ	❷ 中餐 zhōngcān	③ 政府 zhèngfǔ	④ 各种 gèzhǒng
[2]	① 当时 dāngshí	② 将来 jiānglái	③ 新闻 xīnwén	❹ 银行 yínháng
[3]	❶ 全体 quántǐ	② 现代 xiàndài	③ 世纪 shìjì	④ 过去 guòqù
[4]	① 性格 xìnggé	❷ 蓝色 lánsè	③ 酱油 jiàngyóu	④ 课文 kèwén
[5]	① 杂志 zázhì	❷ 苹果 píngguǒ	③ 节目 jiémù	④ 能力 nénglì
[6]	① 邮局 yóujú	② 红茶 hóngchá	❸ 飞机 fēijī	④ 明年 míngnián

55

助動詞②（願望・義務）・"打算"・副詞

願望や義務も助動詞で表します。否定形に注意しましょう。

❶ 願望の "想" "要"

「〜したい」と希望を表す場合には "想"、「〜するつもりだ」と意志を表す場合には "要" が対応します。否定形はいずれも "不想" です。

(063) 我将来想当老师。
Wǒ jiānglái xiǎng dāng lǎoshī.
私は将来教員になりたい。

我明年要去中国留学。
Wǒ míngnián yào qù Zhōngguó liúxué.
私は来年中国へ留学に行くつもりです。

我今天不想去上班。
Wǒ jīntiān bù xiǎng qù shàngbān.
私は今日仕事に行きたくありません。

"要" は、「〜したい」「〜するつもり」いずれの訳語も用いられます。

❷ 義務の助動詞

「〜しなければならない」には "要"。「〜すべきである」には "应该" が対応します。

(064) 我今天要去打工。
Wǒ jīntiān yào qù dǎgōng.
私は今日アルバイトへ行かなくてはなりません。

这个字应该这样写。
Zhège zì yīnggāi zhèyàng xiě.
この字はこう書くべきです。

否定形は、"要" ⇒ "不用"（〜しなくてよい）、"应该" ⇒ "不应该"（すべきでない）です。

你今天不用去打工。
Nǐ jīntiān búyòng qù dǎgōng.
あなたは今日アルバイトに行かなくてよい。

你们不应该这么做。
Nǐmen bù yīnggāi zhème zuò.
あなたたちはこのようにすべきではありません。

　「～しなければならない」を表す助動詞には、他にも "得" があります。
"得" と書いて、"děi" と発音します。"要" と同じように用います。"得"
は、他にも "dé" と発音すれば「得る」、動詞の後に置き軽く "de" と
発音して後に形容詞をつなげれば、様態補語を形成するなど、複数の
意味を表します。"得" は複数の意味を持つということを知っていること
が、まずは大切です。

助動詞の "得 děi"
明天下午我得去打工。
Míngtiān xiàwǔ wǒ děi qù dǎgōng.
明日の午後、私はアルバイトに行かなくてはなりません。

動詞の "得 dé"
这次比赛，我们得了冠军。
Zhè cì bǐsài, wǒmen déle guànjūn.
今回の試合で私たちは優勝した。

様態補語を形成する "得 de"
她跑得很快。
Tā pǎode hěn kuài.
彼女は走るのがとても速い。

第1週

第2週10日

第3週

第4週

第5週

筆記対策

リスニング対策

模擬試験

❸ "打算"

「〜するつもりだ」は、"打算" という動詞を用いて表すこともできます。

(065) 暑假你打算去哪儿?
Shǔjià nǐ dǎsuan qù nǎr?
夏休み、あなたはどこへ行くつもりですか。
—— 我打算回中国探亲。Wǒ dǎsuan huí Zhōngguó tànqīn.
わたしは中国へ帰って両親や親戚に会うつもりです。

❹ 副詞の区別

❶ "又" と "再"

(066) 我昨天又去了。Wǒ zuótiān yòu qù le. 私は昨日また行きました。

你明天再来吧。Nǐ míngtiān zài lái ba. 明日また来てください。

❷ "就" と "才"

(067) 我昨天十二点就睡觉了。Wǒ zuótiān shí'èr diǎn jiù shuìjiào le.
私は昨日 12 時にはもう寝ました。

我昨天十二点才睡觉。Wǒ zuótiān shí'èr diǎn cái shuìjiào.
私は昨日 12 時にようやく寝ました。

プラスワン

"想"と"要"はいずれも願望を表す助動詞ですが、"要"は意志を表す場合にも用いられます。また、"要"には「〜しなければならない」という意味や近未来の意味もあり、複数の用法があります。3 級では、それぞれの基本の意味をしっかりと押さえておくことが大切です。

検定注目ポイント

空欄問題、並べ替え問題、作文、いずれもよく出題されます。"想"と"要"は意味が似ており、使い分けは話し手の主観による場合も多いため、並べ替え問題で語順を問う、あるいは作文問題で助動詞によって願望を表すことが理解できているかを問う傾向にあります。

練習問題

1 並べ替え問題

次の語を適切に並べ替えて文を完成させましょう。

(1) ［美国　想　去　我］ 私はアメリカへ行きたい。

　　_____ _____ _____ _____ 。

(2) ［美国　去　留学　要］ 私は来年アメリカへ留学に行きたい。

　　我明年 _____ _____ _____ _____ 。

(3) ［做　这么　你　应该］ あなたはこうすべきです。

　　_____ _____ _____ _____ 。

(4) ［打工　要　现在　去］ 私は今からアルバイトに行かなくてはなりません。

　　我 _____ _____ _____ _____ 。

(5) ［打算　明年　结婚　六月］ 彼らは来年6月に結婚するつもりです。

　　他们 _____ _____ _____ _____ 。

2 空欄記入問題

日本語の意味に合うように空欄に適切な語を書き入れましょう。

(1) 私の妹は将来役者になりたいと思っています。
　　我妹妹将来（　　　　　　　）当一名演员。

(2) 私の弟は来年中国に歴史を勉強しに行くつもりです。
　　我弟弟明年（　　　　　　　）去中国学习历史。

(3) 今夜私は北京ダックを食べたい。
　　今晚我（　　　　　　　）吃北京烤鸭。

(4) 私はどうすべきでしょうか。
　　我（　　　　　　　）怎么办呢?

(5) 私は明日時間があるので、泳ぎに行けます。
　　我明天有时间,（　　　　　　　）去游泳。

(6) 私の家はここから遠くて、電車に乗らなくてはいけません。
　　我家离这儿很远,（　　　　　　　）坐电车。

(7) 授業中、みなさんは先生の話を聞かなくてはなりません。
　　上课的时候,大家（　　　　　　　）听老师的话。

(8) 夏休みにあなたは何をするつもりですか。

　　暑假你（　　　　　　　）做什么？

(9) あなたは中国へ留学に行くべきです。

　　你（　　　　　　　）去中国留学。

(10) あなたが作ったご飯なら、私は何でも食べたい。

　　你做的饭，我什么都（　　　　　　　）吃。

3 作文問題

日本語から中国語へ訳しましょう。

(1) 私は明日参加することができます。

(2) 私は将来医者になりたい。

(3) 私は大学でフランス語を勉強するつもりです。

(4) 私は今日アルバイトに行かなくてはなりません。

(5) あなたは彼女を叱るべきです。

解答　解説

1 (1) 我想去美国。Wǒ xiǎng qù Měiguó.「助動詞＋動詞」の語順です。
(2) 我明年要去美国留学。Wǒ míngnián yào qù Měiguó liúxué. 連動文（"去美国留学"）の場合、助動詞は前の動詞の前に置きます。
(3) 你应该这么做。Nǐ yīnggāi zhème zuò. "这么"は動詞の直前に置かなくてはなりません。
(4) 我现在要去打工。Wǒ xiànzài yào qù dǎgōng.「時間＋"要"＋動詞」の語順です。
(5) 他们打算明年六月结婚。Tāmen dǎsuan míngnián liùyuè jiéhūn. "打算"の後に予定されていることを述べます。

2 (1) 我妹妹将来（想）当一名演员。Wǒ mèimei jiānglái (xiǎng) dāng yì míng yǎnyuán. やや漠然とした希望である「〜したい」という願望を表す助動詞が入ります。
(2) 我弟弟明年（要）去中国学习历史。Wǒ dìdi míngnián (yào) qù Zhōngguó xuéxí lìshǐ.「〜するつもりだ」と具体的な意志を表す助動詞が入ります。
(3) 今晚我（想）吃北京烤鸭。Jīnwǎn wǒ (xiǎng) chī Běijīng kǎoyā.「〜したい」という願望を表す助動詞が入ります。
(4) 我（应该）怎么办呢？Wǒ (yīnggāi) zěnme bàn ne?「〜すべき」という意味の助動詞が入ります。
(5) 我明天有时间，（能）去游泳。Wǒ míngtiān yǒu shíjiān, (néng) qù yóuyǒng.「条件が整っていてできる」を表す助動詞が入ります。
(6) 我家离这儿很远，（要）坐电车。Wǒ jiā lí zhèr hěn yuǎn, (yào) zuò diànchē.「〜しなくてはならない」を表す助動詞です。
(7) 上课的时候，大家（要）听老师的话。Shàng kè de shíhou, dàjiā (yào) tīng lǎoshī de huà.「〜しなくてはならない」を表す助動詞です。
(8) 暑假你（打算）做什么？Shǔjià nǐ (dǎsuan) zuò shénme?「〜するつもりだ」を表す語が入ります。"要"でもかまいません。
(9) 你（应该）去中国留学。Nǐ (yīnggāi) qù Zhōngguó liúxué.「〜すべき」という意味の助動詞が入ります。
(10) 你做的饭，我什么都（想）吃。Nǐ zuò de fàn, wǒ shénme dōu (xiǎng) chī.「〜したい」という願望を表す助動詞が入ります。

3 (1) 我明天能参加。Wǒ míngtiān néng cānjiā. この「できる」は、条件や環境に関係すると考えられるので、"能"が適切です。
(2) 我将来想当 大夫／医生。Wǒ jiānglái xiǎng dāng dàifu/yīshēng.「将来〜になりたい」は "想" が適切です。
(3) 我 打算／要 在大学学习法语。Wǒ dǎsuan/yào zài dàxué xuéxí Fǎyǔ.「〜するつもりだ」は"打算"か"要"が適切です。
(4) 我今天要去打工。Wǒ jīntiān yào qù dǎgōng.「〜しなくてはならない」は "要" が適切です。
(5) 你应该批评她。Nǐ yīnggāi pīpíng tā.「〜すべきだ」は "应该" が適切です。

単語練習⑧

1 音声を聞いて声調符号をつけ、4つの中から声調の組み合わせが異なる単語に〇をつけなさい。 (068)

[1]	① gexing 个性（個性）	② zhongliang 重量（重さ）	③ shiji 实际（実際）	④ sudu 速度（速度）
[2]	① rencai 人才（人材）	② jiaju 家具（家具）	③ tongxun 通讯（通信）	④ jipiao 机票（航空券）
[3]	① renlei 人类（人類）	② fangshi 方式（方式）	③ shengming 生命（命）	④ shengyi 生意（商売）
[4]	① chuantong 传统（伝統）	② baijiu 白酒（中国の焼酎）	③ beihou 背后（背後）	④ qingjing 情景（情景）
[5]	① yuanliao 原料（原料）	② zhiwu 植物（植物）	③ chaye 茶叶（茶葉）	④ fengli 风力（風力）
[6]	① renwu 任务（任務）	② gongju 工具（工具、道具）	③ shamo 沙漠（砂漠）	④ dangdi 当地（現地、その土地）

2 音声を聞いてピンインを書き、さらに4つの中から声調の組み合わせが異なる単語に〇をつけなさい。 (069)

[1]	① 晚饭（夕食）	② 体育（スポーツ）	③ 夏天（夏）	④ 晚会（パーティー）
[2]	① 号码（番号）	② 肚子（お腹）	③ 日本（日本）	④ 特点（特徴）
[3]	① 兔子（ウサギ）	② 弟弟（弟）	③ 夜里（夜中）	④ 大学（大学）
[4]	① 句子（文、センテンス）	② 窗户（窓）	③ 箱子（箱、トランク）	④ 衣服（服）
[5]	① 周围（周り）	② 商品（商品）	③ 公园（公園）	④ 钢琴（ピアノ）
[6]	① 事实（事実）	② 面包（パン）	③ 教师（教師）	④ 目标（目標）

解 答

1

[1]	① 个性 gèxìng	② 重量 zhòngliàng	❸ 实际 shíjì	④ 速度 sùdù
[2]	❶ 人才 réncái	② 家具 jiājù	③ 通讯 tōngxùn	④ 机票 jīpiào
[3]	❶ 人类 rénlèi	② 方式 fāngshì	③ 生命 shēngmìng	④ 生意 shēngyi
[4]	① 传统 chuántǒng	② 白酒 báijiǔ	❸ 背后 bèihòu	④ 情景 qíngjǐng
[5]	① 原料 yuánliào	② 植物 zhíwù	③ 茶叶 cháyè	❶ 风力 fēnglì
[6]	❶ 任务 rènwu	② 工具 gōngjù	③ 沙漠 shāmò	④ 当地 dāngdì

2

[1]	① 晚饭 wǎnfàn	② 体育 tǐyù	❸ 夏天 xiàtiān	④ 晚会 wǎnhuì
[2]	① 号码 hàomǎ	❷ 肚子 dùzi	③ 日本 Rìběn	④ 特点 tèdiǎn
[3]	① 兔子 tùzi	② 弟弟 dìdi	③ 夜里 yèli	❶ 大学 dàxué
[4]	❶ 句子 jùzi	② 窗户 chuānghu	③ 箱子 xiāngzi	④ 衣服 yīfu
[5]	① 周围 zhōuwéi	❷ 商品 shāngpǐn	③ 公园 gōngyuán	④ 钢琴 gāngqín
[6]	❶ 事实 shìshí	② 面包 miànbāo	③ 教师 jiàoshī	④ 目标 mùbiāo

第11天

比較・同一表現

比較して差がある場合と差がない場合の言い方です。

❶ 基本の比較文

「AはBより〜だ」は、「A＋"比"＋B＋形容詞（＋差を表す語）」です。

(070) 我比你高。
Wǒ bǐ nǐ gāo.
私はあなたより背が高い。

我比你高两厘米。
Wǒ bǐ nǐ gāo liǎng límǐ.
私はあなたより2センチ背が高い。

我比你高一点儿。
Wǒ bǐ nǐ gāo yìdiǎnr.
私はあなたより少し背が高い。

　「少し」には"一点儿"と"有点儿"がありますが、比較文で差を表す場合には"一点儿"を形容詞の後に置きます。主観的な"有点儿"は比較文では使えません。

"比"は、介詞（前置詞）です。比較文の述語は形容詞です。

話し言葉では「センチメートル」を"公分 gōngfēn"と言うこともあります。

❷ 比較文のバリエーション

　比較表現では、形容詞の前に置くことのできる語とできない語があります。また、差を表す語には「基本の比較表現」で挙げた語以外にも、よく使われる表現があります。

❶ 動作や行為の比較

(071) 你穿比我穿合适。
Nǐ chuān bǐ wǒ chuān héshì.
あなたが着る方が、私が着るより似合っている。

❷ "还""更" ＋ 形容詞

(072) 我去比你来更方便。
Wǒ qù bǐ nǐ lái gèng fāngbiàn.
私が行く方が、あなたが来るより便利です。

比較文の形容詞の前には副詞"很"を置けませんが、"还""更"は置くことができます。

这儿的环境比那儿的环境还好。
Zhèr de huánjìng bǐ nàr de huánjìng hái hǎo.
こちらの環境は、あちらの環境よりまだ良い。

❸ "要" ＋ 形容詞

(073) 北京的夏天比东京的夏天还要热。
Běijīng de xiàtiān bǐ Dōngjīng de xiàtiān hái yào rè.
北京の夏は東京の夏よりさらに暑い。

❹ 形容詞 ＋ "～多了" "～得多"

(074) 他的工作态度比以前好多了。
Tā de gōngzuò tàidu bǐ yǐqián hǎo duō le.
彼の就業態度は以前よりかなり良くなりました。

❺ "～得多"

(075) 这样做比那样做好得多。
Zhèyàng zuò bǐ nàyàng zuò hǎode duō.
こうする方が、ああするよりずっと良い。

❻ 省略形

(076) 你说的汉语比我流利多了。
Nǐ shuō de Hànyǔ bǐ wǒ liúlì duō le.
あなたの中国語は私よりずっと流暢です。

介詞 "比" を用いた場合、形容詞の前に "很" を置くことによって差を強調することはできず、形容詞の後に "～多了" や "～得多" を置くことによって強調します。
"～得多" は、様態補語です。

"比" の後は "我说的汉语" を省略して "我" だけで十分伝わります。

❸ 同一表現

「A＋"跟"＋B＋"一样"＋形容詞」で「AはBと同じくらい〜だ」です。

(077) 你的发音跟他一样好。
Nǐ de fāyīn gēn tā yíyàng hǎo.
あなたの発音は彼と同じくらい上手です。

形容詞を置かなければ、「AはBと同じだ」という意味になります。

这本书跟那本书一样。
Zhè běn shū gēn nà běn shū yíyàng.
この本はあの本と同じです。

这本书跟那本书一样贵。
Zhè běn shū gēn nà běn shū yíyàng guì.
この本はあの本と同じくらいの値段です。

他的发音跟中国人一样。
Tā de fāyīn gēn Zhōngguórén yíyàng.
彼の発音は中国人と同じです。

"像…一样〜"という言い方もありますので、覚えておきましょう。

你的发音像中国人一样那么标准。
Nǐ de fāyīn xiàng Zhōngguórén yíyàng nàme biāozhǔn.
あなたの発音はまるで中国人のように標準的です。

"一样"の後に"那么"が入ることがよくあります。

プラスワン

比較については、12日目の否定形も要チェックです。

検定注目ポイント 語順がとても大切です。主語になる名詞と介詞"比"の後に来る比較の対象となる名詞、形容詞と差を表す語の語順に注意しましょう。

練習問題

第1週

第2週
11日

第3週

第4週

第5週

筆記対策

リスニング対策

模擬試験

1 並べ替え問題

次の語を適切に並べ替えて文を完成させましょう。

(1) ［大　我　两岁　比］　私の兄は私より2歳年上です。

我哥哥 ＿＿＿＿＿＿ ＿＿＿＿＿＿ ＿＿＿＿＿＿ ＿＿＿＿＿＿ 。

(2) ［一点儿　比　暖和　昨天］　今日は昨日より少し暖かい。

今天 ＿＿＿＿＿＿ ＿＿＿＿＿＿ ＿＿＿＿＿＿ ＿＿＿＿＿＿ 。

(3) ［比　得多　好　那个］　これはあれよりずっと良い。

这个 ＿＿＿＿＿＿ ＿＿＿＿＿＿ ＿＿＿＿＿＿ ＿＿＿＿＿＿ 。

(4) ［我　高　一样　跟］　私の妹は私と同じくらい背が高い。

我妹妹 ＿＿＿＿＿＿ ＿＿＿＿＿＿ ＿＿＿＿＿＿ ＿＿＿＿＿＿ 。

(5) ［更　那儿的　好　比］　ここの条件はあそこよりさらに良い。

这儿的条件 ＿＿＿＿＿＿ ＿＿＿＿＿＿ ＿＿＿＿＿＿ 。

(6) ［比　要　上海　还］　大阪は上海よりにぎやかです。

大阪 ＿＿＿＿＿＿ ＿＿＿＿＿＿ ＿＿＿＿＿＿ ＿＿＿＿＿＿ 热闹。

(7) ［一点儿　以前　比　好］　私の息子の成績は以前より少し良くなりました。

我儿子的成绩 ＿＿＿＿＿＿ ＿＿＿＿＿＿ ＿＿＿＿＿＿ ＿＿＿＿＿＿ 了。

(8) ［好　比　多　去年］　彼女の発音は去年よりずっと良くなりました。

她的发音 ＿＿＿＿＿＿ ＿＿＿＿＿＿ ＿＿＿＿＿＿ ＿＿＿＿＿＿ 了。

(9) ［房间　一样大　的　跟他］　私の部屋は彼の部屋と同じ広さです。

我的房间 ＿＿＿＿＿＿ ＿＿＿＿＿＿ ＿＿＿＿＿＿ ＿＿＿＿＿＿ 。

(10) ［中国人　像　好　一样］　彼女の中国語は中国人のように上手です。

她说的汉语 ＿＿＿＿＿＿ ＿＿＿＿＿＿ ＿＿＿＿＿＿ ＿＿＿＿＿＿ 。

2 空欄記入問題

日本語の意味に合うように空欄に適切な語を書き入れましょう。

(1) 飛行機に乗って行くのは列車で行くより便利です。

坐飞机去（ 　　　　　　 ）坐火车去方便。

(2) 中国人は日本人よりずっと多い。

中国人（　　　　　　　）日本人多得（　　　　　　　）。

(3) このパソコンはあれと同じくらい値段が高い。

这台电脑（　　　　　　）那台（　　　　　　）贵。

(4) 彼女の中国語のレベルは私より少し高い。

她的汉语水平（　　　　　　）我高（　　　　　　）。

3 作文問題

日本語から中国語へ訳しましょう。

(1) 私の家はあなたの家より広い。

(2) この靴はあの靴より安い。

(3) 彼女の発音は中国人のように標準的です。

(4) 彼女はあなたと同じくらい親切です。

(5) 北京は北海道と同じくらい寒い。

解　答　解　説

1 (1) 我哥哥比我大两岁。Wǒ gēge bǐ wǒ dà liǎng suì.「A ＋ "比" ＋ B ＋形容詞＋差」の語順です。
(2) 今天比昨天暖和一点儿。Jīntiān bǐ zuótiān nuǎnhuo yìdiǎnr.「A ＋ "比" ＋ B ＋形容詞＋差」の語順です。
(3) 这个比那个好得多。Zhège bǐ nàge hǎode duō.「A ＋ "比" ＋ B ＋形容詞＋差」の語順です。「ずっと〜」は、" 〜得多 " です。
(4) 我妹妹跟我一样高。Wǒ mèimei gēn wǒ yíyàng gāo.「A ＋ "跟" ＋ B ＋ "一样" ＋形容詞」の語順です。
(5) 这儿的条件比那儿的更好。Zhèr de tiáojiàn bǐ nàr de gèng hǎo.「A ＋ "比" ＋ B ＋副詞＋形容詞」の語順です。
(6) 大阪比上海还要热闹。Dàbǎn bǐ Shànghǎi hái yào rènao.「A ＋ "比" ＋ B ＋副詞＋形容詞」の語順です。
(7) 我儿子的成绩比以前好一点儿了。Wǒ érzi de chéngjì bǐ yǐqián hǎo yìdiǎnr le.「A ＋ "比" ＋ B ＋形容詞＋差」の語順です。
(8) 她的发音比去年好多了。Tā de fāyīn bǐ qùnián hǎo duō le.「A ＋ "比" ＋ B ＋形容詞＋差」の語順です。「ずっと〜なった」は " 〜多了 " です。
(9) 我的房间跟他的房间一样大。Wǒ de fángjiān gēn tā de fángjiān yíyàng dà.「A ＋ "跟" ＋ B ＋ "一样" ＋形容詞」の語順です。
(10) 她说的汉语像中国人一样好。Tā shuō de Hànyǔ xiàng Zhōngguórén yíyàng hǎo.「A ＋ "像" ＋ B ＋ "一样" ＋形容詞」の語順です。

2 (1) 坐飞机去（比）坐火车去方便。Zuò fēijī qù (bǐ) zuò huǒchē qù fāngbiàn. 比較表現の介詞（前置詞）が入ります。
(2) 中国人（比）日本人多得（多）。Zhōngguórén (bǐ) Rìběnrén duōde duō. 比較表現の介詞（前置詞）が入ります。「ずっと〜」は " 〜得多 " です。
(3) 这台电脑（跟）那台（一样）贵。Zhè tái diànnǎo (gēn) nà tái (yíyàng) guì. 同一表現の "跟〜一样" です。
(4) 她的汉语水平（比）我高（一点儿）。Tā de Hànyǔ shuǐpíng (bǐ) wǒ gāo (yìdiǎnr). 比較表現の「少し」は "一点儿" です。

3 (1) 我家比你家大。Wǒ jiā bǐ nǐ jiā dà. 比較表現は「A ＋ "比" ＋ B ＋形容詞（＋差）」の語順です。
(2) 这双鞋比那双便宜。Zhè shuāng xié bǐ nà shuāng piányi. 比較表現の語順です。靴の量詞は "双" です。
(3) 她的发音像中国人一样标准。Tā de fāyīn xiàng Zhōngguórén yíyàng biāozhǔn.「A は B のように〜」は、「A ＋ "像" ＋ B ＋ "一样" ＋形容詞」です。
(4) 她跟你一样热情。Tā gēn nǐ yíyàng rèqíng.「A は B と同じくらい〜」は、「A ＋ "跟" ＋ B ＋ "一样" ＋形容詞」です。
(5) 北京跟北海道一样冷。Běijīng gēn Běihǎidào yíyàng lěng. "跟〜一样" を用います。

単語練習⑨

1 音声を聞いて声調符号をつけ、4つの中から声調の組み合わせが異なる単語に〇をつけなさい。 (078)

[1] ①yuebing 月饼（月餅） ②shijian 事件（事件） ③yuanwang 愿望（願望） ④diwei 地位（地位）
[2] ①jundui 军队（軍隊） ②jingju 京剧（京劇） ③yinsu 因素（要因） ④liqi 力气（力）
[3] ①jingzi 镜子（鏡） ②jingli 精力（精力） ③duoshu 多数（多数） ④guangxian 光线（光線）
[4] ①jixie 机械（機械） ②danwei 单位（機関、団体） ③heping 和平（平和） ④xinzang 心脏（心臓）
[5] ①caidan 菜单（メニュー） ②kuaiche 快车（急行） ③jizhe 记者（記者） ④weixing 卫星（衛星）
[6] ①xianshi 现实（現実） ②pifu 皮肤（皮膚） ③bingren 病人（病人） ④shangji 上级（上級、上司）

2 音声を聞いてピンインを書き、さらに4つの中から声調の組み合わせが異なる単語に〇をつけなさい。 (079)

[1] ①邮票（切手） ②名胜（名所） ③时候（～の時） ④情况（情況）
[2] ①眼镜（メガネ） ②气温（気温） ③早饭（朝食） ④可乐（コーラ）
[3] ①英语（英語） ②开水（お湯） ③手表（腕時計） ④风景（風景）
[4] ①地铁（地下鉄） ②数学（数学） ③内容（内容） ④校园（キャンパス）
[5] ①篮球（バスケットボール） ②手机（携帯電話） ③食堂（食堂） ④前年（おととし）
[6] ①超市（スーパーマーケット） ②中药（漢方薬） ③经济（経済） ④青年（青年）

解答

1
[1] ❶月饼 yuèbǐng ②事件 shìjiàn ③愿望 yuànwàng ④地位 dìwèi
[2] ①军队 jūnduì ②京剧 jīngjù ③因素 yīnsù ❹力气 lìqi
[3] ❶镜子 jìngzi ②精力 jīnglì ③多数 duōshù ④光线 guāngxiàn
[4] ①机械 jīxiè ②单位 dānwèi ❸和平 hépíng ④心脏 xīnzàng
[5] ①菜单 càidān ②快车 kuàichē ❸记者 jìzhě ④卫星 wèixīng
[6] ①现实 xiànshí ❷皮肤 pífū ③病人 bìngrén ④上级 shàngjí

2
[1] ①邮票 yóupiào ②名胜 míngshèng ❸时候 shíhou ④情况 qíngkuàng
[2] ①眼镜 yǎnjìng ❷气温 qìwēn ③早饭 zǎofàn ④可乐 kělè
[3] ①英语 Yīngyǔ ②开水 kāishuǐ ❸手表 shǒubiǎo ④风景 fēngjǐng
[4] ❶地铁 dìtiě ②数学 shùxué ③内容 nèiróng ④校园 xiàoyuán
[5] ①篮球 lánqiú ❷手机 shǒujī ③食堂 shítáng ④前年 qiánnián
[6] ①超市 chāoshì ②中药 zhōngyào ③经济 jīngjì ❶青年 qīngnián

67

注意すべき否定形

助動詞と比較表現の注意すべき否定形をマスターしましょう。

❶ 助動詞の否定形

助動詞の否定形には少し注意が必要です。

❶ ～できない

"不会"

(080) 我不会游泳。Wǒ bú huì yóuyǒng.
私は泳げません。

"不能"

我不能读英文小说。Wǒ bù néng dú Yīngwén xiǎoshuō.
私は英語の小説を読めません。

我感冒了，今天不能去游泳。
Wǒ gǎnmào le, jīntiān bù néng qù yóuyǒng.
私は風邪をひいたので、今日は泳ぎに行くことができません。

❷ ～したくない

"不想"

(081) 我不想吃晚饭。Wǒ bù xiǎng chī wǎnfàn.
私は夕食を食べたくない。

❸ ～しなくてよい

"不用"

(082) 你不用吃药。Nǐ búyòng chī yào.
薬を飲まなくてもよい。

❹ ～すべきでない

"不应该"

(083) 你不应该批评她。Nǐ bù yīnggāi pīpíng tā.
彼女を悪く言うべきでない。

❺ ～してはいけない

"不能"

(084) 不到二十岁的话，不能喝酒。
Bú dào èrshí suì dehuà, bù néng hē jiǔ.
20歳になっていなければ、お酒を飲んではいけません。

"不可以"

这儿不可以抽烟。Zhèr bù kěyǐ chōu yān.
ここはたばこを吸ってはいけません。

"不要"

你们不要开玩笑。Nǐmen búyào kāi wánxiào.
冗談を言ってはいけません。

禁止には、"别"もよく用いられます。

"别"

你别生气。Nǐ bié shēngqì.
怒らないで。

你别哭了。Nǐ bié kū le.
泣くのをやめなさい。

"别～了"は「～する
のをやめて」。

❷ 比較表現の否定形

❶ 比較文の否定形

比較文の否定形「A＋"没有"＋B＋（这么／那么）＋形容詞」
（AはBほど～でない）には"比"を用いません。

(085) 你没有我这么胖。Nǐ méi yǒu wǒ zhème pàng.
あなたは私ほど太っていません。
（↑私の方が太っていることを表しています。）

両者に差があり、「A
はBほど～でない」を
表します。一般に比較
文の否定形とは、この
「A"没有"B～」の
ことです。
"这么""那么"は省
略することもできま
す。

我的发音没有你那么标准。

Wǒ de fāyīn méi yǒu nǐ nàme biāozhǔn.

私の発音はあなたほど標準的ではありません。

(↑あなたの発音の方が標準的であることを表しています。)

❷ 差がないことを表す"不比"

(086) 我不比我哥哥高。

Wǒ bù bǐ wǒ gēge gāo.

私は兄より背が高いわけではない。

(↑私と私の兄は背の高さに差がないことを表しています。)

"不比"の否定文には
"这么""那么"を置
くことはできません。

我的发音不比你标准。

Wǒ de fāyīn bù bǐ nǐ biāozhǔn.

私の発音はあなたより標準的だというわけではない。

(↑私の発音とあなたの発音とは標準的であることに差がないことを表しています。)

プラスワン

否定形は、単純に"不"を付ければ良いというものではありません。正確に使いこなせるよう、最初は注意が必要です。

検定注目ポイント　助動詞に関する問題は、特に否定形に気をつけてください。"不要"と"不用"をしっかり押さえましょう。
比較表現に関する問題は、否定文の"没有"の後に来る比較の対象となる名詞、形容詞と差を表す語の語順に注意しましょう。

練習問題

1 並べ替え問題

次の語を適切に並べ替えて文を完成させましょう。

(1) ［吃东西　现在　想　不］　私は今ものを食べたくありません。

我 _____ _____ _____ _____ 。

(2) ［去　不　打工　能］　私は明日アルバイトに行けません。

我明天 _____ _____ _____ _____ 。

(3) ［住院　用　你爸爸　不］　あなたのお父さんは入院する必要はありません。

_____ _____ _____ _____ 。

(4) ［你　高　那么　没有］　私はあなたほど背が高くありません。

我 _____ _____ _____ _____ 。

(5) ［没有　我　我哥哥　高］　私の兄は私ほど背が高くない。

_____ _____ _____ _____ 。

2 空欄記入問題

日本語の意味に合うように空欄に適切な語を書き入れましょう。

(1) 私は風邪をひいたので、今日は泳ぎに行けなくなりました。
我感冒了，今天（　　　　　　）去游泳了。

(2) 私はまだ車の運転ができません。（まだ免許を持っていない）
我还（　　　　　）开汽车。

(3) あなたは怒ってはいけません。
你（　　　　　）生气。

(4) 私は何も食べたくありません。
我什么也（　　　　　）吃。

(5) 彼はあなたをいじめるべきではありません。
他（　　　　　）欺负你。

(6) 私はあなたほど痩せていません。
我（　　　　　）你那么瘦。

(7) 彼女の発音は私ほど良くない。
她的发音（　　　　　）我好。

(8) 彼女の中国語のレベルはあなたほど高くありません。

她的汉语水平（　　　　　　　）你这么高。

(9) 私の家はここからとても近いので、電車に乗る必要はありません。

我家离这儿很近，（　　　　　　　）坐车。

(10) 授業中は話をしてはいけません。

上课的时候，你（　　　　　　　）说话。

3 作文問題

日本語から中国語へ訳しましょう。

(1) （未成年なので）私はお酒を飲むことができません。

(2) （習ったことがないので）私は車を運転することができません。

(3) 冗談を言ってはいけません。

(4) 大阪は北京ほど寒くありません。

(5) 私は兄ほど太ってはいません。

解答　解説

1
(1) 我现在不想吃东西。Wǒ xiànzài bù xiǎng chī dōngxi. 「"不想"＋動詞」です。
(2) 我明天不能去打工。Wǒ míngtiān bù néng qù dǎgōng. 「"不能"＋動詞」です。
(3) 你爸爸不用住院。Nǐ bàba búyòng zhùyuàn. 「"不用"＋動詞」です。
(4) 我没有你那么高。Wǒ méi yǒu nǐ nàme gāo. 「A＋"没有"＋B（＋那么）＋形容詞」です。
(5) 我哥哥没有我高。Wǒ gēge méi yǒu wǒ gāo. 「A＋"没有"＋B（＋那么）＋形容詞」です。

2
(1) 我感冒了，今天（不能）去游泳了。Wǒ gǎnmào le, jīntiān (bù néng) qù yóuyǒng le. 水泳ができない人であるということではなく、風邪のためにできないという条件付きなので、"能"が適切です。
(2) 我还（不会）开汽车。Wǒ hái (bú huì) kāi qìchē. まだ運転技能を身につけておらず免許を取得していないためにできないのは、"会"が適切です。
(3) 你（不要）生气。Nǐ (búyào) shēngqì. 「～するな、してはいけない」と禁止する場合は"不要"と言います。
(4) 我什么也（不想）吃。Wǒ shénme yě (bù xiǎng) chī. 「～したくない」は"不想"と言います。
(5) 他（不应该）欺负你。Tā (bù yīnggāi) qīfu nǐ. 「～すべきでない」は、"不应该"と言います。
(6) 我（没有）你那么瘦。Wǒ (méi yǒu) nǐ nàme shòu. 比較表現の否定「AはBほど～でない」は、「A＋"没有"＋B＋形容詞」です。
(7) 她的发音（没有）我好。Tā de fāyīn (méi yǒu) wǒ hǎo. 「AはBほど～ない」は「A＋"没有"＋B＋形容詞」。
(8) 她的汉语水平（没有）你这么高。Tā de Hànyǔ shuǐpíng (méi yǒu) nǐ zhème gāo. 比較表現の否定「AはBほど～ない」は、「A＋"没有"＋B＋形容詞」です。
(9) 我家离这儿很近,（不用）坐车。Wǒ jiā lí zhèr hěn jìn, (búyòng) zuò chē. 「～する必要がない、～しなくてよい」は、"不用"と言います。
(10) 上课的时候，你（不要）说话。Shàng kè de shíhou, nǐ (búyào) shuōhuà. 「～するな、してはいけない」と禁止する場合は"不要"と言います。

3
(1) 我不能喝酒。Wǒ bù néng hē jiǔ. 「条件を満たしておらずできない」は、"不能"です。
(2) 我不会开车。Wǒ bú huì kāi chē. 「習ったことがなくて運転できない」は、"不会"です。
(3) 你不要开玩笑。Nǐ búyào kāi wánxiào. 「～してはいけない」は、"不要"です。
(4) 大阪没有北京那么冷。Dàbǎn méi yǒu Běijīng nàme lěng. 比較表現の否定「AはBほど～でない」は、「A＋"没有"＋B＋形容詞」です。
(5) 我没有哥哥那么胖。Wǒ méi yǒu gēge nàme pàng. 比較表現の否定「AはBほど～でない」は、「A＋"没有"＋B＋形容詞」です。

単語練習⑩

1 音声を聞いて声調符号をつけ、4つの中から声調の組み合わせが異なる単語に〇をつけなさい。 087

	①	②	③	④
[1]	qizi 旗子（旗）	wenming 文明（文明）	shiyou 石油（石油）	yuanze 原則（原則）
[2]	xingzhuang 形状（形状）	daoli 道理（道理）	shike 时刻（時刻、時間）	wenjian 文件（文書）
[3]	Huang he 黄河（黄河）	qiantu 前途（前途）	xuewen 学问（学問）	ertong 儿童（児童、子ども）
[4]	renwu 人物（人物）	Chang jiang 长江（長江）	zhigong 职工（従業員）	nongcun 农村（農村）
[5]	xueqi 学期（学期）	yangguang 阳光（日光）	lingqian 零钱（小銭）	tongxiang 同乡（同郷人）
[6]	jijie 季节（季節）	guanjian 关键（キーポイント）	richeng 日程（日程）	juli 距离（距離）

2 音声を聞いてピンインを書き、さらに4つの中から声調の組み合わせが異なる単語に〇をつけなさい。 088

	①	②	③	④
[1]	比赛（試合）	网站（ウェブサイト）	考试（試験）	太阳（太陽）
[2]	厕所（トイレ）	报纸（新聞）	语法（文法）	自己（自分）
[3]	书店（書店）	文艺（文芸）	车站（駅、バス停）	方向（方向）
[4]	铅笔（鉛筆）	商业（商業）	空气（空気）	书架（本棚）
[5]	钢笔（ペン）	水果（果物）	黑板（黒板）	机场（空港）
[6]	科学（科学）	中间（真ん中）	精神（精神）	生词（新出単語）

解答

1

	①	②	③	④
[1]	❶旗子 qízi	②文明 wénmíng	③石油 shíyóu	④原则 yuánzé
[2]	①形状 xíngzhuàng	❷道理 dàoli	③时刻 shíkè	④文件 wénjiàn
[3]	①黄河 Huáng hé	②前途 qiántú	❸学问 xuéwen	④儿童 értóng
[4]	❶人物 rénwù	②长江 Cháng jiāng	③职工 zhígōng	④农村 nóngcūn
[5]	①学期 xuéqī	②阳光 yángguāng	❸零钱 língqián	④同乡 tóngxiāng
[6]	①季节 jìjié	❷关键 guānjiàn	③日程 rìchéng	④距离 jùlí

2

	①	②	③	④
[1]	①比赛 bǐsài	②网站 wǎngzhàn	③考试 kǎoshì	❹太阳 tàiyáng
[2]	①厕所 cèsuǒ	②报纸 bàozhǐ	❸语法 yǔfǎ	④自己 zìjǐ
[3]	①书店 shūdiàn	❷文艺 wényì	③车站 chēzhàn	④方向 fāngxiàng
[4]	❶铅笔 qiānbǐ	②商业 shāngyè	③空气 kōngqì	④书架 shūjià
[5]	①钢笔 gāngbǐ	❷水果 shuǐguǒ	③黑板 hēibǎn	④机场 jīchǎng
[6]	①科学 kēxué	❷中间 zhōngjiān	③精神 jīngshén	④生词 shēngcí

第1週 / 第2週 12日 / 第3週 / 第4週 / 第5週 / 筆記対策 / リスニング対策 / 模擬試験

第13・14天

今週の復習 第2週

1 空欄に適当な漢字を入れましょう。

(1) 張さんは今日はちょっと不機嫌なようだ。
小张今天好像（　　　　　　　）不高兴。

(2) 私たちは病院に行かなくてよくなった。
我们（　　　　　　　）去医院了。

(3) 私は何も飲みたくない。
我什么也（　　　　　　　）喝。

(4) 彼は中国語を話すのが私よりずっと上手です。
他说汉语说得比我好（　　　　　　　）。

2 次の文を中国語に訳しましょう。

(1) あなたが作る料理が一番おいしい。

(2) ここではお酒を飲んではいけません。

(3) 張力さんの息子は私の娘と同い年です。

(4) 今日は昨日ほど暑くない。

3 次の文を日本語に訳しましょう。

(1) 你真会开玩笑。

(2) 你说的汉语像中国人一样好。

(3) 你不应该浪费钱。

(4) 千万别忘了给他打电话。

解答　解説

1 (1) 小张今天好像（有点儿）不高兴。Xiǎo-Zhāng jīntiān hǎoxiàng yǒudiǎnr bù gāoxìng.
(2) 我们（不用）去医院了。Wǒmen búyòng qù yīyuàn le.
(3) 我什么也（不想）喝。Wǒ shénme yě bù xiǎng hē.
(4) 他说汉语说得比我好（多了）。Tā shuō Hànyǔ shuōde bǐ wǒ hǎo duō le.

2 (1) 你做的菜最好吃。Nǐ zuò de cài zuì hǎochī.
(2) 这里不能喝酒。Zhèli bù néng hē jiǔ.
(3) 张力的儿子跟我女儿一样大。Zhāng Lì de érzi gēn wǒ nǚ'ér yíyàng dà.
(4) 今天没有昨天那么热。Jīntiān méi yǒu zuótiān nàme rè.

3 (1) あなたは冗談が本当にお上手ですね。
(2) あなたの話す中国語は中国人と同じくらい上手だ。
(3) あなたはお金を浪費すべきではない。
(4) くれぐれも彼に電話をかけるのを忘れないで。

第3週

介詞（前置詞）（对，跟，往，向，给，在，离）

場所や対象、手段などを表し、後ろの動詞と組み合わされる語を介詞（前置詞）と言います。

介詞の語彙を増やしましょう。

❶「〜で…する」動作の場所を表す"在"

(089) 我在超市买到了很新鲜的草莓。

Wǒ zài chāoshì mǎidàole hěn xīnxian de cǎoméi.

私はスーパーでとても新鮮ないちごを手に入れました。

❷「〜から〜まで…する」 時間や空間の起点を表す"从"・終点を表す"到"

(090) 她是从东京来的。

Tā shì cóng Dōngjīng lái de.

彼女は東京から来たのです。

我们到京都去了。

Wǒmen dào Jīngdū qù le.

私たちは京都へ行きました。

我每天从上午九点到下午五点工作七个小时。

Wǒ měi tiān cóng shàngwǔ jiǔ diǎn dào xiàwǔ wǔ diǎn gōngzuò qī ge xiǎoshí.

私は毎日午前9時から午後5時まで、7時間仕事をします。

❸「〜から〜までは…だ」 時間や空間の2点間の距離を表す"离"

(091) 我们家离车站很远。

Wǒmen jiā lí chēzhàn hěn yuǎn.

私たちの家は駅から（とても）遠い。

否定形

我们家离车站不远。

Wǒmen jiā lí chēzhàn bù yuǎn.

私たちの家は駅から遠くない。

离圣诞节只有两个星期了。

Lí Shèngdànjié zhǐ yǒu liǎng ge xīngqī le.

クリスマスまであと2週間しかない。

"从""到"は単独でも組み合わせても活用できます。
動作量は動詞の後、目的語の前に置きます。"看半个小时电视"（半時間テレビを見る）、"每天睡八个小时"（毎日8時間寝る）

"从""到"がそれぞれ起点と終点を表すのに対し、"离"は2点間の距離を示しており、どちらが起点でありどちらが終点であるかを明示しません。

④「〜と（〜に）…する」
動作の対象（相手）を表す"跟""和"

(092) 我跟 / 和他联系了。Wǒ gēn/hé tā liánxì le.
私は彼に連絡しました。

这个星期天我要跟 / 和她一起去吃饭。
Zhège xīngqītiān wǒ yào gēn/hé tā yìqǐ qù chīfàn.
今週の日曜日に私は彼女と一緒に食事に行くつもりです。

「〜と一緒に」は、"跟／和"〜"一起"…」です。

⑤「〜に（〜のために）…する（…してあげる)」
受益者を表す"给"

(093) 我在中国给你买了一个小礼物。
Wǒ zài Zhōngguó gěi nǐ mǎile yí ge xiǎo lǐwù.
私は中国であなたのためにちょっとしたお土産を買いました。

今晚我给妈妈打电话。
Jīnwǎn wǒ gěi māma dǎ diànhuà.
今夜、私は母に電話します。

⑥「〜に（〜の方へ）…する」方向・対象を表す
"向""往"

(094) 一直往前走，就到环球影城。
Yìzhí wǎng qián zǒu, jiù dào Huánqiú Yǐngchéng.
まっすぐ行くと、ユニバーサルスタジオに着きます。

到了十字路口，就往 / 向左拐。
Dàole shízì lùkǒu, jiù wǎng/xiàng zuǒ guǎi.
交差点で左へ曲がってください。

動詞とセットで覚えよう

　結びつきが強固な介詞と動詞は、まとめてセットで覚えましょう。意味的には他の介詞との組み合わせでも良いように思えても、「意味はわかるけれど、中国人はそういう言い方はしない」という場合があります。

我昨天晚上给奶奶写了一封信。
Wǒ zuótiān wǎnshang gěi nǎinai xiěle yì fēng xìn.
私は昨夜祖母に1通の手紙を書きました。

⑤の例文にも出てきましたが、"给〜打电话"「〜に電話をかける」も固定された言い方です。

第1週

第2週

第3週15日

第4週

第5週

筆記対策

リスニング対策

模擬試験

我对中国文化很感兴趣。
Wǒ duì Zhōngguó wénhuà hěn gǎn xìngqù.
私は中国文化に興味があります。

你应该向你哥哥好好儿学习。
Nǐ yīnggāi xiàng nǐ gēge hǎohāor xuéxí.
あなたはお兄さんをしっかりと見習うべきです。

「誰々を見習う、誰々に習う」は、"向～学习"です。

プラスワン

通常、介詞を用いた文を否定形にする場合は介詞の前に否定詞を置きます。

我不在这儿吃饭。
Wǒ bú zài zhèr chīfàn.
私はここで食事しません。

ただし、後ろの動詞が動作を表さない抽象的なものであれば、動詞の前で否定します。

我对政治不感兴趣。
Wǒ duì zhèngzhì bù gǎn xìngqù.
私は政治に興味がありません。

検定
注目ポイント

3級レベルの介詞（前置詞）はここで取り上げたものが主なものとなります。空欄埋めや並び替えの形式で出題されます。また、他の文法項目でも言えることですが、3級の場合は、構造が単純な文ではなく、動作量を表す語や副詞、修飾構造の語などを含み持つ、4級よりも複雑な文が出題されます。

練習問題

1 並べ替え問題

次の語を適切に並べ替えて文を完成させましょう。

(1) ［経済　在　学习　学校］　私は学校で経済を勉強しています。

我 ＿＿＿＿ ＿＿＿＿ ＿＿＿＿ ＿＿＿＿ 。

(2) ［从　到　车站　这儿］　ここから駅までは10分かかります。

＿＿＿＿ ＿＿＿＿ ＿＿＿＿ ＿＿＿＿ 需要十分钟。

(3) ［上班　每天　到下午五点　从上午九点］

私は毎日午前9時から午後5時まで勤務します。

我 ＿＿＿＿ ＿＿＿＿ ＿＿＿＿ ＿＿＿＿ 。

(4) ［从　的　来　中国］　彼は中国から来た留学生です。

他是 ＿＿＿＿ ＿＿＿＿ ＿＿＿＿ ＿＿＿＿ 留学生。

(5) ［很近　离　我们家　车站］　私たちの家は駅から近い。

＿＿＿＿ ＿＿＿＿ ＿＿＿＿ ＿＿＿＿ 。

(6) ［有　离　只　春节］　旧正月まであと2週間しかありません。

＿＿＿＿ ＿＿＿＿ ＿＿＿＿ ＿＿＿＿ 两个星期。

(7) ［他　商量　要　跟］　私は彼と相談しなくては。

我 ＿＿＿＿ ＿＿＿＿ ＿＿＿＿ ＿＿＿＿ 。

(8) ［打　给　电话　女朋友］　彼は毎日ガールフレンドに電話します。

他每天 ＿＿＿＿ ＿＿＿＿ ＿＿＿＿ ＿＿＿＿ 。

2 空欄記入問題

日本語の意味に合うように空欄に適切な語を書き入れましょう。

(1) 私は母におみやげを一つ買いました。
我（　　　　　）妈妈买了一个礼物。

(2) 私は彼とおしゃべりするのが（とても）好きだ。
我很喜欢（　　　　　）他聊天儿。

(3) 北へ向かってまっすぐ行くと、着きます。
一直（　　　　　）北走，就到。

(4) 休暇まであと1カ月ある。
   （　　　　　　　　）放假还有一个月。

(5) 私の両親は中国で知り合ったのです。
   我父母是（　　　　　　　　）中国认识的。

3 作文問題

日本語から中国語へ訳しましょう。

(1) 彼女は大学で中国語を勉強しています。

(2) 張先生は1時間目から3時間目まで授業をします。

(3) 私の家は駅からとても遠い。

(4) 私は姉にプレゼントを一つ買いました。

(5) 今夜私は彼と一緒に映画を観に行きます。

解 答　　解 説

1 (1) 我在学校学习经济。Wǒ zài xuéxiào xuéxí jīngjì.「"在"＋名詞」で行為の場所を表します。行為・動作を表す動詞の前に置きます。

(2) 从这儿到车站需要十分钟。Cóng zhèr dào chēzhàn xūyào shí fēnzhōng. "从～到…"は、動詞の前に置きます。

(3) 我每天从上午九点到下午五点上班。Wǒ měi tiān cóng shàngwǔ jiǔ diǎn dào xiàwǔ wǔ diǎn shàngbān. "从～到…"は、動詞の前に置きます。

(4) 他是从中国来的留学生。Tā shì cóng Zhōngguó lái de liúxuéshēng. "从"は単独でも「～から」の意味で用い、動詞の前に置きます。

(5) 我们家离车站很近。Wǒmen jiā lí chēzhàn hěn jìn.「离」は時間や空間を表す二点間の距離を表し、二点を表す語の間に置きます。「(A＋)"离"＋B＋"近/远"・"有～"」の語順です。

(6) 离春节只有两个星期。Lí Chūnjié zhǐ yǒu liǎng ge xīngqī.「(A＋)"离"＋B」のAが省略された形です。"只"は動詞"有"の直前に置き、「～だけある、～しかない」を表します。

(7) 我要跟他商量。Wǒ yào gēn tā shāngliang.「"跟"＋名詞＋動詞」の語順で、「～と…する」です。

(8) 他每天给女朋友打电话。Tā měi tiān gěi nǚpéngyou dǎ diànhuà. "给～打电话"で「～に電話する」です。

---

2 (1) 我（给）妈妈买了一个礼物。Wǒ (gěi) māma mǎile yí ge lǐwù.「～のために」と受益者を示す前置詞（介詞）は "给" です。

(2) 我很喜欢（跟）他聊天儿。Wǒ hěn xǐhuan (gēn) tā liáotiānr.「～と」と動作・行為の相手を示す前置詞は "跟" です。

(3) 一直（往）北走，就到。Yìzhí (wǎng) běi zǒu, jiù dào.「～へ・～に」と方向や方角を示す前置詞は "往" です。

(4) （离）放假还有一个月。(Lí) fàng jià hái yǒu yí ge yuè.「～から～まで」と時間や空間の距離を示す前置詞は "离" です。

(5) 我父母是（在）中国认识的。Wǒ fùmǔ shì (zài) Zhōngguó rènshi de.「～で」と場所を示す前置詞は "在" です。

---

3 (1) 她在大学学习汉语。Tā zài dàxué xuéxí Hànyǔ.「前置詞句（介詞句）（"在"＋名詞）＋動詞句（動詞＋名詞）」の順番です。

(2) 张老师从第一节到第三节上课。Zhāng lǎoshī cóng dì-yī jié dào dì-sān jié shàngkè.「前置詞句（介詞句）（"从～到…"）＋動詞句（動詞＋名詞）」の順番です。

(3) 我家离车站很远。Wǒ jiā lí chēzhàn hěn yuǎn.「前置詞句（介詞句）（"～离…"）＋形容詞句（副詞＋形容詞）」の順番です。

(4) 我给姐姐买了一个礼物。Wǒ gěi jiějie mǎile yí ge lǐwù.「前置詞句（介詞句）＋動詞句」の語順です。前置詞（介詞）は受益者を示す "给" を用います。完了の "了" は動詞の直後に置き、「数量詞＋名詞」で構成された目的語を続けます。

(5) 今天晚上我跟他一起去看电影。Jīntiān wǎnshang wǒ gēn tā yìqǐ qù kàn diànyǐng. 前置詞句（介詞句）＋動詞句」の語順です。「～と一緒に」には "跟～一起" です。

単語練習⑪

1 音声を聞いて声調符号をつけ、4つの中から声調の組み合わせが異なる単語に〇をつけなさい。 ⓄⓄⓄ(095)

	①		②		③		④	
[1]	① zuowei	座位 (座席)	② liyi	利益 (利益)	③ kanjian	看见 (見える)	④ fangzi	房子 (家)
[2]	① zhuzuo	著作 (著作)	② dongzuo	动作 (動作)	③ jiqi	机器 (機械)	④ ganbu	干部 (幹部)
[3]	① nengyuan	能源 (エネルギー源)	② weiba	尾巴 (しっぽ)	③ mingpai	名牌 (ブランド)	④ congqian	从前 (以前)
[4]	① xifang	西方 (西の方)	② zhixu	秩序 (秩序)	③ zhidu	制度 (制度)	④ duixiang	对象 (対象)
[5]	① zeren	责任 (責任)	② zhuyi	主意 (意見)	③ qiangdu	强度 (強さ)	④ yiwen	疑问 (疑問)
[6]	① diqiu	地球 (地球)	② jiazhi	价值 (価値)	③ gongke	功课 (授業、科目)	④ aiqing	爱情 (愛情)

2 音声を聞いてピンインを書き、さらに4つの中から声調の組み合わせが異なる単語に〇をつけなさい。 (096)

	①	②	③	④
[1]	① 电脑 (パソコン)	② 课本 (教科書)	③ 日语 (日本語)	④ 面前 (目の前)
[2]	① 历史 (歴史)	② 电影 (映画)	③ 演员 (役者)	④ 外语 (外国語)
[3]	① 中心 (中央、センター)	② 西餐 (西洋料理)	③ 春节 (春節)	④ 声音 (音、声)
[4]	① 音乐 (音楽)	② 颜色 (色)	③ 商店 (商店)	④ 黑色 (黒)
[5]	① 身体 (体)	② 椅子 (椅子)	③ 早上 (朝)	④ 早晨 (早朝)
[6]	① 一半 (半分)	② 技术 (技術)	③ 教室 (教室)	④ 现在 (現在)

解 答

1

	①	②	③	④
[1]	① 座位 zuòwèi	② 利益 lìyì	③ 看见 kànjiàn	❹ 房子 fángzi
[2]	① 著作 zhùzuò	② 动作 dòngzuò	❸ 机器 jīqi	④ 干部 gànbù
[3]	① 能源 néngyuán	❷ 尾巴 wěiba	③ 名牌 míngpái	④ 从前 cóngqián
[4]	❶ 西方 xīfāng	② 秩序 zhìxù	③ 制度 zhìdù	④ 对象 duìxiàng
[5]	① 责任 zérèn	❷ 主意 zhǔyi	③ 强度 qiángdù	④ 疑问 yíwèn
[6]	① 地球 dìqiú	② 价值 jiàzhí	❸ 功课 gōngkè	④ 爱情 àiqíng

2

	①	②	③	④
[1]	① 电脑 diànnǎo	② 课本 kèběn	③ 日语 Rìyǔ	❹ 面前 miànqián
[2]	① 历史 lìshǐ	② 电影 diànyǐng	❸ 演员 yǎnyuán	④ 外语 wàiyǔ
[3]	① 中心 zhōngxīn	② 西餐 xīcān	❸ 春节 Chūnjié	④ 声音 shēngyīn
[4]	① 音乐 yīnyuè	❷ 颜色 yánsè	③ 商店 shāngdiàn	④ 黑色 hēisè
[5]	❶ 身体 shēntǐ	② 椅子 yǐzi	③ 早上 zǎoshang	④ 早晨 zǎochen
[6]	❶ 一半 yíbàn	② 技术 jìshù	③ 教室 jiàoshì	④ 现在 xiànzài

第1週　第2週　第3週 15日　第4週　第5週　筆記対策　リスニング対策　模擬試験

存現文

「場所＋動詞＋名詞」は、名詞が示す人や物の存在、出現、消失を表す存現文となります。

❶ 存現文の基本

❶ 存在

　人や物が存在していることを表す基本の動詞は"有"です。"有"以外では、状態や持続を表す助詞の"着"を動詞の後に置く「動詞＋"着"」の形で「〜している」を表します。

第4天 (P.30) ももう一度見ておきましょう。

(097) 那儿有很多人。
Nàr yǒu hěn duō rén.
あそこにたくさんの人がいます。

这儿放着很多杂志。
Zhèr fàngzhe hěn duō zázhì.
ここにたくさんの雑誌が置いてあります。

状態の持続を表す"着"についてはP.89で解説します。

❷ 出現・消失

　人や物がその場に現れる・生じる、または消える・去ることを表すときは、「動詞＋"了"」の形にして、完了の"了"を動詞の後に置くことによって、「出現した」「消失した」ことを表します。

(098) 我们学校来了一个新同学。
Wǒmen xuéxiào láile yí ge xīn tóngxué.
私たちの学校に新しい生徒が一人来ました。

书架上少了三本词典。
Shūjià shang shǎole sān běn cídiǎn.
本棚から辞書が3冊なくなった。

❷ さまざまな存現文

❶ 方位詞

　名詞の中には、後に方位詞をつけて「名詞＋方位詞」の形にすることによって、場所を表す語になるものが多くあります。存現文では「名詞＋方位詞」の形はよく出て来ます。

(099) 书架上摆着很多书和杂志。
Shūjià shang bǎizhe hěn duō shū hé zázhì.
本棚にはたくさんの本と雑誌が並んでいます。

墙上贴着很多照片。Qiáng shang tiēzhe hěn duō zhàopiàn.
壁に写真がたくさん貼ってあります。

树荫下坐着很多人。Shùyīn xia zuòzhe hěn duō rén.
木陰にたくさんの人が座っています。

　方位詞は、名詞と組み合わせず、単独で用いる場合には接尾辞が必要です。どのような接尾辞と組み合わせるのか、一覧表で確認しましょう。

《方位詞一覧表》

		边儿　bianr	面　mian
(100)	上　shàng	上边儿　shàngbianr	上面　shàngmiàn
	下　xià	下边儿　xiàbianr	下面　xiàmiàn
	里　lǐ	里边儿　lǐbianr	里面　lǐmiàn
	外　wài	外边儿　wàibianr	外面　wàimiàn
	前　qián	前边儿　qiánbianr	前面　qiánmiàn
	后　hòu	后边儿　hòubianr	后面　hòumiàn
	左　zuǒ	左边儿　zuǒbianr	左面　zuǒmiàn
	右　yòu	右边儿　yòubianr	右面　yòumiàn
	东　dōng	东边儿　dōngbianr	东面　dōngmiàn
	南　nán	南边儿　nánbianr	南面　nánmiàn
	西　xī	西边儿　xībianr	西面　xīmiàn
	北　běi	北边儿　běibianr	北面　běimiàn
	旁　páng	旁边儿　pángbiānr	―
	对　duì	―	对面　duìmiàn

（右段）

"上""里"をつけることによって初めて場所を表す語になる名詞もあれば、もともと場所の意味合いを含み持っているため"上""里"を必要としない名詞もあります。

树荫 shùyīn 木陰

第1週
第2週
第3週16日
第4週
第5週
筆記対策
リスニング対策
模擬試験

(101) 前边儿开来了一辆汽车。
Qiánbianr kāiláile yí liàng qìchē.
前から1台の車が来ました。

"开来"は「動詞＋方向補語」です。

右边儿有一家星巴克，左边儿有一家麦当劳。
Yòubianr yǒu yì jiā Xīngbākè, zuǒbianr yǒu yì jiā Màidāngláo.
右にはスターバックスが、左にはマクドナルドがあります。

❷ 自然現象

存現文の語順です。

"下雨"（雨が降る）、
"刮风"（風が吹く）、
"打雷"（かみなりが鳴る）

(102) 外边儿刮着大风。Wàibianr guāzhe dàfēng.
外は強い風が吹いています。

❸ 否定形

存現文の否定形は"没（有）＋動詞"です。

(103) 后边儿没（有）人。
Hòubianr méi（yǒu）rén.
後ろには人はいません。

这个笔记本的封面上没（有）写着名字。
Zhège bǐjiběn de fēngmiàn shang méi（you）xiězhe míngzi.
このノートの表紙には名前が書いてありません。

プラスワン

存現文の名詞には、何らかの数量表現が付くことが多いので、量詞にも注意が必要です。

検定
注目ポイント　　3級では、基本の語順「場所＋動詞＋名詞」を身につけていることに加え、方位詞を正確に使えることも求められます。筆記試験最後の作文問題に出題されることも多いため、日本語を見て存現文の形で表現できるかどうかがポイントです。

練習問題

第1週

第2週

第3週16日

第4週

第5週

筆記対策

リスニング対策

模擬試験

1 並べ替え問題

次の語を適切に並べ替えて文を完成させましょう。

(1) ［有　商店　很多人　里］　店にはたくさんの人がいます。

―――――　―――――　―――――　―――――　。

(2) ［两本词典　书架　有　上］　本棚には辞書が2冊あります。

―――――　―――――　―――――　―――――　。

(3) ［没　这儿　洗手间　有］　ここにはトイレがありません。

―――――　―――――　―――――　―――――　。

(4) ［了　一个人　来　前面］　前から一人来ました。

―――――　―――――　―――――　―――――　。

(5) ［很多东西　着　柜子里　放］　タンスには物がたくさん入れてあります。

―――――　―――――　―――――　―――――　。

(6) ［一个　我们　来了　班］　私たちのクラスに一人新しい学生が来ました。

―――――　―――――　―――――　――――― 新同学。

(7) ［少了　上　两本小说　书架］　本棚から小説が2冊なくなりました。

―――――　―――――　―――――　―――――　。

(8) ［的　银行　有　西边儿］　銀行の西側には郵便局があります。

―――――　―――――　―――――　――――― 一个邮局。

(9) ［着　下　大雨　外边儿］　外は大雨が降っています。

―――――　―――――　―――――　―――――　。

(10) ［一张　墙上　地图　挂着］　壁に地図が掛かっています。

―――――　―――――　―――――　―――――　。

2 空欄記入問題

日本語の意味に合うように空欄に適切な語を書き入れましょう。

(1) 郵便局の向かいにはコンビニが1軒あります。
邮局（　　　　　　　）（　　　　　　　）一家便利店。

(2)　ベッドに老人が一人横たわっています。

床（　　　　　）躺（　　　　　　）一位老人。

(3)　この本には名前が書いてありません。

这本书（　　　　　）（　　　　　　）写着名字。

3 作文問題

日本語から中国語へ訳しましょう。

(1)　財布にお金はありません。

(2)　駅の向かいに本屋が1軒あります。

(3)　外は風が吹いています。

解　答　　解　説

1 (1)　商店里有很多人。Shāngdiàn li yǒu hěn duō rén.「場所＋動詞＋名詞」の語順です。「名詞"商店"＋方位詞"里"」で場所を表します。

(2)　书架上有两本词典。Shūjià shang yǒu liǎng běn cídiǎn.「名詞"书架"＋方位詞"上"」で場所を表します。

(3)　这儿没有洗手间。Zhèr méiyǒu xǐshǒujiān.「場所＋動詞＋名詞」の語順で、否定文です。

(4)　前面来了一个人。Qiánmiàn láile yí ge rén.「場所＋動詞＋名詞」の語順で、完了の"了"は動詞の直後です。

(5)　柜子里放着很多东西。Guìzi li fàngzhe hěn duō dōngxi. 持続の"着"は動詞の直後です。

(6)　我们班来了一个新同学。Wǒmen bān láile yí ge xīn tóngxué. 存現文は不特定や未知の人や物の存在や出現を表すため、"一个"は動詞の後の名詞の前に付きます。

(7)　书架上少了两本小说。Shūjià shang shǎole liǎng běn xiǎoshuō.「书架"＋"上"」で場所を表します。消失を示す存現文です。

(8)　银行的西边儿有一个邮局。Yínháng de xībianr yǒu yí ge yóujú. "的"は"银行"と"西边儿"の間に置きます。

(9)　外边儿下着大雨。Wàibianr xiàzhe dàyǔ. 持続の"着"は動詞の直後です。

(10)　墙上挂着一张地图。Qiáng shang guàzhe yì zhāng dìtú.「場所＋動詞＋名詞」の語順です。

2 (1)　邮局（对面）（有）一家便利店。Yóujú (duìmiàn) (yǒu) yì jiā biànlìdiàn. 方位詞"对面"を置くことによって、場所を表す語となり、存現文が構成されます。

(2)　床（上）躺（着）一位老人。Chuáng(shang) tǎng(zhe) yí wèi lǎorén. 方位詞"上"を置くことによって、場所を表す語となり、存現文が構成され、"着"を置くことによって持続を表します。

(3)　这本书（上）（没）写着名字。Zhè běn shū (shang) (méi) xiězhe míngzi. 方位詞"上"を置くことによって、場所を表す語となり、存現文が構成されます。「〜していない」は"没〜着"です。

3 (1)　钱包里没有钱。Qiánbāo li méiyǒu qián. ある場所に存在していないことは、「場所＋"没有"＋存在していない人・物」で表します。"钱包"だけでは場所を表せないので、方位詞"里"を付けます。

(2)　车站对面有一家书店。Chēzhàn duìmiàn yǒu yì jiā shūdiàn.「場所＋"有"＋存在する人・物」で表します。「向かい」は"对面"です。

(3)　外边儿刮着风。Wàibianr guāzhe fēng.「場所＋動詞＋名詞」の語順で、動詞の後に"着"を置き、「〜している」を表します。

単語練習⑫

1 音声を聞いて声調符号をつけ、4 つの中から声調の組み合わせが異なる単語に〇をつけなさい。　(104)

[1]	① jingli 经历 （経歴）	② zhiliang 质量 （品質）	③ zhuangtai 状态 （状態）	④ yongchu 用处 （用途）
[2]	① mingyun 命运 （運命）	② tixi 体系 （体系）	③ yizhi 意志 （意志）	④ gainian 概念 （概念）
[3]	① Hanguo 韩国 （韓国）	② zuofa 做法 （方法）	③ nongmin 农民 （農民）	④ zhiyuan 职员 （職員）
[4]	① shiwu 食物 （食物）	② yiqi 仪器 （器械）	③ biaomian 表面 （表面）	④ chengfen 成分 （成分）
[5]	① qiyou 汽油 （ガソリン）	② shenjing 神经 （神経）	③ zanshi 暂时 （しばらくの間）	④ huaxue 化学 （化学）
[6]	① gouzao 构造 （構造）	② yusan 雨伞 （雨傘）	③ xiangmu 项目 （項目）	④ jiyi 记忆 （記憶）

2 音声を聞いてピンインを書き、さらに 4 つの中から声調の組み合わせが異なる単語に〇をつけなさい。　(105)

[1]	① 饭店 （ホテル・レストラン）	② 后来 （その後）	③ 爱好 （趣味）	④ 电话 （電話）
[2]	① 刚才 （さっき）	② 心情 （気持ち）	③ 今年 （今年）	④ 铁路 （鉄道）
[3]	① 语言 （言語）	② 水平 （レベル）	③ 椅子 （椅子）	④ 美元 （米ドル）
[4]	① 方法 （方法）	② 缺点 （欠点）	③ 思想 （思想）	④ 鸡蛋 （（にわとりの）卵）
[5]	① 米饭 （ごはん）	② 声调 （声調）	③ 机会 （チャンス）	④ 蔬菜 （野菜）
[6]	① 城市 （都市）	② 专业 （専攻）	③ 温度 （温度）	④ 兄弟 （兄弟）

解 答

1

[1]	❶ 经历 jīnglì	② 质量 zhìliàng	③ 状态 zhuàngtài	④ 用处 yòngchù
[2]	① 命运 mìngyùn	❷ 体系 tǐxì	③ 意志 yìzhì	④ 概念 gàiniàn
[3]	① 韩国 Hánguó	❷ 做法 zuòfǎ	③ 农民 nóngmín	④ 职员 zhíyuán
[4]	① 食物 shíwù	② 仪器 yíqì	❸ 表面 biǎomiàn	④ 成分 chéngfèn
[5]	① 汽油 qìyóu	❷ 神经 shénjīng	③ 暂时 zànshí	④ 化学 huàxué
[6]	① 构造 gòuzào	❷ 雨伞 yǔsǎn	③ 项目 xiàngmù	④ 记忆 jìyì

2

[1]	① 饭店 fàndiàn	❷ 后来 hòulái	③ 爱好 àihào	④ 电话 diànhuà
[2]	① 刚才 gāngcái	② 心情 xīnqíng	③ 今年 jīnnián	❹ 铁路 tiělù
[3]	① 语言 yǔyán	② 水平 shuǐpíng	❸ 椅子 yǐzi	④ 美元 měiyuán
[4]	① 方法 fāngfǎ	② 缺点 quēdiǎn	③ 思想 sīxiǎng	❹ 鸡蛋 jīdàn
[5]	❶ 米饭 mǐfàn	② 声调 shēngdiào	③ 机会 jīhuì	④ 蔬菜 shūcài
[6]	❶ 城市 chéngshì	② 专业 zhuānyè	③ 温度 wēndù	④ 兄弟 xiōngdì

第1週　第2週　第3週16日　第4週　第5週　筆記対策　リスニング対策　模擬試験

進行と持続

「～している」で表される、動作の進行と状態の持続の表現です。

❶ 動作の進行

「～しているところである」は、ある動作を行っているところであることを表します。中国語は語の変化がなく活用もしないので、進行の意味を持つ語を動詞の前や文末に加えて表します。

❶ "在" 単独で使えます。

106 我在打扫房间。Wǒ zài dǎsǎo fángjiān.
私は部屋を掃除しているところです。

他们在踢足球。Tāmen zài tī zúqiú.
彼らはサッカーをしているところです。

❷ "呢" 単独で使えます。

107 我们做晚饭呢。
Wǒmen zuò wǎnfàn ne.
私たちは夕食を作っているところです。

她们擦窗户呢。
Tāmen cā chuānghu ne.
彼らは窓を拭いているところです。

❸ "正" 単独では使わず、"呢" を組み合わせますが、"正在" の形であれば単独で使えます。

108 我正写作业呢。Wǒ zhèng xiě zuòyè ne.
私はちょうど宿題をしています。

他正在穿衣服。Tā zhèngzài chuān yīfu.
彼はちょうど服を着ているところです。

❹ 組み合わせ

109 我正在跟他商量呢。
Wǒ zhèngzài gēn tā shāngliang ne.
私はちょうど彼に相談しているところです。

她在给妈妈打电话呢。
Tā zài gěi māma dǎ diànhuà ne.
彼女はお母さんに電話をしているところです。

他正在上课。Tā zhèngzài shàngkè.
彼はちょうど授業中です。

她们正准备上课呢。Tāmen zhèng zhǔnbèi shàngkè ne.
彼女たちは授業の準備をしているところです。

❷ 状態の持続

❶ "着"

　動作そのものはすぐに終わり、その後に状態として残っていることを表すときに "着" を用います。たとえば、電気をつける動作そのものは一瞬で終わりますが、電気がついている状態のまま残っている様子を「電気がついている」というときに、"着" が必要です。

> "着" は動詞の直後に置きます。

(110) 教室的门开着。Jiàoshì de mén kāizhe.
教室のドアは開いています。

她穿着一件白毛衣。Tā chuānzhe yí jiàn bái máoyī.
彼女は白いセーターを着ています。

　ある状態のまま何らかの行為を行う場合にも "着" が用いられます。連動文の形で、一つ目の動詞の後ろに "着" を置き、動作を行う手段や方式を表します。

> この場合、"着" が付いた最初の動詞は、後の動詞の動作を行うときの状態（姿勢や方式、方法など）を表しています。今現在の状態を指している必要はありません。

我很喜欢躺着看电视。Wǒ hěn xǐhuan tǎngzhe kàn diànshì.
私は寝転んでテレビを見るのが大好きです。

我每天走着去学校。Wǒ měi tiān zǒuzhe qù xuéxiào.
私は毎日歩いて学校へ行きます。

❷ "在～着"

　"在" は "着" と組み合わせることもできます。

(111) 他在床上躺着看电视。
Tā zài chuáng shang tǎngzhe kàn diànshì.
彼はベッドの上に横になってテレビを見ています。

> 「彼らは講堂で歌を歌っています」のように「どこで～している」という場合には、"在" は場所を示す位置に置きます。他们在礼堂唱着歌。Tāmen zài lǐtáng chàngzhe gē. 礼堂 lǐtáng ホール

❸ 否定形

進行形が否定形で表されるのは、一般に質問に対して答える場合です。

❶ "正""在""呢" は "没（有）"

(112) 他在开会吗？ Tā zài kāihuì ma?
彼は会議中ですか。

他没（有）在开会。 Tā méi(you) zài kāihuì.
彼は会議中ではありません。

❷ "着" は "没（有）" か "不"

(113) 商店的门没（有）开着。
Shāngdiàn de mén méi(you) kāizhe.
店のドアは開いていません。

房间里没（有）摆着桌子和椅子。
Fángjiān li méi(you) bǎizhe zhuōzi hé yǐzi.
部屋には机と椅子が並べられていません。

我没（有）躺着看书。 Wǒ méi(you) tǎngzhe kàn shū.
私は寝転んで本を読んでいません。… 状態の持続

我不躺着看书。 Wǒ bù tǎngzhe kàn shū.
私は寝転んで本を読みません。… 様子や姿勢、方式

我没（有）走着去学校。 Wǒ méi(you) zǒuzhe qù xuéxiào.
私は歩いて学校へ行っていません。… 状態の持続

我不走着去学校。 Wǒ bù zǒuzhe qù xuéxiào.
私は歩いて学校へ行きません。… 様子や姿勢、方式

現在の状態を否定する場合には "没(有)" を用います。"不" で否定すると、二つ目の動詞が表す動作を行うときの状態（姿勢や方式、方法など）が否定されます。

プラスワン

進行も持続も基本的に動作と関係します。動詞の前後に置くべき語を取り違えないように気を付けましょう。

検定注目ポイント 否定形も含め、並べ替え問題に多く出題される傾向があります。

練習問題

1 並べ替え問題

次の語を適切に並べ替えて文を完成させましょう。

(1) ［听　呢　在　音乐］　兄は音楽を聴いているところです。

　　哥哥 _____ _____ _____ _____ 。

(2) ［衣服　在　洗　正］　兄はちょうど服を洗濯しているところです。

　　哥哥 _____ _____ _____ _____ 。

(3) ［着　早饭　吃　在］　彼は朝食を食べているところです。

　　他 _____ _____ _____ _____ 呢。

(4) ［书　着　躺　看］　姉は横になって読書します。

　　姐姐 _____ _____ _____ _____ 。

(5) ［着　走　学校　去］　私は歩いて学校へ行きます。

　　我 _____ _____ _____ _____ 。

(6) ［开　呢　窗户　着］　窓が開いています。

　　_____ _____ _____ _____ 。

(7) ［在　电视　看　没有］　兄はテレビを見ているところではありません。

　　哥哥 _____ _____ _____ _____ 。

(8) ［作业　做　他们　在］　彼らは宿題をしているところです。

　　_____ _____ _____ _____ 。

(9) ［办公室　在　打扫　正］　趙さんはちょうどオフィスを掃除しているところです

　　老赵 _____ _____ _____ _____ 呢。

(10) ［没有　桌子上　着　摆］　テーブルにお椀と箸は並べられていません。

　　_____ _____ _____ _____ 碗和筷子。

2 空欄記入問題

日本語の意味に合うように空欄に適切な語を書き入れましょう。

(1) 私の父は入浴中です。

　　我爸爸（　　　　　　　　）洗澡。

(2) 部屋の電気はついています。
　　房间的灯开（　　　　　　　）呢。

(3) 私たちは明日歩いて行きましょう。
　　我们明天走（　　　　　　　）去吧。

(4) 図書館のドアは閉まっています。
　　图书馆的门关（　　　　　　　）。

③ 作文問題

日本語から中国語へ訳しましょう。

(1) 私は部屋を掃除しているところです。

(2) 母は洗濯をしているところです。

(3) 教室の窓は開いています。

(4) 図書館のドアは閉まっています。

(5) 私は寝転んでテレビを見ていません。

解答　解説

1 (1) 哥哥在听音乐呢。Gēge zài tīng yīnyuè ne.「"在"＋動詞～"呢"」の進行形です。
(2) 哥哥正在洗衣服。Gēge zhèngzài xǐ yīfu.「"正在"＋動詞」の進行形です。
(3) 他在吃着早饭呢。Tā zài chīzhe zǎofàn ne.「"在"＋動詞＋"着"～"呢"」の形です。
(4) 姐姐躺着看书。Jiějie tǎngzhe kàn shū.“～着…"で、「～しながら…する」です。
(5) 我走着去学校。Wǒ zǒuzhe qù xuéxiào.“走着去／来"で、「歩いて行く／来る」です。
(6) 窗户开着呢。Chuānghu kāizhe ne.「動詞＋"着"」で状態の持続を表します。
(7) 哥哥没有在看电视。Gēge méiyou zài kàn diànshì. 進行形は"没（有）"で否定し、"在"の前に置きます。
(8) 他们在做作业。Tāmen zài zuò zuòyè.「"在"＋動詞」の進行形です。
(9) 老赵正在打扫办公室呢。Lǎo-Zhào zhèngzài dǎsǎo bàngōngshì ne.「"正在"＋動詞～"呢"」の進行形です。
(10) 桌子上没有摆着碗和筷子。Zhuōzishang méiyou bǎizhe wǎn hé kuàizi. 状態の持続は"没（有）"で否定し、動詞の前に置きます。

2 (1) 我爸爸（在）洗澡。Wǒ bàba (zài) xǐzǎo. 動詞の前に置き進行を表す語"在"が入ります。
(2) 房间的灯开（着）呢。Fángjiān de dēng kāi(zhe) ne. 動詞の後に置き状態の持続を表す"着"が入ります。
(3) 我们明天走（着）去吧。Wǒmen míngtiān zǒu(zhe) qù ba.「歩いて～」は"走着～"です。
(4) 图书馆的门关（着）。Túshūguǎn de mén guān(zhe). 持続を示す"着"を記入する問題です。。

3 (1) 我在打扫房间呢。Wǒ zài dǎsǎo fángjiān ne.「"在"＋動詞」で動作の進行を表します。"呢"だけで進行を表すことも可能です。
(2) 妈妈在洗衣服呢。Māma zài xǐ yīfu ne.「"在"＋動詞」で動作の進行を表します。"呢"だけで進行を表すことも可能です。
(3) 教室的窗户开着呢。Jiàoshì de chuānghu kāizhe ne.「動詞＋"着"」で状態の持続を表します。
(4) 图书馆的门关着。Túshūguǎn de mén guānzhe.「動詞＋"着"」で状態の持続を表します。
(5) 我没有躺着看电视。Wǒ méiyou tǎngzhe kàn diànshì.「～しながら…する」は、"～着…"です。否定は"没（有）"を最初の動詞の前に置きます。

単語練習⑬

1 音声を聞いて声調符号をつけ、4つの中から声調の組み合わせが異なる単語に〇をつけなさい。　(114)

	①		②		③		④	
[1]	① tudou	土豆 (ジャガイモ)	② waidi	外地 (他の土地)	③ shoujuan	手绢 (ハンカチ)	④ wushu	武术 (武術)
[2]	① shoutao	手套 (手袋)	② chanliang	产量 (生産量)	③ xinxin	信心 (自信)	④ gudai	古代 (古代)
[3]	① tudi	土地 (土地)	② laoren	老人 (老人)	③ benzhi	本质 (本質)	④ lüke	旅客 (旅客)
[4]	① dalu	大陆 (大陸)	② jiari	假日 (休日)	③ jianzhu	建筑 (建物)	④ zhongzi	种子 (種)
[5]	① shiwu	事物 (事物)	② shebei	设备 (設備)	③ xianxiang	现象 (現象)	④ xingshi	形势 (形勢)
[6]	① zhuren	主人 (主人)	② xingzhi	性质 (性質)	③ riji	日记 (日記)	④ xueye	血液 (血液)

2 音声を聞いてピンインを書き、さらに4つの中から声調の組み合わせが異なる単語に〇をつけなさい。　(115)

	①	②	③	④
[1]	① 吃惊 (驚く)	② 出差 (出張する)	③ 发展 (発展する)	④ 增加 (増加する)
[2]	① 选择 (選択する)	② 旅行 (旅行する)	③ 刮风 (風が吹く)	④ 取得 (取得する)
[3]	① 希望 (希望する)	② 提高 (向上させる)	③ 需要 (必要とする)	④ 相信 (信じる)
[4]	① 得到 (手に入れる)	② 劳动 (労働する)	③ 实现 (実現する)	④ 回答 (回答する)
[5]	① 刷牙 (歯を磨く)	② 出门 (外出する)	③ 听写 (書き取りをする)	④ 安排 (手配する)
[6]	① 学习 (勉強する)	② 留学 (留学する)	③ 完成 (完成する)	④ 显得 (〜に見える)

解 答

1

	①	②	③	④
[1]	❶ 土豆 tǔdòu	❷ 外地 wàidì	③ 手绢 shǒujuàn	④ 武术 wǔshù
[2]	① 手套 shǒutào	② 产量 chǎnliàng	❸ 信心 xìnxīn	④ 古代 gǔdài
[3]	① 土地 tǔdì	❷ 老人 lǎorén	③ 本质 běnzhì	④ 旅客 lǚkè
[4]	① 大陆 dàlù	② 假日 jiàrì	③ 建筑 jiànzhù	❹ 种子 zhǒngzi
[5]	① 事物 shìwù	② 设备 shèbèi	③ 现象 xiànxiàng	❹ 形势 xíngshì
[6]	❶ 主人 zhǔrén	② 性质 xìngzhì	③ 日记 rìjì	④ 血液 xuèyè

2

	①	②	③	④
[1]	① 吃惊 chījīng	② 出差 chūchāi	❸ 发展 fāzhǎn	④ 增加 zēngjiā
[2]	① 选择 xuǎnzé	② 旅行 lǚxíng	❸ 刮风 guāfēng	④ 取得 qǔdé
[3]	① 希望 xīwàng	❷ 提高 tígāo	③ 需要 xūyào	④ 相信 xiāngxìn
[4]	① 得到 dédào	② 劳动 láodòng	③ 实现 shíxiàn	❹ 回答 huídá
[5]	① 刷牙 shuāyá	② 出门 chūmén	❸ 听写 tīngxiě	④ 安排 ānpái
[6]	① 学习 xuéxí	② 留学 liúxué	③ 完成 wánchéng	❹ 显得 xiǎnde

完了の"了"

中国語には過去形がないと言われます。"了"は、動作の完了を表す働きがあり、その動作が完了した、終わったことを意味します。

❶ 動詞の直後の"了"

「動詞＋"了"＋数量詞＋目的語」の形で動作や行為の完了を表します。

動作はすでに終わっているので、目的語は漠然としたものではなく、明確な数量表現や修飾語を伴って表されます。

(116) 我喝了两杯咖啡。
Wǒ hēle liǎng bēi kāfēi.
私はコーヒーを2杯飲みました。

我看了一部中日合拍的电影。
Wǒ kànle yí bù Zhōng-Rì hépāi de diànyǐng.
私は1本の日中合作映画を観ました。

数量表現や修飾語を伴わない目的語の場合には、動詞の直後の"了"を置いただけでは文を終わらせることができません。

我喝了咖啡 …
私はコーヒーを飲んで …

我看了电影 …
私は映画を観て …

上のように、目的語に数量表現や修飾語等を伴わない場合、動詞の後の"了"は未来完了を表し、まだ文の途中の状態のままになってしまうので、続きを言う必要があります。

これから完了する動作を表す"了"

我喝了咖啡就走。
Wǒ hēle kāfēi jiù zǒu.
私はコーヒーを飲んだら行きます。

她吃了早饭就去上班。
Tā chīle zǎofàn jiù qù shàngbān.
彼女は朝食を食べたら出勤します。

"了"が着いた動詞が先に行われる動作です。

❷ 文末の語気助詞 "了"

　　未来完了ではなく、ただ「コーヒーを飲んだ」「映画を観たい」のように数量表現や修飾語を伴わない場合には、文末に "了" を置くことによって、ここで文が終了することを示します。

(117) 我喝了咖啡了。Wǒ hēle kāfēi le.
私はコーヒーを飲みました。

我看了电影了。Wǒ kànle diànyǐng le.
私は映画を観ました。

　　上のような場合、動詞の後の "了" は省略できます。

我喝咖啡了。Wǒ hē kāfēi le.
私はコーヒーを飲みました。

我看电影了。Wǒ kàn diànyǐng le.
私は映画を観ました。

　　見た目では、文末だけに "了" が置かれた文ですが、動作、行為がすでに終了したこと、実現したことを表しています。

❸ 疑問文と "了"

(118) 你吃（了）饭了吗?
Nǐ chī(le) fàn le ma?
あなたはご飯を食べましたか。

你吃（了）早饭了没有?
Nǐ chī(le) zǎofàn le méiyou?
あなたは朝ご飯を食べましたか。

你暑假看了多少书?
Nǐ shǔjià kànle duōshao shū?
あなたは夏休みに本をどれくらい読みましたか。

"了" の用法は平叙文と同じです。反復疑問文の否定形は "没有" です。

❹ 否定形

　完了したことを "了" を用いて「〜した」と言い表すのに対して、否定形「〜していない」「〜していなかった」は、"没（有）" で表します。否定文では、完了を表す "了" は使われません。

(119) 我没（有）喝酒。
Wǒ méi(you) hē jiǔ.
私はお酒を飲んでいません／飲みませんでした。

我没（有）看那个电影。
Wǒ méi(you) kàn nàge diànyǐng.
私はその映画を観ていません／観ませんでした。

　質問に対して答える場合、否定文では目的語に数量表現や修飾語がなくても気にする必要はありません。

你喝咖啡了没有?
Nǐ hē kāfēi le méiyou?
あなたはコーヒーを飲みましたか。

　我没（有）喝（咖啡）。
　Wǒ méi(you) hē (kāfēi).
　私は（コーヒーを）飲んでいません／飲みませんでした。

你看那个电影了吗?
Nǐ kàn nàge diànyǐng le ma?
あなたはあの映画を観ましたか。

　我没（有）看（那个电影）。
　Wǒ méi(you) kàn (nàge diànyǐng).
　私は（その映画を）観ていません／観ませんでした。

"不" との違いは、日本語にも明瞭に現れます。
"不" は「〜しない」
"没（有）" は「〜していない／〜しなかった」

していないことを言うわけですから、むしろ「1杯の」や「1本の」を敢えて言うのは不自然なのです。

◢◤ 検定
　注目ポイント
　　　完了の "了" は、問題文やリスニング問題の質問文に必ず登場する語ですから、"了" を正しく聞きとり読みとることは、内容を理解する上で必須です。
　　　完了の "了" は空欄問題には出題されることは少ないですが、並べ替え問題でよく出題されます。

練習問題

第1週

第2週

第3週18日

第4週

第5週

筆記対策

リスニング対策

模擬試験

1 並べ替え問題

次の語を適切に並べ替えて文を完成させましょう。

(1)　［咖啡　喝　两杯　了］　私は今朝コーヒーを2杯飲みました。

　　我今天早上 ＿＿＿＿ ＿＿＿＿ ＿＿＿＿ ＿＿＿＿ 。

(2)　［了　衣服　两件　买］　私の姉はきのう服を2着買いました。

　　我姐姐昨天 ＿＿＿＿ ＿＿＿＿ ＿＿＿＿ ＿＿＿＿ 。

(3)　［走　就　咖啡　了］　私はコーヒーを飲んだら行きます。

　　我喝 ＿＿＿＿ ＿＿＿＿ ＿＿＿＿ ＿＿＿＿ 。

(4)　［了　我　书　买］　私は本を買いました。

　　＿＿＿＿ ＿＿＿＿ ＿＿＿＿ ＿＿＿＿ 。

(5)　［了　就　天气预报　看］　私は天気予報を見てから出発します。

　　我 ＿＿＿＿ ＿＿＿＿ ＿＿＿＿ ＿＿＿＿ 出发。

(6)　［了　了　中国　去］　私の兄は中国へ行きました。

　　我哥哥 ＿＿＿＿ ＿＿＿＿ ＿＿＿＿ ＿＿＿＿ 。

(7)　［啤酒　没有　喝　我］　私はビールを飲んでいません。

　　＿＿＿＿ ＿＿＿＿ ＿＿＿＿ ＿＿＿＿ 。

(8)　［饭　吃　没　还］　私はまだご飯を食べていません。

　　我 ＿＿＿＿ ＿＿＿＿ ＿＿＿＿ ＿＿＿＿ 。

(9)　［中国电影　了　了　看］　彼らはきのう中国映画を見ました。

　　他们昨天 ＿＿＿＿ ＿＿＿＿ ＿＿＿＿ ＿＿＿＿ 。

(10)　［去　了　昨天　打工］　あなたはきのうアルバイトへ行きましたか。

　　你 ＿＿＿＿ ＿＿＿＿ ＿＿＿＿ ＿＿＿＿ 吗?

2 空欄記入問題

日本語の意味に合うように空欄に適切な語を書き入れましょう。

(1)　私は今日朝食を食べていません。

　　我今天（　　　　　　　）吃早饭。

(2) 私はコーヒーを飲んだら出かけます。

我喝（　　　　　　　）咖啡就出门。

(3) あなたたちは食事をしましたか。（反復疑問文で）

你们吃饭了（　　　　　　　）？

3 作文問題

日本語から中国語へ訳しましょう。

(1) 私は雑誌を2冊買いました。

(2) 彼は昼食をまだ食べていません。

(3) 私は昨日映画を観ました。

(4) コーヒーを飲んだらすぐに出かけます。

解 答　解 説

1 (1) 我今天早上喝了两杯咖啡。Wǒ jīntiān zǎoshang hēle liǎng bēi kāfēi.「動詞＋"了"＋数量詞＋名詞」で動作の完了を表します。
(2) 我姐姐昨天买了两件衣服。Wǒ jiějie zuótiān mǎile liǎng jiàn yīfu.「動詞＋"了"＋数量詞＋名詞」で動作の完了を表します。
(3) 我喝了咖啡就走。Wǒ hēle kāfēi jiù zǒu.「動詞＋"了"＋数量詞なしの名詞＋動詞」で、「～してから…」と、これから行う動作の前後関係を表します。この"了"は未来完了を表しています。
(4) 我买书了。Wǒ mǎi shū le.「動詞＋数量詞なしの名詞＋"了"」の形で、動作の完了を表します。
(5) 我看了天气预报就出发。Wǒ kànle tiānqì yùbào jiù chūfā.動詞＋"了"＋数量詞なしの名詞＋動詞」で、「～してから…」と、これから行う動作の前後関係を表します。この"了"は未来完了を表しています。
(6) 我哥哥去了中国了。Wǒ gēge qùle Zhōngguó le.「動詞＋"了"＋数量詞なしの名詞＋"了"」の形で、動作の完了を表します。動詞の後の"了"は省略可能です。
(7) 我没有喝啤酒。Wǒ méiyou hē píjiǔ.「～していない、～しなかった」は、"没有"で否定します。
(8) 我还没吃饭。Wǒ hái méi chī fàn."还没～"で「まだ～していない」です。"没"は"没有"の省略形です。
(9) 他们昨天看了中国电影了。Tāmen zuótiān kànle Zhōngguó diànyǐng le.「動詞＋"了"＋数量詞なしの名詞＋"了"」の形で、動作の完了を表します。動詞の後の"了"は省略可能です。
(10) 你昨天去打工了吗? Nǐ zuótiān qù dǎgōng le ma?「"去"＋"打工"」の連動文で、後の動詞が目的を表している場合には"了"は後の動詞の後ろに置きます。

2 (1) 我今天（没有）吃早饭。Wǒ jīntiān (méiyou) chī zǎofàn.「～していない」は"没有"です。
(2) 我喝（了）咖啡就出门。Wǒ hē(le) kāfēi jiù chūmén. これからの動作の前後関係を表す場合は先に終える動作を表す動詞の後に"了"を置きます。
(3) 你们吃饭了（没有）？ Nǐmen chī fàn le (méiyou)? すでに完了した動作について「～したか」と尋ねる場合、反復疑問文では"没有"を用います。

3 (1) 我买了两本杂志。Wǒ mǎile liǎng běn zázhì. 目的語が"两本杂志"という「数量詞＋名詞」の形ですから、完了の"了"を動詞の直後に置きます。
(2) 他还没吃午饭。Tā hái méi chī wǔfàn.「～していない」は、"没(有)"を動詞の前に置いて否定します。「まだ」は"还"です。"了"を用いてはいけない点に注意してください。
(3) 我昨天看（了）电影了。Wǒ zuótiān kàn(le) diànyǐng le. 目的語に当たる名詞が"电影"で、数量詞を伴いませんから、"了"を文末に置きます。動詞の直後の"了"は省略可能です。
(4) 我喝了咖啡就走。Wǒ hēle kāfēi jiù zǒu. 未来完了における"了"の位置は、先に行われる動詞の直後です。後の動詞の前に副詞"就"を置きます。「出かける」は、"出门"や"出发"を用いてもかまいません。

単語練習⑭

1 音声を聞いて声調符号をつけ、4 つの中から声調の組み合わせが異なる単語に〇をつけなさい。 (120)

[1]	① mimi 秘密 （秘密）	② ribao 日報 （日刊紙）	③ yezi 叶子 （葉っぱ）	④ dixia 地下 （地下）
[2]	① ganqing 感情 （感情）	② qixiang 気象 （気象）	③ yanhui 宴会 （宴会）	④ wuzhi 物質 （物質）
[3]	① chusheng 出生 （生まれる）	② banjia 搬家 （引っ越す）	③ tuoli 脱离 （離脱する）	④ fenxi 分析 （分析する）
[4]	① dengyu 等于 （〜に等しい）	② qianming 签名 （署名する）	③ bangmang 帮忙 （手伝う）	④ guancha 观察 （観察する）
[5]	① biaoyan 表演 （上演する）	② xuanju 选举 （選出する）	③ jujue 拒绝 （断る）	④ jianshao 减少 （減少する）
[6]	① goucheng 构成 （構成する）	② diaocha 调查 （調査する）	③ zhengming 证明 （証明する）	④ ganji 感激 （感激する）

2 音声を聞いてピンインを書き、さらに 4 つの中から声調の組み合わせが異なる単語に〇をつけなさい。 (121)

[1]	① 覚得 （〜と思う）	② 咳嗽 （咳をする）	③ 熟悉 （よく知っている）	④ 尊敬 （尊敬する）
[2]	① 賛成 （賛成する）	② 放心 （安心する）	③ 予習 （予習する）	④ 進行 （進める）
[3]	① 介绍 （紹介する）	② 下班 （退勤する）	③ 害怕 （怖がる）	④ 误会 （誤解する）
[4]	① 生产 （生産する）	② 回家 （帰宅する）	③ 提供 （提供する）	④ 离开 （離れる）
[5]	① 锻炼 （鍛える）	② 认为 （〜と思う）	③ 做梦 （夢を見る）	④ 忘记 （忘れる）
[6]	① 跳舞 （踊る）	② 握手 （握手する）	③ 看病 （診察する）	④ 问好 （よろしく言う）

解答

1

[1]	① 秘密 mìmì	② 日报 rìbào	❸ 叶子 yèzi	④ 地下 dìxià
[2]	❶ 感情 gǎnqíng	② 气象 qìxiàng	③ 宴会 yànhuì	④ 物质 wùzhì
[3]	① 出生 chūshēng	② 搬家 bānjiā	❸ 脱离 tuōlí	④ 分析 fēnxī
[4]	❶ 等于 děngyú	② 签名 qiānmíng	③ 帮忙 bāngmáng	④ 观察 guānchá
[5]	① 表演 biǎoyǎn	② 选举 xuǎnjǔ	❸ 拒绝 jùjué	④ 减少 jiǎnshǎo
[6]	① 构成 gòuchéng	② 调查 diàochá	③ 证明 zhèngmíng	❹ 感激 gǎnjī

2

[1]	① 觉得 juéde	② 咳嗽 késou	③ 熟悉 shúxi	❹ 尊敬 zūnjìng
[2]	① 赞成 zànchéng	❷ 放心 fàngxīn	③ 预习 yùxí	④ 进行 jìnxíng
[3]	① 介绍 jièshào	❷ 下班 xiàbān	③ 害怕 hàipà	④ 误会 wùhuì
[4]	❶ 生产 shēngchǎn	② 回家 huíjiā	③ 提供 tígōng	④ 离开 líkāi
[5]	① 锻炼 duànliàn	❷ 认为 rènwéi	③ 做梦 zuòmèng	④ 忘记 wàngjì
[6]	① 跳舞 tiàowǔ	② 握手 wòshǒu	❸ 看病 kànbìng	④ 问好 wènhǎo

変化の"了"・二つの"了"

変化や新しい事態が発生したことを、"了"を文末に置くことによって表します。
"了"の持つ完了と変化という二つの役割を確認しましょう。

❶ 変化の"了"

「～になった」「～になる」は、文末に"了"を置きます。変化や新しい事態は、動詞述語文とは限りません。また、否定形にも"了"を用います。

❶ 名詞述語文と"了"

(122) 我今年三十岁了。
Wǒ jīnnián sānshí suì le.
私は今年 30 歳になります。

他一米七了。Tā yì mǐ qī le.
彼は 1 メートル 70 センチになりました。

已经 12 点了。Yǐjīng shí'èr diǎn le.
もう 12 時です。

❷ 動詞述語文と"了"

(123) 我是大学生了。
Wǒ shì dàxuéshēng le.
私は大学生になりました。

太郎、花子，吃饭了!
Tàiláng, Huāzǐ, chīfàn le!
太郎、花子、ご飯を食べますよ(ご飯ですよ)。

你把冰箱里的牛奶喝了。
Nǐ bǎ bīngxiāng li de niúnǎi hē le.
冷蔵庫の牛乳を飲んでしまいなさい。

❸ 形容詞述語文と"了"

(124) 枫叶红了。
Fēngyè hóng le.
カエデの葉が赤くなった。

我饿了。Wǒ è le.
私はお腹が空いた。

枫叶 fēngyè カエデ

天気暖和了。
Tiānqì nuǎnhuo le.
暖かくなった。

④ 否定形と"了"

(125) 哥哥不抽烟了。Gēge bù chōu yān le.
兄はたばこを吸わなくなりました（たばこをやめた）。

我明天不想去游泳了。
Wǒ míngtiān bù xiǎng qù yóuyǒng le.
私は明日泳ぎに行きたくなくなりました。

没有钱了。Méiyǒu qián le.
お金がなくなりました。

「"没（有）"＋名詞」で、「～がなくなった」という意味です。

❷ 2つの"了"

① 文末の"了"に注意

18日目、今回と見てきたように、"了"には、完了・実現を表す用法と、変化・新事態を表す用法とがあります。

(126) 我买了一幅画。Wǒ mǎile yì fú huà.
私は1枚の絵を買いました。… 完了・実現

我走了。Wǒ zǒu le.
私は帰ります（行きます）。… 変化・新事態

他已经走了。Tā yǐjīng zǒu le.
彼はすでに帰りました（行きました）。… 完了・実現

上の例文のように、文末の"了"は完了・実現を表している場合と変化・新事態を表している場合とがあります。

副詞"已经"（すでに）には"了"がつきものです。副詞と"了"の組み合わせは他にもあります。例文等で出てきたら、セットで覚えるようにしてください。

② 時間量と"了"に注意

時間量と"了"は、組み合わせによって意味を変えることができます。

(127) 我练太极拳练了两年。

Wǒ liàn tàijíquán liànle liǎng nián.

私は太極拳を 2 年間練習しました。… 現在はしていない

我练太极拳练了两年了。

Wǒ liàn tàijíquán liànle liǎng nián le.

私は太極拳を 2 年間練習しています。… 現在も継続中

"了"のある場合とない場合も合わせて確認しておきましょう。

我弟弟每天睡八个小时。

Wǒ dìdi měi tiān shuì bā ge xiǎoshí.

私の弟は毎日 8 時間寝る。

我弟弟昨天睡了九个小时。

Wǒ dìdi zuótiān shuìle jiǔ ge xiǎoshí.

私の弟は昨日 9 時間寝た。

我弟弟已经睡了十个小时了。

Wǒ dìdi yǐjīng shuìle shí ge xiǎoshí le.

私の弟はもう 10 時間寝ている。

プラスワン

"了"の使い方は奥が深いのですが、まずは基本の使い方を覚えましょう。

検定 注目ポイント

空欄記入で出題されるのは、変化・新事態の"了"です。
語順問題に"了"が含まれる場合には、動詞の直後か文末かが問われて
います。"了"の位置は、逆にいえば動詞や目的語の位置にも影響します
から、注意しましょう。

練習問題

第1週
第2週
第3週19日
第4週
第5週
筆記対策
リスニング対策
模擬試験

1 並べ替え問題

次の語を適切に並べ替えて文を完成させましょう。

(1) ［岁　已经　了　五十］　私はもう50歳です。

我 ＿＿＿＿＿ ＿＿＿＿＿ ＿＿＿＿＿ ＿＿＿＿＿ 。

(2) ［了　好　越来越　身体］　私の父はますます健康になりました。

我爸爸 ＿＿＿＿＿ ＿＿＿＿＿ ＿＿＿＿＿ ＿＿＿＿＿ 。

(3) ［是　儿子　了　大学生］　私の息子は大学生になりました。

我 ＿＿＿＿＿ ＿＿＿＿＿ ＿＿＿＿＿ ＿＿＿＿＿ 。

(4) ［了　不　晚会　参加］　あす私はパーティに参加しないことにしました。

明天我 ＿＿＿＿＿ ＿＿＿＿＿ ＿＿＿＿＿ ＿＿＿＿＿ 。

(5) ［一副　买　眼镜　了］　私はメガネを一つ買いました。

我 ＿＿＿＿＿ ＿＿＿＿＿ ＿＿＿＿＿ ＿＿＿＿＿ 。

(6) ［汉语　学了　在大学　两年］　私は大学で中国語を2年勉強しました。

我 ＿＿＿＿＿ ＿＿＿＿＿ ＿＿＿＿＿ ＿＿＿＿＿ 。

(7) ［汉语　了　了　一年半］　私は大学で中国語を勉強して1年半になります。

我在大学学 ＿＿＿＿＿ ＿＿＿＿＿ ＿＿＿＿＿ ＿＿＿＿＿ 。

(8) ［了　中国　去　要］　私は来年中国に行くことになりました。

我明年 ＿＿＿＿＿ ＿＿＿＿＿ ＿＿＿＿＿ ＿＿＿＿＿ 。

(9) ［去旅游　不　了　想］　私は旅行へ行きたくなりました。

我 ＿＿＿＿＿ ＿＿＿＿＿ ＿＿＿＿＿ ＿＿＿＿＿ 。

(10) ［回来　他　了　已经］　彼はすでに帰ってきました。

＿＿＿＿＿ ＿＿＿＿＿ ＿＿＿＿＿ ＿＿＿＿＿ 。

2 空欄記入問題

日本語の意味に合うように空欄に適切な語を書き入れましょう。

(1) 私は太極拳を練習してもう2年になります。

我练太极拳（　　　　　　）练（　　　　　　）两年（　　　　　　）。

(2) 今は雨がやみました。

現在（　　　　　　　）下雨（　　　　　　　）。

(3) 彼女は中国語を話すのがますます流暢になりました。

她说汉语说得（　　　　　　）流利（　　　　　　　）。

(4) 彼女が話す中国語は以前よりずっと上手になりました。

她说的汉语比以前好（　　　　　　　）。

(5) 今12時になりました。

现在十二点（　　　　　　　）。

3 作文問題

日本語から中国語へ訳しましょう。

(1) 今は天気が良くなりました。

(2) 彼の中国語はますます上手になりました。

(3) 私は中国語を勉強して2年になります。

(4) 私は2年間中国語を勉強しました。

解答　解説

1 (1) 我已经五十岁了。Wǒ yǐjīng wǔshí suì le. 名詞述語文の文末に変化の"了"を置きます。"已经"は述語"五十岁"の前に置きます。

(2) 我爸爸身体越来越好了。Wǒ bàba shēntǐ yuèláiyuè hǎo le."越来越～了"で「ますます～なった」です。

(3) 我儿子是大学生了。Wǒ érzi shì dàxuéshēng le."是～了"で「～なった」です。

(4) 明天我不参加晚会了。Míngtiān wǒ bù cānjiā wǎnhuì le."不～了"で「～しないことにする/した」です。

(5) 我买了一副眼镜。Wǒ mǎile yí fù yǎnjìng. この"了"は動作の完了を表す語として、動詞の直後に置きます。

(6) 我在大学学了两年汉语。Wǒ zài dàxué xuéle liǎng nián Hànyǔ."了"と動作量補語の位置関係に注意します。過去において「2年勉強した」という場合は、「動詞＋"了"＋動作量補語」です。

(7) 我在大学学了一年半汉语了。Wǒ zài dàxué xuéle yì nián bàn Hànyǔ le."了"と動作量補語の位置関係に注意します。現在も継続中であることをいう場合は、「動詞＋"了"＋動作量補語＋"了"」です。

(8) 我明年要去中国了。Wǒ míngnián yào qù Zhōngguó le."要～了"で「～しなくてはならなくなった」です。

(9) 我不想去旅游了。Wǒ bù xiǎng qù lǚyóu le."不想～了"で「～したくなくなった」です。

(10) 他已经回来了。Tā yǐjīng huílai le. 副詞"已经"には文末助詞"了"が呼応します。

2 (1) 我练太极拳（已经）练（了）两年（了）。Wǒ liàn tàijíquán (yǐjīng) liàn (le) liǎng nián (le). 最初の空欄には副詞"已经"が入ります。動詞の直後と文末それぞれに"了"が入り、現在も継続中であることを示します。

(2) 现在（不）下雨（了）。Xiànzài (bú) xià yǔ (le).「～しなくなった」を表す"不"と"了"が入ります。

(3) 她说汉语说得（越来越）流利（了）。Tā shuō Hànyǔ shuōde (yuèláiyuè) liúlì (le).「ますます～」の"越来越"、「～なった」の"了"が入ります。

(4) 她说的汉语比以前好（多了）。Tā shuō de Hànyǔ bǐ yǐqián hǎo (duō le). 比較表現で「ずっと」を表す"多了"が入ります。

(5) 现在十二点（了）。Xiànzài shí'èr diǎn (le). 名詞述語文の文末に"了"を置き、変化を表します。

3 (1) 现在天气好了。Xiànzài tiānqì hǎo le. 形容詞述語文で、文末に"了"を置きます。その前では天気が良くはなく、今は良くなったと、現在とそれ以前とを対比しているので、形容詞には副詞"很"を付けません。

(2) 他的汉语越来越好了。Tā de Hànyǔ yuèláiyuè hǎo le. "越来越"を用い、文末に"了"を置きます。

(3) 我学了两年汉语了。Wǒ xuéle liǎng nián Hànyǔ le. 現在も継続中の事柄であるため、動詞の直後と文末との2か所に"了"を置きます。

(4) 我学了两年汉语。Wǒ xuéle liǎng nián Hànyǔ. 過去における事柄で、現在は行われていないので、動詞の直後にのみ"了"を置きます。

単語練習⑮

1 音声を聞いて声調符号をつけ、4つの中から声調の組み合わせが異なる単語に〇をつけなさい。　(128)

	①		②		③		④	
[1]	darao	打扰 (邪魔をする)	daoda	到达 (到着する)	lijie	理解 (理解する)	guanli	管理 (管理する)
[2]	shuyu	属于 (〜に属する)	zunshou	遵守 (遵守する)	fabiao	发表 (発表する)	zhuajin	抓紧 (しっかりつかむ)
[3]	peihe	配合 (力を合わせる)	fuze	负责 (責任を負う)	zuoke	做客 (客になる)	yuedu	阅读 (閲読する)
[4]	ganbei	干杯 (乾杯する)	baocun	保存 (保存する)	tuchu	突出 (突出する)	fahui	发挥 (発揮する)
[5]	huiguo	回国 (帰国する)	jihe	集合 (集合する)	yanchang	延长 (延長する)	zijue	自觉 (自覚する)
[6]	tongqing	同情 (同情する)	shixing	实行 (実行する)	zhengli	整理 (整理する)	fucong	服从 (服従する)

2 音声を聞いてピンインを書き、さらに4つの中から声調の組み合わせが異なる単語に〇をつけなさい。　(129)

	①	②	③	④
[1]	解决(解決する)	强调(強調する)	迟到(遅刻する)	同意(同意する)
[2]	结婚(結婚する)	迎接(迎える)	研究(研究する)	照相(写真を撮る)
[3]	注意(注意する)	收拾(片付ける)	放假(休みになる)	破坏(破壊する)
[4]	微笑(ほほえむ)	联系(連絡する)	翻译(通訳する、翻訳する)	出现(現れる)
[5]	休息(休憩する)	招呼(呼ぶ、挨拶する)	洗澡(入浴する)	答应(答える、応じる)
[6]	访问(訪問する)	请假(休暇を取る)	使用(使用する)	录音(録音する)

解答

1

[1] ① 打扰 dǎrǎo　❷ 到达 dàodá　③ 理解 lǐjiě　④ 管理 guǎnlǐ
[2] ❶ 属于 shǔyú　② 遵守 zūnshǒu　③ 发表 fābiǎo　④ 抓紧 zhuājǐn
[3] ① 配合 pèihé　② 负责 fùzé　❸ 做客 zuòkè　④ 阅读 yuèdú
[4] ① 干杯 gānbēi　❷ 保存 bǎocún　③ 突出 tūchū　④ 发挥 fāhuī
[5] ① 回国 huíguó　② 集合 jíhé　③ 延长 yáncháng　❹ 自觉 zìjué
[6] ① 同情 tóngqíng　② 实行 shíxíng　❸ 整理 zhěnglǐ　④ 服从 fúcóng

2

[1] ❶ 解决 jiějué　② 强调 qiángdiào　③ 迟到 chídào　④ 同意 tóngyì
[2] ① 结婚 jiéhūn　② 迎接 yíngjiē　③ 研究 yánjiū　❹ 照相 zhàoxiàng
[3] ① 注意 zhùyì　❷ 收拾 shōushi　③ 放假 fàngjià　④ 破坏 pòhuài
[4] ① 微笑 wēixiào　❷ 联系 liánxì　③ 翻译 fānyì　④ 出现 chūxiàn
[5] ① 休息 xiūxi　② 招呼 zhāohu　❸ 洗澡 xǐzǎo　④ 答应 dāying
[6] ① 访问 fǎngwèn　② 请假 qǐngjià　③ 使用 shǐyòng　❹ 录音 lùyīn

今週の復習　第3週

1 空欄に適当な漢字を入れましょう。

(1) 開演まで30分しかありません。
（　　　　　　　）开演只有半个小时。

(2) まっすぐ行けば、10分で着きます。
一直（　　　　　　　）前走，十分钟就到。

(3) 壁に絵がかかっています。
墙上挂（　　　　　　　）一幅画。

(4) 私はこの小説をまだ読み終えていません。
我还（　　　　　　　）看完这本小说。

2 次の文を中国語に訳しましょう。

(1) あなたの家から学校まで地下鉄でどのくらいかかりますか。

(2) 鈴木さんは昨日、李さんといっしょに行ったのです。

(3) 部屋には人がいません。

(4) 私は韓国語を勉強して2年になります。

3 次の文を日本語に訳しましょう。

(1) 我没在看电视，在做菜呢。

(2) 他家养着一条狗和一只猫。

(3) 下班了，咱们就去吃晚饭吧。

(4) 最近天气越来越热了。

解答　解説

1 (1) （离）开演只有半个小时。Lí kāiyǎn zhǐ yǒu bàn ge xiǎoshí.
(2) 一直（往）前走，十分钟就到。Yìzhí wǎng qián zǒu, shí fēnzhōng jiù dào.
(3) 墙上挂（着）一幅画。Qiáng shang guàzhe yì fú huà.
(4) 我还（没有）看完这本小说。Wǒ hái méiyou kànwán zhè běn xiǎoshuō.

2 (1) 从你家到学校坐地铁要多长时间？Cóng nǐ jiā dào xuéxiào zuò dìtiě yào duō cháng shíjiān?
(2) 铃木昨天跟小李一起去的。Língmù zuótiān gēn Xiǎo-Lǐ yìqǐ qù de.
(3) 房间里没有人。Fángjiān li méiyǒu rén.
(4) 我学了两年韩语了。Wǒ xuéle liǎng nián Hányǔ le.

3 (1) 私はテレビを見ていない、料理を作っているところです。
(2) 彼の家では犬を1匹、猫を1匹飼っています。
(3) 仕事が終わったら、私たち夕食を食べに行きましょう。
(4) 最近ますます暑くなってきました。

第4週

過去の経験・近接未来

過去の出来事と、近い将来の出来事を表します。

❶ 過去の経験を示す "过"

❶ 肯定文

「～したことがある」は、動詞の直後に "过" を置いて表します。

(130) 我去过。Wǒ qùguo.
私は行ったことがあります。

我去过中国。Wǒ qùguo Zhōngguó.
私は中国へ行ったことがあります。

我去过三次中国。Wǒ qùguo sān cì Zhōngguó.
私は中国へ3回行ったことがあります。

完了の "了" と同じように動詞の直後に置きますが、目的語に回数表現や修飾語がなくても大丈夫です。

❷ 否定文

「～したことがない」は "没（有)" を用います。動詞の後の "过" は付けたままです。

(131) 我没（有）吃过。
Wǒ méi(you) chīguo.
私は食べたことがありません。

我没（有）吃过烤鸭。
Wǒ méi(you) chīguo kǎoyā.
私は北京ダックを食べたことがありません。

「一度も～したことがない」は、「一＋量詞 (＋名詞) ＋ "也 / 都"」を用いて、次のように言います。強調するときによく言います。

我一次也没（有）吃过烤鸭。
Wǒ yí cì yě méi(you) chīguo kǎoyā.
私は一度も北京ダックを食べたことがありません。

我一本中文小说也没 (有) 看过。

Wǒ yì běn Zhōngwén xiǎoshuō yě méi(you) kànguo.

私は中国語の小説を 1 冊も読んだことがありません。

② 動詞の直後の "过了"

　"过" と "了"（"过了"）を同時に使うと、動作がきちんと済んだこと、完了したことを表せます。

(132) 早饭，你吃过了吗?

Zǎofàn, nǐ chīguo le ma?

朝ご飯をあなたは食べましたか。

　── 我已经吃过了。Wǒ yǐjing chīguo le.

　　　私はもう食べました。

"过了" の用法は、完了を表す "了" と同じです。

③ 近接未来表現

　近い未来のことを言うときも、"了"が使われます。"快～了""快要～了"のように組み合わせて、「もうすぐ～する／なる」という意味になります。

① 時間を表す名詞との組み合わせ

(133) 快十二点了。

Kuài shí'èr diǎn le.

もうすぐ 12 時です。

快两个小时了。

Kuài liǎng ge xiǎoshí le.

もうすぐ 2 時間になります。

"快～了" だけで「もうすぐだ」の意味になります。

② 動詞との組み合わせ

(134) 快下雨了。

Kuài xià yǔ le.

もうすぐ雨が降ります。

我们公司快要放暑假了。

Wǒmen gōngsī kuàiyào fàng shǔjià le.

私たちの会社はもうすぐ夏休みになります。

❸ 形容詞との組み合わせ

(135) 天气快暖和了。
Tiānqì kuài nuǎnhuo le.
天気がもうすぐ暖かくなります。

　他に、"要～了""就要～了" もあります。"就要～了" は、「いついつにもうすぐ～する / なる」と言うときにも使えます。

他们快要结婚了。
Tāmen kuàiyào jiéhūn le.
彼らはもうすぐ結婚します。

他们下个月就要结婚了。
Tāmen xià ge yuè jiùyào jiéhūn le.
彼らは来月にはもう結婚します。

近接未来表現の"要"、つまり文末に"了"を伴う"要"には、「～したい」「～しなくてはならない」という意味はありません。

練習問題

第1週

第2週

第3週

第4週 22日

第5週

筆記対策

リスニング対策

模擬試験

1 並べ替え問題

次の語を適切に並べ替えて文を完成させましょう。

(1) ［両次　过　上海　去］　私は上海へ2回行ったことがあります。

我 ＿＿＿＿＿＿ ＿＿＿＿＿＿ ＿＿＿＿＿＿ ＿＿＿＿＿＿ 。

(2) ［中国小说　看　三本　过］　私は中国の小説を3冊読んだことがあります。

我 ＿＿＿＿＿＿ ＿＿＿＿＿＿ ＿＿＿＿＿＿ ＿＿＿＿＿＿ 。

(3) ［一顿饭　过　跟他　吃］　私は彼と1回食事をしたことがあります。

我 ＿＿＿＿＿＿ ＿＿＿＿＿＿ ＿＿＿＿＿＿ ＿＿＿＿＿＿ 。

(4) ［过　吃　跟他　没］　私は彼と食事をしたことがありません。

我 ＿＿＿＿＿＿ ＿＿＿＿＿＿ ＿＿＿＿＿＿ ＿＿＿＿＿＿ 饭。

(5) ［爬　没有　长城　过］　私は万里の長城に登ったことがありません。

我 ＿＿＿＿＿＿ ＿＿＿＿＿＿ ＿＿＿＿＿＿ ＿＿＿＿＿＿ 。

(6) ［过　中国　看　没］　私は中国映画を観たことがありません。

我 ＿＿＿＿＿＿ ＿＿＿＿＿＿ ＿＿＿＿＿＿ ＿＿＿＿＿＿ 电影。

(7) ［也　去　没　过］　私は一度も中国に行ったことがありません。

我一次 ＿＿＿＿＿＿ ＿＿＿＿＿＿ ＿＿＿＿＿＿ ＿＿＿＿＿＿ 中国。

(8) ［寒假　了　放　快要］　彼らの学校はもうすぐ冬休みになります。

他们学校 ＿＿＿＿＿＿ ＿＿＿＿＿＿ ＿＿＿＿＿＿ ＿＿＿＿＿＿ 。

2 空欄記入問題

日本語の意味に合うように空欄に適切な語を書き入れましょう。

(1) もうすぐ北京駅に到着します。

（　　　　　　　　）到北京站（　　　　　　　　）。

(2) 彼女の身体はもうすぐ良くなります。

她的身体（　　　　　　　　）好（　　　　　　　　）。

(3) 彼らは来月には卒業します。

他们下个月（　　　　　　　　）毕业（　　　　　　　　）。

(4) 私は彼と会ったことがありません。

我 （　　　　　　　　）跟他见（　　　　　　　　　）面。

(5) 私は彼と会っていません。

我 （　　　　　　　　）跟他见面。

3 作文問題

日本語から中国語へ訳しましょう。

(1) 私は彼と会ったことがあります。

(2) 私は中国へ２回行ったことがあります。

(3) 私は彼と一度ご飯を食べたことがあります。

(4) 彼はもうすぐ卒業です。

(5) 彼は来月にはもう結婚します。

解答　解説

1 (1) 我去过两次上海。Wǒ qùguo liǎng cì Shànghǎi.「動詞＋動作量＋目的語」の語順です。"过"は動詞の直後に置きます。目的語の"上海"は動作量の前に置くこともできます。

(2) 我看过三本中国小说。Wǒ kànguo sān běn Zhōngguó xiǎoshuō.「動詞＋数量詞＋目的語」の語順です。"过"は動詞の直後に置きます。

(3) 我跟他吃过一顿饭。Wǒ gēn tā chīguo yí dùn fàn.「動詞＋数量詞＋目的語」の語順です。前置詞句 (介詞句) "跟他"は動詞の前に置きます。

(4) 我没跟他吃过饭。Wǒ méi gēn tā chīguo fàn.「没」は前置詞句(介詞句)の前に置きます。"过"は動詞の直後に置きます。

(5) 我没有爬过长城。Wǒ méiyou páguo Chángchéng. "过"の否定は"没（有）"。

(6) 我没看过中国电影。Wǒ méi kànguo Zhōngguó diànyǐng. "没"は動詞の前に置き、"过"は動詞の直後に置きます。

(7) 我一次也没去过中国。Wǒ yí cì yě méi qùguo Zhōngguó. "一次也＋否定形"で、「一度も〜ない」です。

(8) 他们学校快要放寒假了。Tāmen xuéxiào kuàiyào fàng hánjià le. "快要〜了"で、「もうすぐ〜だ」です。

2 (1) （快要）到北京站（了）。(Kuàiyào) dào Běijīng zhàn (le)."快（要）〜了"で近接未来表現です。

(2) 她的身体（快）好（了）。Tā de shēntǐ (kuài) hǎo (le)."快（要）〜了"で近接未来表現です。

(3) 他们下个月（就要）毕业（了）。Tāmen xià ge yuè (jiùyào) bìyè (le). 近接未来表現で具体的な時を表す語（ここでは"下个月"）と一緒にも用いることができる語は、"就要〜了"です。

(4) 我（没有）跟他见（过）面。Wǒ (méiyou) gēn tā jiàn(guo) miàn.「〜したことがある」は動詞の直後に"过"を置き、その否定形には"没（有）"を用います。

(5) 我（没有）跟他见面。Wǒ (méiyou) gēn tā jiànmiàn.「〜していない／〜しなかった」は"没（有）"です。"过"を付けてはいけないことを確認してください。

3 (1) 我跟他见过面。Wǒ gēn tā jiànguo miàn.「〜したことがある」は動詞の直後に"过"を付けます。"见面"は「動詞＋名詞」なので、その間に入ります。また、「彼と」は"跟他"は前置詞句（介詞句）で、動詞の前に置きます。

(2) 我去过两次中国。Wǒ qùguo liǎng cì Zhōngguó. "过"を動詞の直後に置き「〜したことがある」です。「動詞＋動作量（回数）」の語順です。目的語の"中国"は動作量の前に置くこともできます。

(3) 我跟他吃过一次饭。Wǒ gēn tā chīguo yí cì fàn.「動詞＋動作量（回数）＋目的語」の語順で、"过"を動詞の直後に置きます。

(4) 他快要毕业了。Tā kuàiyào bìyè le. "快（要）〜了"で近い未来に実現する事柄を挟みます。

(5) 他下个月就要结婚了。Tā xià ge yuè jiùyào jiéhūn le. 時を表す語を伴うことができる近接未来表現は"就要〜了"です。

単語練習⑯

1 音声を聞いて声調符号をつけ、4つの中から声調の組み合わせが異なる単語に〇をつけなさい。　(136)

[1]	①fudao 辅导（補習する）	②tiqian 提前（繰り上げる）	③chengwei 成为（〜になる）	④tuanjie 团结（団結する）
[2]	①jianchi 坚持（堅持する）	②yikao 依靠（頼る）	③fenbie 分别（別れる）	④zhengqiu 征求（募る）
[3]	①jiehe 结合（結合する）	②yunxu 允许（許可する）	③zhanlan 展览（展覧する）	④zhidao 指导（指導する）
[4]	①chengzan 称赞（称賛する）	②jiedai 接待（接待する）	③jiaoji 交际（交際する）	④shengzhang 生长（成長する）
[5]	①daqiu 打球（球技をする）	②huifu 恢复（回復する）	③pipan 批判（批判する）	④zhaodai 招待（接待する）
[6]	①zaoshou 遭受（被る）	②xiaofei 消费（消費する）	③juxing 举行（催す）	④shiye 失业（失業する）

2 音声を聞いてピンインを書き、さらに4つの中から声調の組み合わせが異なる単語に〇をつけなさい。　(137)

[1]	①原谅（許す）	②取消（取り消す）	③决定（決定する）	④结束（終わる）
[2]	①打工（アルバイトする）	②组织（組織する）	③照顾（世話を焼く）	④演出（上演する）
[3]	①打扫（掃除する）	②影响（影響する）	③感到（感じる）	④了解（分かる、理解する）
[4]	①获得（獲得する）	②胜利（勝利する）	③祝贺（祝う）	④利用（利用する）
[5]	①讨论（討論する）	②表示（表す）	③上班（出勤する）	④跑步（ジョギングする）
[6]	①问候（挨拶する）	②睡觉（寝る）	③愿意（願う）	④告诉（告げる）

解 答

1

[1]	❶辅导 fǔdǎo	②提前 tíqián	③成为 chéngwéi	④团结 tuánjié
[2]	①坚持 jiānchí	❷依靠 yīkào	③分别 fēnbié	④征求 zhēngqiú
[3]	❶结合 jiéhé	②允许 yǔnxǔ	③展览 zhǎnlǎn	④指导 zhǐdǎo
[4]	①称赞 chēngzàn	②接待 jiēdài	③交际 jiāojì	❹生长 shēngzhǎng
[5]	❶打球 dǎqiú	②恢复 huīfù	③批判 pīpàn	④招待 zhāodài
[6]	①遭受 zāoshòu	②消费 xiāofèi	❸举行 jǔxíng	④失业 shīyè

2

[1]	①原谅 yuánliàng	❷取消 qǔxiāo	③决定 juédìng	④结束 jiéshù
[2]	①打工 dǎgōng	②组织 zǔzhī	❸照顾 zhàogu	④演出 yǎnchū
[3]	①打扫 dǎsǎo	②影响 yǐngxiǎng	❸感到 gǎndào	④了解 liǎojiě
[4]	❶获得 huòdé	②胜利 shènglì	③祝贺 zhùhè	④利用 lìyòng
[5]	①讨论 tǎolùn	②表示 biǎoshì	❸上班 shàngbān	④跑步 pǎobù
[6]	①问候 wènhòu	②睡觉 shuìjiào	③愿意 yuànyì	❶告诉 gàosu

第1週　第2週　第3週　第4週22日　第5週　筆記対策　リスニング対策　模擬試験

第23天

連動文

動詞が二つ以上使われる文を連動文と言います。行われる動作の順番どおりに動詞が置かれます。

❶ 連動文の基本　動詞1("去""来")＋動詞2、動詞1＋動詞2("去""来")

❶ 行われる動作の順番

(138) 我去看病。
Wǒ qù kànbìng.
私は診察を受けに行く。
〔①行く②診察を受ける〕

他来吃饭。Tā lái chīfàn.
彼はご飯を食べに来る。
〔①来る②ご飯を食べる〕

　　"去""来"の後に目的地を置くと、次のようになります。

我去医院看病。
Wǒ qù yīyuàn kànbìng.
私は病院へ診察を受けに行く。
〔①病院へ行く②診察を受ける〕

他来我家吃饭。
Tā lái wǒ jiā chīfàn.
彼は私の家にご飯を食べに来る。
〔①私の家に来る②ご飯を食べる〕

❷ 否定文

　　最初の動詞を否定形にします。

(139) 我不回家吃饭。Wǒ bù huí jiā chīfàn.
私はご飯を食べに家に帰りません。
↑「ご飯を食べに家に帰る」ことを否定しています。

我不开车上班。Wǒ bù kāichē shàngbān.
私は車で通勤しません。
↑「車で通勤する」ことを否定しています。

この場合、二つ目の動詞がそれぞれ行く目的、来る目的を表しているので、日本語では二つ目の動詞句から先に言うことができます。

否定を表す語（この場合は"不"）は、後ろの部分をすべて打ち消します。ですから、打ち消したくないことの前には否定を表す語は置いてはいけません。

❷ 動詞1＋動詞2＋動詞3

動詞を3つ用いた文を見ておきましょう。

(140) 我坐飞机去上海吃小笼包。
Wǒ zuò fēijī qù Shànghǎi chī xiǎolóngbāo.
私は飛行機で上海に小籠包を食べに行く。
〔①飛行機に乗る②上海に行く③小籠包を食べる〕

他们去北京参观名胜古迹后顺便吃北京烤鸭。
Tāmen qù Běijīng cānguān míngshèng gǔjì hòu shùnbiàn chī
Běijīng kǎoyā.
彼らは北京に行って名勝旧跡を見学した後ついでに北京ダックを食べる。
〔①北京に行く②名勝旧跡を見学する③北京ダックを食べる〕

❸ "有"＋動詞（"有"を用いる連動文）

"有"は「〜がいる」「〜がある」と、人や物の存在を表しますが、存在する人や物を示す名詞の後にさらに動詞を続けて置くことができます。まずは、例文を見てみましょう。

(141) 我有一个朋友叫李小龙。
Wǒ yǒu yí ge péngyou jiào Lǐ Xiǎolóng.
a. 私には友人が一人いて、李小龍という名前です。
b. 私には李小龍という名前の友人がいます。

店里有很多人在买东西。
Diàn li yǒu hěn duō rén zài mǎi dōngxi.
a. 店には大勢の人がいて買い物をしています。
b. 店には買い物をしている人が大勢います。

例文の"叫李小龙"はその前の"一个朋友"を、"在买东西"はその前の"很多人"のことを説明する、修飾語の役割を果たしています。
修飾語といえば、中国語も日本語と同様、修飾語が先で被修飾語が後の「修飾語＋被修飾語」の順番なのですが、"有"を用いたときは、修飾語に当たる語を後ろに置くことができます。
それぞれの例文の日本語訳aは動詞を順番どおりに訳し、日本語訳bは二つ目の動詞句を修飾語として訳しています。

このような形の文を、とくに連動文とはせず、修飾語の後置用法と説明する場合もあります。

第1週　第2週　第3週　第4週23日　第5週　筆記対策　リスニング対策　模擬試験

115

❹ 日本語から中国語に訳す場合の注意点

　　日本語と中国語で動詞の出てくる順番が変わることに注意が必要です。目的となる行為や修飾語が日本語では先に来ていても、中国語では後に置きます。

(142)

彼は英語を学びにアメリカへ行きます。

→他去美国学习英语。

　Tā qù Měiguó xuéxí Yīngyǔ.

私たちの大学には日本語を学ぶ留学生がたくさんいます。

→我们大学有很多留学生学习日语。

　Wǒmen dàxué yǒu hěn duō liúxuéshēng xuéxí Rìyǔ.

"我们大学有很多学习日语的留学生。"とも言えます。

プラスワン

連動文は日本語と中国語の語順の違いがはっきり現れる文型です。

検定注目ポイント　　並べ換え問題や作文問題、あるいは日本語の意味を問う問題として出題される傾向があります。

練習問題

第1週

第2週

第3週

第4週 23日

第5週

筆記対策

リスニング対策

模擬試験

1 並べ替え問題

次の語を適切に並べ替えて文を完成させましょう。

(1) ［饭　我　吃　去］　私は食事をしに行きます。

　　_____ _____ _____ _____ 。

(2) ［吃　一起　饭　去］　私たちは一緒にご飯を食べに行きます。

　　我们 _____ _____ _____ _____ 。

(3) ［去　饭　吃　食堂］　私たちは食堂へご飯を食べに行きます。

　　我们 _____ _____ _____ _____ 。

(4) ［我家　玩儿　你　来］　私の家に遊びに来てください。

　　_____ _____ _____ _____ 吧。

(5) ［去　坐　我们　公交车］　私たちはバスで行きます。

　　_____ _____ _____ _____ 。

(6) ［车　去　开　自己］　私は自分で車を運転して行きます。

　　我 _____ _____ _____ _____ 。

(7) ［打工　车　去　骑］　私の弟は自転車でアルバイトに行きます。

　　我弟弟 _____ _____ _____ _____ 。

(8) ［不　去学校　着　走］　私は歩いて学校へ行きません。

　　我 _____ _____ _____ _____ 。

(9) ［铃木　一个朋友　姓　有］　私には鈴木という友人が1人います。

　　我 _____ _____ _____ _____ 。

(10) ［有　商店里　买东西　很多人］　店には買い物をしている人がたくさんいます。

　　_____ _____ _____ 。

2 作文問題

日本語から中国語へ訳しましょう。

(1) 母は買い物に行きます。

(2) 姉は中国へ留学をしに行きます。

(3) 父は太極拳の練習をしに公園へ行きます。

(4) 妹は自転車で行きます。

(5) 兄は車を運転して会社に行きます。

(6) 姉は地下鉄で行きます。

(7) 私たちは飛行機で中国へ行きます。

(8) あなたは飛行機で行きますか、それとも船で行きますか。

(9) スーパーには買い物をしている人がたくさんいます。

(10) 中国には外国語を勉強している人がたくさんいます。

1 (1) 我去吃饭。Wǒ qù chīfàn. 実際に行う動作順に「動詞1 "去" +動詞2」の形で、動詞2は「行く」(動詞1) ことの目的を表しています。
(2) 我们一起去吃饭。Wǒmen yìqǐ qù chīfàn. 副詞「一起」は最初の動詞の前に置きます。
(3) 我们去食堂吃饭。Wǒmen qù shítáng chīfàn. 動詞1に場所を示す目的語がついた形です。動詞2は目的を表しています。
(4) 你来我家玩儿吧。Nǐ lái wǒ jiā wánr ba. 動詞1に場所を示す目的語がついた形です。動詞2は目的を表しています。
(5) 我们坐公交车去。Wǒmen zuò gōngjiāochē qù.「動詞1+動詞2 "去"」の形で、動詞1は「行く」(動詞2) の手段を表しています。
(6) 我自己开车去。Wǒ zìjǐ kāichē qù.「動詞1+動詞2 "去"」の形で、動詞1は手段を表しています。
(7) 我弟弟骑车去打工。Wǒ dìdi qí chē qù dǎgōng.「動詞1+動詞2 "去"+動詞3」の形で、動詞1は「行く」(動詞2) の手段を表し、動詞3は「行く」(動詞2) の目的を表しています。
(8) 我不走着去学校。Wǒ bù zǒuzhe qù xuéxiào.「歩いて行く / 来る」は、"走着去 / 来" です。前の動詞が手段を表す連動文では、前の動詞を否定します。
(9) 我有一个朋友姓铃木。Wǒ yǒu yí ge péngyou xìng Língmù.「動詞1 "有"+名詞+動詞2」の連動文です。この場合は、動詞2は前の名詞を修飾しています。この文では "有" は所有の意味で用いられています。
(10) 商店里有很多人买东西。Shāngdiàn li yǒu hěn duō rén mǎi dōngxi.「動詞1 "有"+名詞+動詞2」の連動文です。この場合は、動詞2は前の名詞を修飾しています。この文では "有" は存在の意味で用いられています。

2 (1) 妈妈去买东西。Māma qù mǎi dōngxi.「行く+買い物をする」の順番で並べます。後の動詞句は行く目的を表します。
(2) 姐姐去中国留学。Jiějie qù Zhōngguó liúxué.「中国へ行く+留学する」の順番で並べます。後の動詞は行く目的を表します。
(3) 爸爸去公园练太极拳。Bàba qù gōngyuán liàn tàijíquán.「公園へ行く+太極拳を練習する」の順番で並べます。後の動詞句は行く目的を表します。
(4) 妹妹骑自行车去。Mèimei qí zìxíngchē qù.「自転車に乗る+行く」の順番で並べます。前の動詞句は行く手段を表します。
(5) 哥哥开车去公司。Gēge kāichē qù gōngsī.「車を運転する+行く」の順番で並べます。前の動詞句は行く手段を表します。
(6) 姐姐坐地铁去。Jiějie zuò dìtiě qù.「地下鉄に乗る+行く」の順番で並べます。前の動詞は行く手段を表します。
(7) 我们坐飞机去中国。Wǒmen zuò fēijī qù Zhōngguó.「飛行機に乗る+行く」の順番で並べます。前の動詞は行く手段を表します。
(8) 你坐飞机去，还是坐船去? Nǐ zuò fēijī qù, háishi zuò chuán qù? 行く手段を表す連動文を用いた選択疑問文です。
(9) 超市里有很多人买东西。Chāoshì li yǒu hěn duō rén mǎi dōngxi.「場所+動詞1 "有"+名詞+動詞2」の形です。「買い物をしている」买东西 を "人" の後ろに置きます。
(10) 中国有很多人学习外语。Zhōngguó yǒu hěn duō rén xuéxí wàiyǔ.「場所+動詞1 "有"+名詞+動詞2」の形です。「外国語を勉強する」学习外语 を "人" の後ろに置きます。

単語練習⑰

1 音声を聞いて声調符号をつけ、4つの中から声調の組み合わせが異なる単語に〇をつけなさい。 (143)

	①	②	③	④
[1]	jiancha 检查 (検査する)	xingcheng 形成 (形成する)	kaocha 考察 (考察する)	baoliu 保留 (保留する)
[2]	jiechu 接触 (接触する)	tuidong 推动 (推進する)	shiqu 失去 (失う)	biaoda 表达 (表す)
[3]	chongman 充满 (満ちる)	quefa 缺乏 (欠乏する)	jiaqiang 加强 (強化する)	zhiyuan 支援 (支援する)
[4]	xunlian 训练 (訓練する)	shiying 适应 (適応する)	queshao 缺少 (不足する)	kuoda 扩大 (拡大する)
[5]	pashan 爬山 (登山をする)	chenggong 成功 (成功する)	chuanbo 传播 (広める)	yinqi 引起 (引き起こす)
[6]	guji 估计 (見積もる)	jianqing 减轻 (軽減する)	zhenglun 争论 (論争する)	shuohua 说话 (話す)

2 音声を聞いてピンインを書き、さらに4つの中から声調の組み合わせが異なる単語に〇をつけなさい。 (144)

	①	②	③	④
[1]	发烧 (熱が出る)	明白 (分かる)	关心 (関心を持つ)	发生 (発生する)
[2]	以为 (～と思う)	开学 (学校が始まる)	批评 (批評する、叱る)	要求 (要求する)
[3]	反对 (反対する)	掌握 (把握する)	碰见 (出会う、出くわす)	请客 (おごる)
[4]	开车 (運転する)	抽烟 (タバコを吸う)	感冒 (風邪を引く)	通知 (知らせる)
[5]	毕业 (卒業する)	散步 (散歩する)	下雨 (雨が降る)	运动 (運動する)
[6]	生气 (怒る)	前进 (前進する)	帮助 (手伝う、助ける)	工作 (仕事をする)

解答

1
	①	②	③	④
[1]	检查 jiǎnchá	❷形成 xíngchéng	考察 kǎochá	保留 bǎoliú
[2]	接触 jiēchù	推动 tuīdòng	失去 shīqù	❹表达 biǎodá
[3]	❶充满 chōngmǎn	缺乏 quēfá	加强 jiāqiáng	支援 zhīyuán
[4]	训练 xùnliàn	适应 shìyìng	❸缺少 quēshǎo	扩大 kuòdà
[5]	爬山 páshān	成功 chénggōng	传播 chuánbō	❹引起 yǐnqǐ
[6]	估计 gūjì	❷减轻 jiǎnqīng	争论 zhēnglùn	说话 shuōhuà

2
	①	②	③	④
[1]	发烧 fāshāo	❷明白 míngbai	关心 guānxīn	发生 fāshēng
[2]	❶以为 yǐwéi	开学 kāixué	批评 pīpíng	要求 yāoqiú
[3]	反对 fǎnduì	掌握 zhǎngwò	❸碰见 pèngjiàn	请客 qǐngkè
[4]	开车 kāichē	抽烟 chōu yān	❸感冒 gǎnmào	通知 tōngzhī
[5]	毕业 bìyè	散步 sànbù	❸下雨 xiàyǔ	运动 yùndòng
[6]	生气 shēngqì	❷前进 qiánjìn	帮助 bāngzhù	工作 gōngzuò

結果補語・可能補語

補語は動詞と緊密な関係を持ち、動詞の後に置かれる語を指します。

❶ 結果補語

動詞の直後に結果を表す語が補語として置かれる形が結果補語です。

❶ 幅広い動詞の後に付けることのできる基本的な結果補語

まずは中検4級レベルの復習です。

"〜完"

(145) 我吃完了。Wǒ chīwán le.
私は食べ終わりました。

我吃完晚饭了。Wǒ chīwán wǎnfàn le.
私は夕食を食べ終わりました。

我没吃完晚饭。Wǒ méi chīwán wǎnfàn.
私は夕食を食べ終えていません。

"〜到"

(146) 我买到那本书了。Wǒ mǎidào nà běn shū le.
私はあの本を買って手に入れました。
→私はあの本を手に入れました。

那本新书，我已经买到了。
Nà běn xīn shū, wǒ yǐjīng mǎidào le.
あの新刊書を、私はもう買って手に入れました。
→あの新刊書を、私はもう手に入れました。

那本新书，我还没买到。Nà běn xīn shū, wǒ hái méi mǎidào.
あの新刊書を、私はまだ買って（手に入れて）いません。

❷ 組み合わせが限られるものの、よく用いられる「動詞＋結果補語」

「動詞＋結果補語」の形で覚えましょう。

左の例文のように、目的語を文頭に置く場合があります。また、補語と目的語は"把"構文の中でもよく見られます。

「動詞＋結果補語」を否定形にするには、"没"を用います。

"看懂"（見て）分かる

147 你看懂了吗? Nǐ kàndǒng le ma? あなたは（見て）分かりましたか。

我看懂了。Wǒ kàndǒng le. 私は（見て）分かりました。

我没看懂。Wǒ méi kàndǒng.
私は（見て）分かりませんでした。

"听懂"（聞いて）分かる

148 你听懂了吗? Nǐ tīngdǒng le ma? あなたは（聞いて）分かりましたか。

我听懂了。Wǒ tīngdǒng le. 私は（聞いて）分かりました。

我没听懂。Wǒ méi tīngdǒng.
私は（聞いて）分かりませんでした。

"看见"（見て受け止めて）目にする

149 你看见他了吗? Nǐ kànjiàn tā le ma?
あなたは彼を見かけましたか。／彼が目に入りましたか。

我看见他了。Wǒ kànjiàn tā le.
私は彼を見かけました。／私は彼が目に入りました。

我没看见他。Wǒ méi kànjiàn tā.
私は彼を見かけませんでした。／私は彼が目に入りませんでした。

"听见"（聞いて受け止めて）耳にする

150 你听见他的声音了吗? Nǐ tīngjiàn tā de shēngyīn le ma?
あなたは彼の声を耳にしましたか。／声が聞こえましたか。

我听见他的声音了。Wǒ tīngjiàn tā de shēngyīn le.
私は彼の声を耳にしました。／声が聞こえました。

我没听见他的声音。Wǒ méi tīngjiàn tā de shēngyīn.
私は彼の声を耳にしませんでした。／声が聞こえませんでした。

❸ 結果の数だけある結果補語

どのような結果が生じたかを表わす結果補語は、動詞との組み合わせに注意する必要はありますが、結果に応じてさまざまな語が結果補語として用いられると言えます。

たとえば、同じ「終える」という結果であっても、それがたとえ客観的には終えていなくても、主観的には終えている、本人はそれで満足しているという場合には、単純に「終える」を表すのではなく、満足しているという気持ちをも言い表す"好"が用いられます。

(151) 我做好了。Wǒ zuòhǎo le . 私はきちんとやり終えました。

我做好作业了。Wǒ zuòhǎo zuòyè le .
私は宿題をきちんとやり終えました。

結果補語は結果の数だけ言い方がある、と心得ましょう。

検定 注目ポイント 結果補語となることが可能な語はたくさんあり、3級であれば型にはまった結果補語に限らず出題されます。動詞の直後の語が初めて目にする結果補語である可能性もあります。

❷ 可能補語

動詞と結果補語・方向補語の間に"得"あるいは"不"を入れると、可能「できる」もしくは不可能「できない」の意味を付け加えることができます。

(152) 他说的汉语，我都听得懂。
Tā shuō de Hànyǔ, wǒ dōu tīngdedǒng.
彼が話した中国語を私は全部理解することができます。

你今天做得完作业吗？ Nǐ jīntiān zuòdewán zuòyè ma?
あなたは今日宿題を終えることができますか。

今天的作业我做得完。Jīntiān de zuòyè wǒ zuòdewán.
今日の宿題を私はやり終えることができます。

黑板上的字，你看得清楚吗?
Hēibǎn shang de zì, nǐ kàndeqīngchu ma?
黒板の字をはっきりと見ることができますか。

我看不清楚。Wǒ kànbuqīngchu. はっきりと見えません。

"听懂"（動詞＋結果補語）「聞いて理解する」に"得"が入った可能補語です。

検定 注目ポイント 日常的によく使われる動詞と結果補語の組み合わせは、覚えておく必要があります。また、否定形は要注意です。

練習問題

第1週

第2週

第3週

第4週 24日

第5週

筆記対策

リスニング対策

模擬試験

1 並べ替え問題

次の語を適切に並べ替えて文を完成させましょう。

(1) ［了　完　饭　吃］　あなたはご飯を食べ終えましたか。

你 ＿＿＿＿＿ ＿＿＿＿＿ ＿＿＿＿＿ ＿＿＿＿＿ 吗?

(2) ［做　了　作业　完］　私は宿題をやり終えました。

我 ＿＿＿＿＿ ＿＿＿＿＿ ＿＿＿＿＿ ＿＿＿＿＿ 。

(3) ［了　完　那本小说　看］　私はその小説を読み終えました。

我 ＿＿＿＿＿ ＿＿＿＿＿ ＿＿＿＿＿ ＿＿＿＿＿ 。

(4) ［作业　还没　完　做］　私は宿題をまだやり終えていません。

我 ＿＿＿＿＿ ＿＿＿＿＿ ＿＿＿＿＿ ＿＿＿＿＿ 。

(5) ［完　我　看　还没］　あの小説を私はまだ読み終えていません。

那本小说 ＿＿＿＿＿ ＿＿＿＿＿ ＿＿＿＿＿ ＿＿＿＿＿ 。

2 空欄記入問題

日本語の意味に合うように空欄に適切な語を書き入れましょう。

(1) 先生の話をあなたは聞いて理解することができますか。
老师说的话，你（　　　　　　）吗?

(2) この文章をあなたは読んで理解することができますか。
这篇文章你（　　　　　　）吗?

(3) 私はまだその小説を読み終えていません。
我还（　　　　　　）那本小说。

(4) 私の財布はすでに見つかりました。
我的钱包已经（　　　　　　）了。

(5) あなたは今日彼を見かけましたか。
你今天（　　　　　　）他了吗?

(6) 黒板の字が、あなたは見えますか。
黑板上的字，你（　　　　　　）吗?

(7) 先生の話す声が、あなたは聞こえますか。
老师说话的声音，你（　　　　　　）吗?

(8) その小説をあなたは今日読み終えることができますか。

那本小说你今天（　　　　　　）吗?

(9) その雑誌はすでに手に入らなくなりました。

那本杂志已经（　　　　　　）了。

(10) こんなにおいしい水餃子は日本では食べることはできません。

这么好吃的水饺，在日本（　　　　　　）。

3 作文問題

日本語から中国語へ訳しましょう。

(1) 私はカギを見つけました。

(2) あなたは宿題をし終えましたか。

(3) 私は中国語を聞いて理解することができません。

(4) 私は中国語の新聞を見て理解することができません。

(5) 私はまだあの小説を買って手に入れていません。

解 答　解 説

1 (1) 你吃完饭了吗? Nǐ chīwán fàn le ma?「動詞"吃"+結果補語"完"+目的語+"了"」です。

(2) 我做完作业了。Wǒ zuòwán zuòyè le.「動詞"做"+結果補語"完"+目的語+"了"」です。

(3) 我看完那本小说了。Wǒ kànwán nà běn xiǎoshuō le.「動詞"看"+結果補語"完"+目的語+"了"」です。(5)のように目的語"那本小说"を文頭に置く言い方も可能です。

(4) 我还没做完作业。Wǒ hái méi zuòwán zuòyè.「"还"+否定詞"没"+動詞"做"+結果補語"完"+目的語」です。

(5) 那本小说我还没看完。Nà běn xiǎoshuō wǒ hái méi kànwán.「"还"+否定詞"没"+動詞"看"+結果補語"完"」です。

2 (1) 老师说的话，你（听得懂）吗? Lǎoshī shuō de huà, nǐ (tīngdedǒng) ma?「聞いて理解することができる」ですから、「動詞+"得"+結果補語」の可能補語の形です。

(2) 这篇文章你（看得懂）吗? Zhè piān wénzhāng nǐ (kàndedǒng) ma?「見て理解することができる」ですから、「動詞+"得"+結果補語」の可能補語の形です。

(3) 我还（没看完）那本小说。Wǒ hái (méi kànwán) nà běn xiǎoshuō.「読み終える"看完"の前に"没"を置き否定します。

(4) 我的钱包已经（找到）了。Wǒ de qiánbāo yǐjīng (zhǎodào) le.「見つかる」は「動詞"找"+結果補語"到"」です。

(5) 你今天（看见）他了吗? Nǐ jīntiān (kànjiàn) tā le ma?「見かける」は「動詞"看"+結果補語"见"」です。

(6) 黑板上的字，你（看得见）吗? Hēibǎn shang de zì, nǐ (kàndejiàn) ma?「見える」は「動詞+"得"+結果補語」の可能補語の形です。

(7) 老师说话的声音，你（听得见）吗? Lǎoshī shuōhuà de shēngyīn, nǐ (tīngdejiàn) ma?「聞こえる」は「動詞+"得"+結果補語」の可能補語の形です。

(8) 那本小说你今天（看得完）吗? Nà běn xiǎoshuō nǐ jīntiān (kàndewán) ma?「動詞+"得"+結果補語」の可能補語の形です。

(9) 那本杂志已经（买不到）了。Nà běn zázhì yǐjīng (mǎibudào) le.「動詞+"不"+結果補語」の可能補語の形です。そのもの自体がすでになく手に入らないことを意味します。

(10) 这么好吃的水饺，在日本（吃不到）。Zhème hǎochī de shuǐjiǎo, zài Rìběn (chībudào).「動詞+"不"+結果補語」の可能補語の形です。そのもの自体がなく食べることができないことを意味します。

3 (1) 我找到钥匙了。Wǒ zhǎodào yàoshi le.「見つける」は「探す"找"+目的に到達する"到"」です。

(2) 你做完作业了吗? Nǐ zuòwán zuòyè le ma?「宿題をする」は"做作业"、動詞の直後に結果補語の"完"を置きます。

(3) 我听不懂汉语。Wǒ tīngbudǒng Hànyǔ.「動詞"听"+結果補語"懂"」の間に"不"を入れ、可能補語を形成します。

(4) 我看不懂中文报。Wǒ kànbudǒng Zhōngwénbào.「動詞"看"+結果補語"懂"」の間に"不"を入れ、可能補語に。

(5) 我还没买到那本小说。Wǒ hái méi mǎidào nà běn xiǎoshuō.買って手に入れることは、「動詞"买"+結果補語"到"」で表します。その否定は"没"を動詞の前に置きます。

単語練習⑱

1 音声を聞いて声調符号をつけ、4つの中から声調の組み合わせが異なる単語に○をつけなさい。 (153)

[1]	① dazhen 打针 (注射する)	② zhuangao 转告 (伝言する)	③ fanying 反映 (反映する)	④ gandong 感动 (感動する)
[2]	① fuhe 符合 (一致する)	② zhiban 值班 (当番)	③ liuxing 流行 (流行する)	④ zhixing 执行 (執行する)
[3]	① yaoqing 邀请 (招待する)	② pizhun 批准 (批准する)	③ zhengqu 争取 (勝ち取る)	④ ranshao 燃烧 (燃焼する)
[4]	① dajiao 打搅 (邪魔をする)	② fenpei 分配 (分配する)	③ dengji 登记 (チェックインする)	④ guiding 规定 (規定する)
[5]	① weihai 危害 (危害を及ぼす)	② qingqiu 请求 (頼む)	③ qipian 欺骗 (だます)	④ xiaomie 消灭 (消滅する)
[6]	① cunzai 存在 (存在する)	② fuwu 服务 (奉仕する)	③ youguan 有关 (関係がある)	④ yingye 营业 (営業する)

2 音声を聞いてピンインを書き、さらに4つの中から声調の組み合わせが異なる単語に○をつけなさい。 (154)

[1]	① 用功 (勤勉である)	② 认真 (まじめである)	③ 一般 (普通である)	④ 幸福 (幸せである)
[2]	① 能干 (能力がある)	② 复杂 (複雑である)	③ 正常 (正常である)	④ 确实 (確実である)
[3]	① 精彩 (素晴らしい)	② 突然 (突然である)	③ 危险 (危険である)	④ 辛苦 (つらい)
[4]	① 轻松 (リラックスしている)	② 美丽 (美しい)	③ 伟大 (偉大である)	④ 有用 (役に立つ)
[5]	① 痛快 (痛快である)	② 热闹 (にぎやかな)	③ 漂亮 (きれいだ)	④ 舒服 (心地よい)
[6]	① 麻烦 (煩わしい)	② 凉快 (涼しい)	③ 年轻 (若い)	④ 便宜 (値段が安い)

解答

1

	①	②	③	④
[1]	❶ 打针 dǎzhēn	② 转告 zhuǎngào	③ 反映 fǎnyìng	④ 感动 gǎndòng
[2]	① 符合 fúhé	❷ 值班 zhíbān	③ 流行 liúxíng	④ 执行 zhíxíng
[3]	① 邀请 yāoqǐng	② 批准 pīzhǔn	③ 争取 zhēngqǔ	❹ 燃烧 ránshāo
[4]	❶ 打搅 dǎjiǎo	② 分配 fēnpèi	③ 登记 dēngjì	④ 规定 guīdìng
[5]	① 危害 wēihài	❷ 请求 qǐngqiú	③ 欺骗 qīpiàn	④ 消灭 xiāomiè
[6]	① 存在 cúnzài	② 服务 fúwù	❸ 有关 yǒuguān	④ 营业 yíngyè

2

	①	②	③	④
[1]	① 用功 yònggōng	② 认真 rènzhēn	③ 一般 yìbān	❹ 幸福 xìngfú
[2]	❶ 能干 nénggàn	② 复杂 fùzá	③ 正常 zhèngcháng	④ 确实 quèshí
[3]	① 精彩 jīngcǎi	❷ 突然 tūrán	③ 危险 wēixiǎn	④ 辛苦 xīnkǔ
[4]	❶ 轻松 qīngsōng	② 美丽 měilì	③ 伟大 wěidà	④ 有用 yǒuyòng
[5]	① 痛快 tòngkuai	② 热闹 rènao	③ 漂亮 piàoliang	❹ 舒服 shūfu
[6]	① 麻烦 máfan	② 凉快 liángkuai	❸ 年轻 niánqīng	④ 便宜 piányi

方向補語と派生義・可能補語

ある動作が、どの方向に向かっているかを表します。

❶ 方向補語

❶ 基本の"来"と"去"（単純方向補語）

近づいて来る動きには"来"を、遠ざかって行く動きには"去"を、動詞の直後に置き、「〜してくる」、「〜していく」を表します。

(155) 我买来了一本小说。
Wǒ mǎilaile yì běn xiǎoshuō.
私は1冊の小説を買って来ました。

他带去了两个朋友。
Tā dàiqule liǎng ge péngyou.
彼は友達を2人連れて行きました。

❷ 複合方向補語

下の表の左側の動詞に、"来"と"去"が付いた方向補語が複合方向補語となって別の動詞に付きます。

表を参考に複合方向補語を覚えましょう。

《方位詞一覧表》

(156)

	来	去
上 shàng	上来 shànglai	上去 shàngqu
下 xià	下来 xiàlai	下去 xiàqu
进 jìn	进来 jìnlai	进去 jìnqu
出 chū	出来 chūlai	出去 chūqu
回 huí	回来 huílai	回去 huíqu
过 guò	过来 guòlai	过去 guòqu
起 qǐ	起来 qǐlai	—

(157) 张老师站起来了。Zhāng lǎoshī zhànqilai le.
張先生は立ち上がりました。

小李跑出去了。Xiǎo-Lǐ pǎochuqu le.
李さんは走って出て行きました。

視点がどこにあるかによって、「来る」のか「行く」のかが区別されます。方向補語から視点の位置が分かります。

❸ 方向補語と目的語

　　補語も目的語も、ともに動詞の直後に置かれる語であるため、補語がある場合の目的語の位置には注意が必要です。

　　基本的には、目的語は"来""去"の前に置きます。目的語が人や物で、すでに起こった事柄の場合は"来"や"去"の後に置いてもかまいません。

(158) 姐姐从口袋里拿出来一块饼干。
Jiějie cóng kǒudài li náchulai yí kuài bǐnggān.
お姉ちゃんはポケットからビスケットを1枚取り出しました。

哥哥从柜子上拿下来一个大箱子。
Gēge cóng guìzi shang náxialai yí ge dà xiāngzi.
兄はタンスの上から大きな箱を下ろした。(完了した)

　　目的語が場所の場合は、「動詞＋方向補語の1文字目＋目的語＋方向補語の2文字目"来"／"去"」の語順です。

老赵已经回家去了。Lǎo-Zhào yǐjīng huí jiā qu le.
趙さんはもう家に帰って行きました（帰りました）。

小李走出图书馆来了。Xiǎo-Lǐ zǒuchu túshūguǎn lai le.
李さんが図書館から出て来ました。

目的語が場所を表す語であれば常に複合方向補語となる2文字の間、つまり"来""去"の前に置きます。

❷ 方向補語の派生義

　　方向補語は近づいてくる、遠ざかっていくという、具体的で空間的な方向を表すだけでなく、抽象的な意味を持つものがあります。
"起来"の派生義
　　"起来"には複数の派生義があります。

「開始して持続する」
(159) 听了我的话，他们都笑起来了。
Tīngle wǒ de huà, tāmen dōu xiàoqilai le.
私の話を聞くと、彼らは皆笑い出した。

「集中する」
各个党派团结起来了。Gègè dǎngpài tuánjiéqilai le.
各党派は団結しました。

党派 dǎngpài
政党、党派

第1週
第2週
第3週
第4週 25日
第5週
筆記対策
リスニング対策
模擬試験

「実際に〜してみると」

看起来简单，其实做起来很难。

Kànqilai jiǎndān, qíshí zuòqilai hěn nán.

見たところ簡単ですが、実はやってみると難しい。

"下来"の派生義「留まる、残る、固定、継続する（今まで）」

老师说的话，我都记下来了。

Lǎoshī shuō de huà, wǒ dōu jìxialai le.

先生のおっしゃったことを、私は全て書き留めました。

虽然很困难，但他坚持下来了。

Suīrán hěn kùnnan, dàn tā jiānchíxialai le.

難しくても彼はやり続けてきた。

"下去"の派生義「継続する（これから）」

我们还要努力下去。Wǒmen hái yào nǔlìxiaqu.

私たちはまだ努力し続けなくてはならない。

❸ 可能補語

動詞と結果補語・方向補語の間に"得"あるいは"不"を入れると、可能「できる」もしくは不可能「できない」の意味を付け加えることができます。

(160) 这本书还买得到吗?

Zhè běn shū hái mǎidedào ma?

この本はまだ買えますか。

"买到" 買って手に入れる

车上人太多了，上不去。

Chē shang rén tài duō le, shàngbuqù.

車内は人が多すぎて、乗ることができません。

"上去" 上っていく

这么苦的日子，我过不下去了。

Zhème kǔ de rìzi, wǒ guòbuxiàqù le.

こんなに苦しい生活を、私は続けていくことはできません。

"过下去" 過ごし続けていく

練習問題

第1週

第2週

第3週

第4週25日

第5週

筆記対策

リスニング対策

模擬試験

1 並べ替え問題

次の語を適切に並べ替えて文を完成させましょう。

(1) ［了　来　两张　买］　彼は映画のチケットを2枚買ってきました。

　　他 ＿＿＿＿＿＿ ＿＿＿＿＿＿ ＿＿＿＿＿＿ ＿＿＿＿＿＿ 电影票。

(2) ［了　两个　去　带］　張先生は学生を2人連れて行きました。

　　张老师 ＿＿＿＿＿＿ ＿＿＿＿＿＿ ＿＿＿＿＿＿ ＿＿＿＿＿＿ 学生。

(3) ［了　起　站　来］　学生たちは立ち上がりました。

　　学生们 ＿＿＿＿＿＿ ＿＿＿＿＿＿ ＿＿＿＿＿＿ ＿＿＿＿＿＿ 。

(4) ［去　了　走　出］　王さんは歩いて出て行きました。

　　小王 ＿＿＿＿＿＿ ＿＿＿＿＿＿ ＿＿＿＿＿＿ ＿＿＿＿＿＿ 。

(5) ［了　来　从教室　跑出］　彼らは教室から駆け出して来ました。

　　他们 ＿＿＿＿＿＿ ＿＿＿＿＿＿ ＿＿＿＿＿＿ ＿＿＿＿＿＿ 。

(6) ［一张车票　来　拿出　从口袋里］　彼はポケットから切符を1枚取り出しました。

　　他 ＿＿＿＿＿＿ ＿＿＿＿＿＿ ＿＿＿＿＿＿ ＿＿＿＿＿＿ 。

(7) ［拿下来了　书架上　一本词典　从］　彼女は本棚から辞書を1冊取りました。

　　她 ＿＿＿＿＿＿ ＿＿＿＿＿＿ ＿＿＿＿＿＿ ＿＿＿＿＿＿ 。

(8) ［了　来　办公室　走出］　張さんは歩いてオフィスを出て来ました。

　　老张 ＿＿＿＿＿＿ ＿＿＿＿＿＿ ＿＿＿＿＿＿ ＿＿＿＿＿＿ 。

2 空欄記入問題

日本語の意味に合うように空欄に適切な語を書き入れましょう。

(1) 彼の話を聞いて、皆泣き出しました。
　　听了他说的话，大家都哭（　　　　　　　）了。

(2) この問題はみたところとても簡単です。
　　这个问题看（　　　　　　　）很简单。

(3) 先生がおっしゃった話を書き留めてください。
　　老师说的话你们都记（　　　　　　　）吧。

(4) あなたたちはまだ努力し続けなくてはなりません。

你们还要努力（　　　　　　　）。

(5) 人が多すぎて入って行けません。

人太多了，进（　　　　　　　）。

3 作文問題

日本語から中国語へ訳しましょう。

(1) 私は切符を2枚買って来ました。

(2) 父はすでに帰って来ました。

(3) 林先生が歩いて教室に入って来ました。

(4) みんな笑いだしました。

(5) 私たちは皆努力し続けます。

解 答　解 説

1 (1) 他买来了两张电影票。Tā mǎilaile liǎng zhāng diànyǐngpiào.「動詞"买"＋方向補語"来"＋"了"＋数量詞＋目的語」の語順です。

(2) 张老师带去了两个学生。Zhāng lǎoshī dàiqule liǎng ge xuésheng.「動詞"带"＋方向補語"去"＋"了"＋数量詞＋目的語」の語順です。

(3) 学生们站起来了。Xuéshengmen zhànqilai le.「動詞"站"＋複合方向補語"起来"＋"了"」の語順です。

(4) 小王走出去了。Xiǎo-Wáng zǒuchuqu le.「動詞"走"＋複合方向補語"出去"＋"了"」の語順です。

(5) 他们从教室跑出来了。Tāmen cóng jiàoshì pǎochulai le. まず介詞句"从教室"は動詞の前に来ます。その後は「動詞"跑"＋複合方向補語"出来"＋"了"」の語順です。

(6) 他从口袋里拿出一张车票来。Tā cóng kǒudài li náchu yì zhāng chēpiào lai. まず介詞句"从口袋里"は動詞の前に来ます。その後は「動詞"拿"＋方向補語"出"＋目的語"一张车票"＋方向補語"来"」の語順です。文脈によっては"了"がなくても完了を表すことが可能です。

(7) 她从书架上拿下来了一本词典。Tā cóng shūjià shang náxialaile yì běn cídiǎn. まず介詞句"从书架上"は動詞の前に来ます。その後は「動詞"拿"＋複合方向補語"下来"＋目的語」の語順です。

(8) 老张走出办公室来了。Lǎo-Zhāng zǒuchu bàngōngshì lai le. 目的語が場所を表す語の場合は複合方向補語を分解して"来／去"の前に入れ、「動詞"走"＋方向補語"出"＋目的語"办公室"＋方向補語"来"」となります。

2 (1) 听了他说的话，大家都哭（起来）了。Tīngle tā shuō de huà, dàjiā dōu kū(qilai) le. 方向補語"起来"には、「〜し始める」という意味があります。

(2) 这个问题看（起来）很简单。Zhège wèntí kàn(qilai) hěn jiǎndān. 方向補語"起来"には、「実際にしてみると」という意味があります。

(3) 老师说的话你们都记（下来）吧。Lǎoshī shuō de huà nǐmen dōu jì(xialai) ba. 方向補語"下来"には、「定着させる」という意味があります。

(4) 你们还要努力（下去）。Nǐmen hái yào nǔlì(xiaqu). 方向補語"下去"には「〜し続ける」という意味があります。

(5) 人太多了，进（不去）。Rén tài duō le, jìn(buqù).「動詞＋方向補語」を可能補語の形にした言い方です。

3 (1) 我买来了两张票。Wǒ mǎilaile liǎng zhāng piào.「買って来た」は"买来了"、数量詞付きの目的語なので、そのまま後に置きます。

(2) 我爸爸已经回来了。Wǒ bàba yǐjing huílai le.「帰って来た」は"回来了"、副詞"已经"は動詞の前に置きます。

(3) 林老师走进教室来了。Lín lǎoshī zǒujin jiàoshì lai le.「歩いて入って来た」は「動詞＋複合方向補語」です。場所を表す目的語は複合方向複合方向の"来"の前に置きます。

(4) 大家都笑起来了。Dàjiā dōu xiàoqilai le.「〜し始める、〜しだす」は方向補語"起来"で表します。

(5) 我们都要努力下去。Wǒmen dōu yào nǔlìxiaqu.「〜し続ける」は複合方向補語"下去"で表します。

単語練習⑲

1 音声を聞いて声調符号をつけ、4つの中から声調の組み合わせが異なる単語に〇を つけなさい。 (161)

	①	②	③	④
[1]	shuailing 率領 （率いる）	rennai 忍耐 （耐える）	caiyong 采用 （採用する）	gaibian 改変 （変える）
[2]	weifan 違反 （違反する）	xiugai 修改 （訂正する）	fangzhi 防止 （防止する）	miaoxie 描写 （描写する）
[3]	jixu 継続 （続ける）	yubei 預備 （準備する）	shihe 适合 （ふさわしい）	dangzuo 当做 （～とみなす）
[4]	gongji 供給 （供給する）	fanfu 反復 （繰り返す）	jieshi 解釈 （解釈する）	dengdai 等待 （待つ）
[5]	shouhuo 収获 （収穫する）	genzhe 跟着 （付き従う）	jiaohuan 交換 （交換する）	shibai 失敗 （失敗する）
[6]	congshi 从事 （従事する）	gaizao 改造 （改良する）	chengli 成立 （成立する）	chongfu 重復 （繰り返す）

2 音声を聞いてピンインを書き、さらに4つの中から声調の組み合わせが異なる単語 に〇をつけなさい。 (162)

	①	②	③	④
[1]	真正 （正真正銘の）	直接 （直接の）	高兴 （うれしい）	清淡 （あっさりしている）
[2]	仔細 （注意深い）	主要 （主要な）	新鮮 （新鮮である）	好看 （（見た目が）きれいだ）
[3]	优秀 （優秀である）	丰富 （豊富である）	詳細 （詳しい）	亲爱 （親愛な）
[4]	热烈 （熱烈である）	重要 （重要である）	順利 （順調である）	一切 （すべての）
[5]	严重 （厳しい）	方便 （便利だ）	油膩 （脂っこい）	愉快 （愉快である）
[6]	热情 （親切である）	正确 （正しい）	快乐 （楽しい）	大概 （だいたいの）

解答

1

	①	②	③	④
[1]	❶率領 shuàilǐng	②忍耐 rěnnài	③采用 cǎiyòng	④改変 gǎibiàn
[2]	①違反 wéifǎn	❷修改 xiūgǎi	③防止 fángzhǐ	④描写 miáoxiě
[3]	①継続 jìxù	②預備 yùbèi	❸适合 shìhé	④当做 dàngzuò
[4]	❶供給 gōngjǐ	②反復 fǎnfù	③解釈 jiěshì	④等待 děngdài
[5]	①収获 shōuhuò	❷跟着 gēnzhe	③交換 jiāohuàn	④失敗 shībài
[6]	①从事 cóngshì	②改造 gǎizào	③成立 chénglì	④重復 chóngfù

2

	①	②	③	④
[1]	①真正 zhēnzhèng	❷直接 zhíjiē	③高兴 gāoxìng	④清淡 qīngdàn
[2]	①仔細 zǐxì	②主要 zhǔyào	❸新鮮 xīnxiān	④好看 hǎokàn
[3]	①优秀 yōuxiù	②丰富 fēngfù	❸詳細 xiángxì	④亲爱 qīn'ài
[4]	①热烈 rèliè	②重要 zhòngyào	③順利 shùnlì	❶一切 yíqiè
[5]	①严重 yánzhòng	❷方便 fāngbiàn	③油膩 yóunì	④愉快 yúkuài
[6]	❶热情 rèqíng	②正确 zhèngquè	③快乐 kuàilè	④大概 dàgài

第26天

様態補語

様態補語とは、動詞や形容詞の後に様子や状態などを表す語を置いた形を指します。

❶ 様態補語の基本「動詞＋"得"＋形容詞など」

「～するのが…だ」という日本語に対応します。

　様態を表すのは形容詞ですが、動詞の後に直接、形容詞を置くことはできません。「動詞＋"得"＋形容詞」の形が、様態補語の特徴です。

　様態補語を用いる場合、目的語は必ず「動詞＋様態補語」よりも前に置きます。「彼女は歌を歌うのが上手です」は、「歌を歌う」と「歌うのが上手だ」の二つのパーツから成り立っています。

(163) 她唱歌唱得很好。
Tā chàng gē chàngde hěn hǎo.
彼女は歌を歌うのが上手です。

　二つある動詞"唱"はそれぞれ、前にあるのが目的語を導く動詞、後にあるのが補語を導く動詞です。

　目的語の前の動詞は省略可能です。

小张（说）英语说得很流利。
Xiǎo-Zhāng (shuō) Yīngyǔ shuōde hěn liúlì.
張さんは英語を話すのがとても流暢です。

否定形
　様態補語を用いる場合は、動作そのものが否定されるのではなく、その様子や状態が否定されるので、補語の部分を否定形で言います。

我（说）汉语说得不太好。
Wǒ (shuō) Hànyǔ shuōde bú tài hǎo.
私は中国語を話すのがあまり上手ではありません。

動詞に直接形容詞を付けると、結果補語の形になってしまう場合があります。
他吃得很多。Tā chīde hěn duō.…様態補語 彼はたくさん食べる。
他吃多了。Tā chīduo le.…結果補語 彼は食べ過ぎた。

❷ "得" の後に続く語

❶ 動詞につく様態補語

　　動作や行為の様子、状態、あるいはその動作が行われる対象（目的語）の状態を表す語として、さまざまな形容詞が用いられます。以下に一例を見て行きましょう。

(164) 我儿子弹钢琴弹得非常好。
Wǒ érzi tán gāngqín tánde fēicháng hǎo.
私の息子はピアノを弾くのが非常に上手です。

我妹妹打网球打得很棒。
Wǒ mèimei dǎ wǎngqiú dǎde hěn bàng.
私の妹はテニスをするのがとても上手です。

　　「～するのが…だ」というパターンに当てはまらない場合もあります。

小刘洗衣服洗得很干净。
Xiǎo-Liú xǐ yīfu xǐde hěn gānjìng.
劉さんは服をきれいに洗濯します。

陈老师写字写得很端正。
Chén lǎoshī xiě zì xiěde hěn duānzhèng.
陳先生は字を端正に書きます。

　　離合詞は、前半の動詞の直後に様態補語を置きます。間違いやすいので注意しましょう！

她游泳游得很快。
Tā yóu yǒng yóude hěn kuài.
彼女は泳ぎがとても速い。

他跳舞跳得很好。
Tā tiào wǔ tiàode hěn hǎo.
彼はダンスをするのがとても上手です。

❷ 形容詞につく様態補語

様態補語は、形容詞の後にも置いて、様子や程度を表すことが可能です。

(165) 她高兴得很。
Tā gāoxìngde hěn.
彼女はとても喜んでいます。

那个孩子高兴得**跳起来了**。
Nàge háizi gāoxìngde tiàoqilai le.
その子は跳び上がるほど喜びました。

❸ 比較表現

比較表現は形容詞と関係の深い表現なので、様態補語とのつながりも深く、"得"の後に比較表現を続けることもできます。

(166) 她说汉语说得比我好。
Tā shuō Hànyǔ shuōde bǐ wǒ hǎo.
彼女は中国語を話すのが私より上手です。

我说汉语说得没有她好。
Wǒ shuō Hànyǔ shuōde méiyou tā hǎo.
私は中国語を話すのが彼女ほど上手ではありません。

她说汉语说得跟中国人一样。
Tā shuō Hànyǔ shuōde gēn Zhōngguórén yíyàng.
彼女は中国語を話すのが中国人のよう（に上手）です。

この文に"那么"を入れると次のようになります。
我说汉语说得没有她说得那么好。Wǒ shuō Hànyǔ shuōde méiyou tā shuōde nàme hǎo. 私は中国語を話すのが彼女ほどあんなに上手ではありません。

プラスワン

実際の日常会話では、単独の動詞だけでなく、補語を用いることで、より複雑な表現ができるようになります。補語を使いこなせるようにしましょう。

検定注目ポイント 空欄記入、並べ替えともに出題される可能性があります。様態補語は単純なものであれば4級レベルです。3級対策としては、動詞、形容詞ともに語彙を増やすこと、複雑な形の様態補語、たとえば比較表現との組み合わせができることが必要です。

練習問題

第1週

第2週

第3週

第4週 26日

第5週

筆記対策

リスニング対策

模擬試験

1 並べ替え問題

次の語を適切に並べ替えて文を完成させましょう。

(1) [好　得　非常　唱] あの歌手は歌うのが非常に上手です。

那个歌手 _____ _____ _____ _____ 。

(2) [很　跑　快　得] 彼は走るのが速い。

他 _____ _____ _____ _____ 。

(3) [很　得　慢　吃] 彼女は食べるのが遅い。

她 _____ _____ _____ _____ 。

(4) [了　笑起来　得　愉快] 彼は楽しくて笑いだした。

他 _____ _____ _____ _____ 。

(5) [说　很流利　英语　得] 彼女は英語を話すのがとても流暢です。

她说 _____ _____ _____ _____ 。

(6) [得　比我好　说　汉语] 彼女は中国語を話すのが私よりうまい。

她说 _____ _____ _____ _____ 。

(7) [一样　中国人　说得　跟] 彼女は中国語を中国人のように話します。

她汉语 _____ _____ _____ _____ 。

(8) [游　游泳　很快　得] 彼は泳ぐのがとても速い。

他 _____ _____ _____ _____ 。

(9) [快　得　不太　跑] 彼は走るのがあまり速くありません。

他 _____ _____ _____ _____ 。

(10) [那么好　没有　说得　你说得] 私は話すのがあなたが話すほど上手ではありません。

我 _____ _____ _____ _____ 。

2 作文問題

日本語から中国語へ訳しましょう。

(1) 彼女は起きるのがとても早い。

(2) 彼は歌うのがとてもうまい。

(3) 彼は踊りを踊るのがとてもうまい。

(4) 彼女は中国語を話すのが流暢です。

(5) 彼はピアノを弾くのがとてもうまい。

(6) 彼女は服をきれいに洗濯します。

(7) 彼女は跳び上がるほど喜びました。

(8) 私は中国語を話すのがあまりうまくありません。

(9) 私は中国語を話すのがあなたほど上手ではありません。

(10) 彼は中国語を話すのが中国人のようです。

解答　解説

1 (1) 那个歌手唱得非常好。Nàge gēshǒu chàngde fēicháng hǎo.「動詞＋様態補語（"得"＋副詞＋形容詞）」の語順です。
(2) 他跑得很快。Tā pǎode hěn kuài.「動詞＋様態補語（"得"＋副詞＋形容詞）」の語順です。
(3) 她吃得很慢。Tā chīde hěn màn.「動詞＋様態補語（"得"＋副詞＋形容詞）」の語順です。
(4) 他愉快得笑起来了。Tā yúkuàide xiàoqilai le.「形容詞＋様態補語（"得"＋動詞＋方向補語）」の語順です。
(5) 她说英语说得很流利。Tā shuō Yīngyǔ shuōde hěn liúlì.目的語を伴う形です。最初の動詞の後に目的語"英语"を置き、続けて「動詞＋様態補語（"得"＋副詞＋形容詞）」の語順です。
(6) 她说汉语说得比我好。Tā shuō Hànyǔ shuōde bǐ wǒ hǎo.目的語を伴う形です。最初の動詞の後に目的語"汉语"を置き、続けて「動詞＋様態補語（"得"＋比較表現）」の語順です。
(7) 她汉语说得跟中国人一样。Tā Hànyǔ shuōde gēn Zhōngguórén yíyàng.「動詞＋様態補語（"得"＋同一表現）」の語順です。"汉语"の前の動詞が省略された形です。
(8) 他游泳游得很快。Tā yóuyǒng yóude hěn kuài.“游泳”は「動詞＋名詞」の構造なので、「動詞"游"＋様態補語（"得"＋副詞＋形容詞）」の形になります。
(9) 他跑得不太快。Tā pǎode bú tài kuài.「動詞＋様態補語（"得"＋副詞"不太"＋形容詞）」の語順です。様態補語の部分が否定形となります。
(10) 我说得没有你说得那么好。Wǒ shuōde méiyou nǐ shuōde nàme hǎo.「動詞＋様態補語（"得"＋比較表現の否定形）」の形です。

---

2 (1) 她起得很早。Tā qǐde hěn zǎo.「動詞"起"＋様態補語（"得"＋副詞＋形容詞）」です。
(2) 他唱得很好。Tā chàngde hěn hǎo.「動詞"唱"＋様態補語（"得"＋副詞＋形容詞）」です。
(3) 他跳舞跳得很好。Tā tiàowǔ tiàode hěn hǎo.“跳舞”は「踊りを踊る」、つまり「動詞＋名詞」の構造なので、動詞を2回繰り返し、「跳舞"＋"跳"＋"得"＋副詞＋形容詞」の形です。「踊りを」の部分を省略して、"他跳得很好。"とも言えますが、"跳"には「跳ぶ」という意味もあるので、意味が曖昧になる場合もあります。
(4) 她（说）汉语说得很流利。Tā (shuō) Hànyǔ shuōde hěn liúlì.“说”の目的語"汉语"を伴うため、"说"を2回用い、「動詞＋目的語＋動詞＋様態補語」の形ですが、目的語の前の"说"は省略することができます。
(5) 他（弹）钢琴弹得很好。Tā (tán) gāngqín tánde hěn hǎo.“弹”の目的語"钢琴"を伴うため、"弹"を2回用い、「動詞＋目的語＋動詞＋様態補語」の形ですが、目的語の前の"弹"は省略することができます。
(6) 她（洗）衣服洗得很干净。Tā (xǐ) yīfu xǐde hěn gānjìng.“洗”の目的語"衣服"を伴うため、"洗"を2回用い、「動詞＋目的語＋動詞＋様態補語」の形ですが、目的語の前の"洗"は省略することができます。
(7) 她高兴得跳起来了。Tā gāoxìngde tiàoqilai le.「形容詞＋様態補語」の形です。「跳び上がる」を様態補語で表します。「動詞"跳"＋方向補語"起来"」で「跳び上がる」。
(8) 我（说）汉语说得不太好。Wǒ (shuō) Hànyǔ shuōde bú tài hǎo.「動詞＋目的語＋動詞＋様態補語」の形です。様態補語を伴う場合の否定形は様態補語を否定します。目的語の前の動詞は省略することができます。
(9) 我（说）汉语说得没有你说得（那么）好。Wǒ (shuō) Hànyǔ shuōde méiyou nǐ shuōde (nàme) hǎo.「動詞＋目的語＋動詞＋様態補語」の形です。"得"の後に比較表現の否定形を置きます。目的語の前の動詞と"那么"は省略することができます。
(10) 他（说）汉语说得跟中国人一样。Tā (shuō) Hànyǔ shuōde gēn Zhōngguórén yíyàng.「動詞＋目的語＋動詞＋様態補語」の形です。"得"の後に同一表現を置きます。目的語の前の動詞は省略することができます。

単語練習⑳

1 音声を聞いて声調符号をつけ、4つの中から声調の組み合わせが異なる単語に〇をつけなさい。　(167)

	①	②	③	④
[1]	① gaizheng 改正 （改める）	② kaifang 开放 （開放する）	③ jiejin 接近 （接近する）	④ jiaodai 交代 （引き継ぐ）
[2]	① buchong 补充 （補充する）	② zhanchu 展出 （展示する）	③ dakai 打开 （開ける）	④ daban 打扮 （着飾る）
[3]	① xiyin 吸引 （引きつける）	② baozheng 保证 （保証する）	③ zhijiao 指教 （教示する）	④ xiangshou 享受 （享受する）
[4]	① panwang 盼望 （切望する）	② gongxi 恭喜 （お祝いを述べる）	③ aihu 爱护 （大切にする）	④ queding 确定 （確定する）
[5]	① houhui 后悔 （後悔する）	② jinzhi 禁止 （禁止する）	③ jiaoliu 交流 （交流する）	④ bimian 避免 （避ける）
[6]	① baodao 报道 （報道する）	② jide 记得 （覚えている）	③ xianmu 羡慕 （うらやむ）	④ zhongshi 重视 （重視する）

2 音声を聞いてピンインを書き、さらに4つの中から声調の組み合わせが異なる単語に〇をつけなさい。　(168)

	①	②	③	④
[1]	① 着急 （焦る）	② 严格 （厳格な）	③ 有名 （有名な）	④ 原来 （もとの、もともと）
[2]	① 许多 （多い）	② 普通 （一般的な）	③ 紧张 （緊張している）	④ 友好 （友好的である）
[3]	① 奇怪 （おかしい）	② 所有 （すべての）	③ 难受 （つらい）	④ 合适 （ちょうど良い）
[4]	① 小心 （気をつける）	② 好吃 （おいしい）	③ 聪明 （賢い）	④ 简单 （簡単だ）
[5]	① 地道 （正真正銘の）	② 所谓 （いわゆる）	③ 讨厌 （嫌いだ）	④ 巧妙 （巧妙である）
[6]	① 温暖 （暖かい）	② 异常 （異常である）	③ 基本 （基本的な）	④ 优美 （優美である）

解 答

1

	①	②	③	④
[1]	❶ 改正 gǎizhèng	② 开放 kāifàng	③ 接近 jiējìn	④ 交代 jiāodài
[2]	① 补充 bǔchōng	② 展出 zhǎnchū	③ 打开 dǎkāi	❹ 打扮 dǎban
[3]	❶ 吸引 xīyǐn	② 保证 bǎozhèng	③ 指教 zhǐjiào	④ 享受 xiǎngshòu
[4]	① 盼望 pànwàng	❷ 恭喜 gōngxǐ	③ 爱护 àihù	④ 确定 quèdìng
[5]	① 后悔 hòuhuǐ	② 禁止 jìnzhǐ	❸ 交流 jiāoliú	④ 避免 bìmiǎn
[6]	① 报道 bàodào	❷ 记得 jìde	③ 羡慕 xiànmù	④ 重视 zhòngshì

2

	①	②	③	④
[1]	① 着急 zháojí	② 严格 yángé	❸ 有名 yǒumíng	④ 原来 yuánlái
[2]	① 许多 xǔduō	② 普通 pǔtōng	③ 紧张 jǐnzhāng	❹ 友好 yǒuhǎo
[3]	① 奇怪 qíguài	❷ 所有 suǒyǒu	③ 难受 nánshòu	④ 合适 héshì
[4]	① 小心 xiǎoxīn	② 好吃 hǎochī	❸ 聪明 cōngmíng	④ 简单 jiǎndān
[5]	❶ 地道 dìdao	② 所谓 suǒwèi	③ 讨厌 tǎoyàn	④ 巧妙 qiǎomiào
[6]	① 温暖 wēnnuǎn	❷ 异常 yìcháng	③ 基本 jīběn	④ 优美 yōuměi

第1週　第2週　第3週　第4週 26日　第5週　筆記対策　リスニング対策　模擬試験

今週の復習 第4週

1 空欄に適当な漢字を入れましょう。

(1) 明日の航空券はもう（買って）手に入れました。
　　明天的飞机票已经买（　　　　　）了。

(2) その子は跳び上がるほど喜びました。
　　那个孩子高兴（　　　　　）跳起来了。

(3) この料理は見たところおいしそうだ。
　　这个菜看（　　　　　）好像很好吃。

(4) 私は1回も彼に会ったことがありません。
　　我一次也没见（　　　　　）他。

2 次の文を中国語に訳しましょう。

(1) 私は少しも聞いて分かりませんでした。

(2) 図書館には本を読んでいる人がたくさんいます。

(3) 私は昨日電車の中で彼を見かけました。

(4) 私の父は毎日車で駅まで私を迎えに来きます。

3 次の文を日本語に訳しましょう。

(1) 李老师快要回国了。

(2) 老师说的汉语，你听懂了吗?

(3) 我什么都想不出来。

(4) 我现在没有钱买电脑。

解答　解説

1 (1) 明天的飞机票已经买（到）了。Míngtiān de fēijīpiào yǐjīng mǎidào le.
(2) 那个孩子高兴（得）跳起来了。Nàge háizi gāoxìngde tiàoqilai le.
(3) 这个菜看（起来）好像很好吃。Zhège cài kànqilai hǎoxiàng hěn hǎochī.
(4) 我一次也没见（过）他。Wǒ yí cì yě méi jiànguo tā.

2 (1) 我一点儿也没听懂。Wǒ yìdiǎnr yě méi tīngdǒng.
(2) 图书馆里有很多人在看书。Túshūguǎn li yǒu hěn duō rén zài kàn shū.
(3) 我昨天在车上看见他了。Wǒ zuótiān zài chē shang kànjiàn tā le.
(4) 我爸爸每天开车来车站接我。Wǒ bàba měi tiān kāichē lái chēzhàn jiē wǒ.

3 (1) 李先生はまもなく帰国します。
(2) 先生の話す中国語は聞いて分かりましたか。
(3) 私は何も考えつきません。
(4) 私は今、パソコンを買うお金を持っていません。

第5週

数量補語・"是〜的"構文

動作、行為の時間の長さや回数も、動詞の後に置きます。
"是〜的"構文は、過去の出来事をクローズアップします。

❶ 数量補語

「〜時間…する」「〜回…する」のように、時間や回数を言う場合、動詞の直後に置きます。

(169) 我每天睡八个小时。Wǒ měi tiān shuì bā ge xiǎoshí.
私は毎日8時間寝ます。

我去过两次。Wǒ qùguo liǎng cì.
私は2回行ったことがあります。

❶ 目的語と数量補語

「動詞＋時間／回数＋目的語」
(170) 我每天听半个小时英语。Wǒ měi tiān tīng bàn ge xiǎoshí Yīngyǔ.
私は毎日英語を半時間聞きます。

我星期天看一个小时电视。Wǒ xīngqītiān kàn yí ge xiǎoshí diànshì. 私は日曜日にテレビを1時間見ます。

「動詞＋時間／回数＋目的語」「動詞＋目的語（場所）＋時間／回数」
我去过两次中国。Wǒ qùguo liǎng cì Zhōngguó.
私は中国へ2回行ったことがあります。

我去过中国两次。Wǒ qùguo Zhōngguó liǎng cì.
私は中国へ2回行ったことがあります。

❷ 時点と時量

同じ時間に関係する語でも、「いついつに」と動作・行為を行う「時点」と、動作・行為の時間の長さや回数を示す「時量」とでは、述語を基準に位置が逆、つまり「時点」は述語の前、「時量」は述語の後ろに置きます。

(171) 我每天睡八个小时。Wǒ měi tiān shuì bā ge xiǎoshí.
私は毎日8時間寝ます。

我上个月去了两次上海。
Wǒ shàng ge yuè qùle liǎng cì Shànghǎi.
私は先月上海へ2回行きました。

"每天""上个月"が時点を表す語です。

❸ 時量と"了"（19日目で取り上げました）

　時量補語と"了"を組み合わせることによって、完了したことだけでなく、現在も継続中だということもできます。

(172) 她昨天睡了八个小时。
Tā zuótiān shuìle bā ge xiǎoshí.
彼女は昨日8時間寝ました。…昨日の睡眠時間の話です。

她已经睡了八个小时了。
Tā yǐjīng shuìle bā ge xiǎoshí le.
彼女はすでに8時間寝ています。…今も寝ています。

> "了"が動詞の直後にのみある場合はすでに終わった行為、文末にもある場合は現在も継続中の行為です。

❷ "是〜的"構文

　過去における出来事をめぐって、それが「誰によって、いつ、どこで、どのように」行われたのかに焦点を当てて伝えたいとき、焦点を当てたいことを"是〜的"で挟みます。

　"是〜的"構文はすでに起こった出来事に関係する、より具体的な情報を伝える時に用いられますから、具体的に場面を設定して、"是〜的"構文を使う一例を見てみましょう。

場面：ある日の午後、自宅での誕生会、ケーキを食べているところ

強調したい部分	"是〜的"構文
(173) 誰が	这个蛋糕很好吃，是你做的吗? Zhège dàngāo hěn hǎochī, shì nǐ zuò de ma? このケーキは、おいしいですね、あなたが作ったのですか。 不是，是我妈妈做的。 Bú shì, shì wǒ māma zuò de. いいえ、私の母が作ったのです。
いつ	你妈妈（是）什么时候做的这个蛋糕? Nǐ māma (shì) shénme shíhou zuò de zhège dàngāo? あなたのお母さんはいつこのケーキを作ったのですか。 ＊"的"を目的語の"蛋糕"の後に置いても構いません。 （是）今天早上做的。 (Shì) jīntiān zǎoshang zuò de. 今朝作ったのです。

> "是"は省略できます。

どこで	你妈妈（是）在哪儿做的（这个蛋糕）？ Nǐ māma (shì) zài nǎr zuò de (zhège dàngāo)? お母さんはどこで（このケーキを）作ったのですか。 我妈妈（是）在家做的这个蛋糕。 Wǒ māma (shì) zài jiā zuò de zhège dàngāo. 母は家でこのケーキを作りました。
どのように	你妈妈（是）怎么做的这个蛋糕？ Nǐ māma (shì) zěnme zuò de zhège dàngāo? お母さんはどうやってこのケーキを作ったのですか。 我妈妈（是）用烤炉烤的这个蛋糕。 Wǒ māma (shì) yòng kǎolú kǎo de zhège dàngāo. 母はオーブンでこのケーキを焼いたのです。

烤炉 kǎolú オーブン

　ここでは、「ケーキはすでに焼き上がっていること」が前提であり、そのケーキに関する新しい情報を“是～的”構文によって際立たせています。

プラスワン

　具体的な話をするためには必要不可欠な文型です。身に付ければ表現の幅が大きく広がります。

**検定
注目ポイント**　数量補語は並べ替え問題で語順が問われます。数量補語に用いられる量詞の語彙を増やしましょう。“是～的”構文については、まずは“是～的”構文であることに気付くことが大切です。

練習問題

1 並べ替え問題

次の語を適切に並べ替えて文を完成させましょう。

(1) ［小时　每天　八个　睡］彼女は毎日 8 時間寝ます。

她 _____ _____ _____ _____ 。

(2) ［八个小时　睡　昨天　了］彼は昨日 8 時間寝ました。

他 _____ _____ _____ _____ 。

(3) ［小时　了　一个半　看］私は 1 時間半見ました。

我 _____ _____ _____ _____ 。

(4) ［半个小时　英语　每天　听］私は毎日英語を半時間聞きます。

我 _____ _____ _____ _____ 。

(5) ［中国　两次　过　去］私は中国へ 2 回行ったことがあります。

我 _____ _____ _____ _____ 。

(6) ［了　了　十个小时　睡］彼はすでに 10 時間寝ています。

他已经 _____ _____ _____ _____ 。

(7) ［的　学　是　在上海］私は上海で中国語を勉強したのです。

我 _____ _____ _____ _____ 汉语。

(8) ［来　的　去年　是］彼は去年日本に来たのです。

他 _____ _____ _____ _____ 日本。

(9) ［学　的　是　什么时候］あなたはいつ中国語を勉強したのですか。

你 _____ _____ _____ _____ 汉语?

(10) ［的　这个蛋糕　买　在哪儿］あなたはどこでこのケーキを買ったのですか。

你是 _____ _____ _____ _____ ?

2 空欄記入問題

日本語の意味に合うように空欄に適切な語を書き入れましょう。

(1) 私は北京で中国語を勉強したのです。
我是在北京学（　　　　　　　　）汉语。

(2) 彼は自転車で来たのです。

他骑车来（　　　　　　　）。

(3) 私は今日来たのではありません。

我（　　　　　　　）今天来的。

(4) 彼は韓国語をすでに1年半勉強しています。

他学韩语已经学（　　　　　　　）一年半（　　　　　　　）。

③ 作文問題

日本語から中国語へ訳しましょう。

(1) 私は毎日中国語を2時間勉強します。

(2) 彼は1日に2回薬を飲みます。

(3) 私は中国でこの服を買ったのです。

① (1) 她每天睡八个小时。Tā měi tiān shuì bā ge xiǎoshí.「時点＋動詞＋動作量（時間）」の語順です。

(2) 他昨天睡了八个小时。Tā zuótiān shuìle bā ge xiǎoshí.「時点＋動詞＋動作量（時間）」の語順です。完了の"了"は動詞の直後、時間量の前に置きます。

(3) 我看了一个半小时。Wǒ kànle yí ge bàn xiǎoshí.「動詞＋"了"＋動作量（時間）」の語順で、すでにその行為が終了していることを表します。

(4) 我每天听半个小时英语。Wǒ měi tiān tīng bàn ge xiǎoshí Yīngyǔ.「時点＋動詞＋動作量（時間）＋目的語」の語順です。

(5) 我去过两次中国。Wǒ qùguo liǎng cì Zhōngguó.「動詞＋"过"＋回数＋目的語」の語順です。「どこどこへ行く」ことを表す場合、目的語を回数の前に置いてもかまいません。

(6) 他已经睡了十个小时了。Tā yǐjīng shuìle shí ge xiǎoshí le. その行為が現時点（発話時点）にまで及んでおり、継続中の場合は、「動詞＋"了"＋動作量＋"了"」です。

(7) 我是在上海学的汉语。Wǒ shì zài Shànghǎi xué de Hànyǔ. "是～的"構文です。"学"の目的語"汉语"を"的"の前に置いて、"的"が文末にきてもかまいません。

(8) 他是去年来的日本。Tā shì qùnián lái de Rìběn. "是～的"構文です。目的語"日本"を"的"の前に置いてもかまいません。

(9) 你是什么时候学的汉语? Nǐ shì shénme shíhou xué de Hànyǔ? "是～的"構文です。目的語"汉语"を"的"の前に置いてもかまいません。

(10) 你是在哪儿买的这个蛋糕? Nǐ shì zài nǎr mǎi de zhège dàngāo? "是～的"構文です。目的語"这个蛋糕"を"的"の前に置いてもかまいません。

② (1) 我是在北京学（的）汉语。Wǒ shì zài Běijīng xué (de) Hànyǔ. "在北京"に焦点が当てられた"是～的"構文です。

(2) 他骑车来（的）。Tā qí chē lái (de). "骑车"に焦点が当てられた"是～的"構文です。"是"は省略できます。

(3) 我（不是）今天来的。Wǒ (bú shì) jīntiān lái de. "是～的"構文の否定形です。

(4) 他学韩语已经学（了）一年半（了）。Tā xué Hànyǔ yǐjīng xué(le) yì nián bàn (le). 継続中の行為に対しては、動詞の直後と文末の2か所に"了"を置きます。第19日目の「2つの"了"」の復習も兼ねています。

③ (1) 我每天学习两个小时汉语。Wǒ měi tiān xuéxí liǎng ge xiǎoshí Hànyǔ.「時点＋動詞＋動作量（時間）＋目的語」の語順です。

(2) 他一天吃两次药。Tā yì tiān chī liǎng cì yào.「ある期間＋動詞＋動作量（回数）＋目的語」の語順です。

(3) 我（是）在中国买的这件衣服。Wǒ (shì) zài Zhōngguó mǎi de zhè jiàn yīfu. "在中国"に焦点を当てた"是～的"構文を用います。"是"は省略してもかまいません。目的語"这件衣服"の後に"的"を置いてもかまいません。

単語練習㉑

1 音声を聞いて声調符号をつけ、4つの中から声調の組み合わせが異なる単語に〇をつけなさい。 (174)

	①	②	③	④
[1]	kaolü 考慮 (考慮する)	juyou 具有 (備える)	fanying 反映 (反映する)	biaoxian 表現 (表現する)
[2]	chengren 承认 (承認する)	caiqu 采取 ((方針を)講じる)	duli 独立 (独立する)	tichang 提倡 (提唱する)
[3]	zhaokai 召开 (招集する)	yinshua 印刷 (印刷する)	yunshu 运输 (運送する)	lianhe 联合 (団結する)
[4]	jilei 积累 (蓄積する)	sheji 设计 (設計する)	shangdang 上当 (だまされる)	zhizao 制造 (製造する)
[5]	zhuanbian 转变 (変わる)	manyi 满意 (満足する)	zhihui 指挥 (指揮する)	baohu 保护 (保護する)
[6]	gongkai 公开 (公表する)	xingrong 形容 (形容する)	jiagong 加工 (加工する)	xishou 吸收 (吸収する)

2 音声を聞いてピンインを書き、さらに4つの中から声調の組み合わせが異なる単語に〇をつけなさい。 (175)

	①	②	③	④
[1]	呼吸 (呼吸する)	应该 (〜すべきだ)	专心 (専念している)	勉强 (無理に〜させる)
[2]	修理 (修理する)	根本 (もともと)	住院 (入院する)	基础 (基礎)
[3]	热爱 (心から愛する)	针对 (〜に対して)	深入 (深く入る)	安慰 (慰める)
[4]	成长 (成長する)	恋爱 (恋愛する)	民主 (民主的である)	模仿 (模倣する)
[5]	议论 (議論する)	笔记 (筆記する、メモ)	创造 (創造する)	报告 (報告する)
[6]	谈判 (話し合う)	超过 (超える)	熟练 (熟練する)	合唱 (合唱する)

解答

1
[1] ① 考虑 kǎolǜ ❷ 具有 jùyǒu ③ 反映 fǎnyìng ④ 表现 biǎoxiàn
[2] ① 承认 chéngrèn ❷ 采取 cǎiqǔ ③ 独立 dúlì ④ 提倡 tíchàng
[3] ① 召开 zhàokāi ② 印刷 yìnshuā ③ 运输 yùnshū ❹ 联合 liánhé
[4] ❶ 积累 jīlěi ② 设计 shèjì ③ 上当 shàngdàng ④ 制造 zhìzào
[5] ① 转变 zhuǎnbiàn ② 满意 mǎnyì ❸ 指挥 zhǐhuī ④ 保护 bǎohù
[6] ① 公开 gōngkāi ❷ 形容 xíngróng ③ 加工 jiāgōng ④ 吸收 xīshōu

2
[1] ① 呼吸 hūxī ② 应该 yīnggāi ③ 专心 zhuānxīn ❹ 勉强 miǎnqiǎng
[2] ① 修理 xiūlǐ ② 根本 gēnběn ❸ 住院 zhùyuàn ④ 基础 jīchǔ
[3] ❶ 热爱 rè'ài ② 针对 zhēnduì ③ 深入 shēnrù ④ 安慰 ānwèi
[4] ① 成长 chéngzhǎng ❷ 恋爱 liàn'ài ③ 民主 mínzhǔ ④ 模仿 mófǎng
[5] ① 议论 yìlùn ❷ 笔记 bǐjì ③ 创造 chuàngzào ④ 报告 bàogào
[6] ① 谈判 tánpàn ❷ 超过 chāoguò ③ 熟练 shúliàn ④ 合唱 héchàng

"把" 構文 (否定や助動詞との位置関係を含む)

目的語を述語の前に持ってくる介詞 "把" は、対象に何らかの手を加えることを表わします。

❶ "把" 構文の基本

　"把" は目的語を述語の動詞の前に持ってくることができる、便利な語とも言える一面を持っていますが、何でもかんでも "把" を使えば動詞の前に目的語を持って来られるわけではありません。"把" の役割の基本は、人や物、事柄などに対して、何らかの手を加え、それによる変化や結果が生じるときに、目的語となる名詞と述語となる動詞の関係性を明確にすることにあります。

176 我把今天的作业做完了。
Wǒ bǎ jīntiān de zuòyè zuòwán le.
私は今日の宿題をやり終えました。

"把" 構文には2つ条件があります。

❶ "把" 構文の述語
動詞 1 語だけではなく、動詞＋αであること

　例を見ていきましょう。

「動詞＋補語」

177 我把盘子洗干净了。
Wǒ bǎ pánzi xǐgānjìng le.
私はお皿をきれいに洗いました。(動詞＋結果補語)

你把这些水果带回去吧。
Nǐ bǎ zhèxiē shuǐguǒ dàihuiqu ba.
この果物を持って帰ってください。(動詞＋方向補語)

你把这个新闻看一下。
Nǐ bǎ zhège xīnwén kàn yíxià.
このニュースをちょっと見てください。(動詞＋動量補語)

「動詞＋重ね型」

你把黑板擦一擦。Nǐ bǎ hēibǎn cā yi cā.

ちょっと黒板を拭いてください。

「動詞＋“了”」

我把这杯牛奶喝了。

Wǒ bǎ zhè bēi niúnǎi hē le.

この牛乳を飲んでしまいます。

「動詞＋（結果補語の）“在”〜／“给”〜／“成”〜」

你把书包放在椅子上。

Nǐ bǎ shūbāo fàngzài yǐzi shang.

かばんを椅子の上に置きなさい。

我要把这个短信发给他。

Wǒ yào bǎ zhège duǎnxìn fāgěi tā.

私はこのショートメールを彼に送らなくてはなりません。

请你把这个汉语句子翻译成英语。

Qǐng nǐ bǎ zhège Hànyǔ jùzi fānyìchéng Yīngyǔ.

この中国語の文を英語に翻訳してください。

❷ “把”構文の目的語
人、物、事柄などが特定、既知であること

(178) 我已经把这本书看完了。

Wǒ yǐjīng bǎ zhè běn shū kànwán le.

私はこの本を読み終えました。

　“把”構文は不特定のものには使えないので、次のようには言えません。

× 我把一本书看完了。

　ただし、話し手達によって特定されていれば良いので、

○ 我把书看完了。Wǒ bǎ shū kànwán le.

は、言えます。

話している人たちは“书”がどの本なのかが分かっている状況です。

❷ "把" 構文と否定形、助動詞などは、"把" の前

　副詞や助動詞など、動詞の前に置かれる語は、基本的に "把" の前に置きます。

(179) 我要先把作业做完。
Wǒ yào xiān bǎ zuòyè zuòwán.
私は先に宿題をやり終えたい。

你能把这些菜吃光吗?
Nǐ néng bǎ zhèxiē cài chīguāng ma?
あなたはこれらの料理を食べきれますか。
—— 吃不了。 Chībuliǎo. 食べきれません。

"吃光" は「すっかり平らげる」という意味です。

我还没有把那本书看完。
Wǒ hái méiyou bǎ nà běn shū kànwán.
私はまだあの本を読み終わっていません。

　このように、助動詞 "要" "能" や否定の副詞 "不" "没" は、"把" の前に置きます。
　ただし、すべての副詞が "把" の前に置かれるわけではありません。例えば、"都" は場合によって動詞の前にも置くことができます。

她把这些书都看完了。
Tā bǎ zhèxiē shū dōu kànwán le.
彼女はこれらの本をすべて読み終えました。

　語順が大切な中国語ですから、"把" 構文では助動詞と否定の副詞は "把" の前に置くことを忘れずに。

検定 注目ポイント　　"把" 構文は、空欄穴埋め問題にも並べ替え問題にも出題される構文です。空欄穴埋めの場合には、"把" は選択肢の一つとして出題され、読解力が必要とされるでしょう。並べ替え問題の場合には、助動詞や副詞との位置関係には特に注意しましょう。

練習問題

1 並べ替え問題

次の語を適切に並べ替えて文を完成させましょう。

(1) ［一　窗戸　擦　把］　窓をちょっと拭いてください。

你 _____ _____ _____ _____ 擦吧。

(2) ［把　洗　衣服　干净］　私は服をきれいに洗いました。

我 _____ _____ _____ _____ 了。

(3) ［完了　把　看　那本书］　私はあの本を読み終えました。

我 _____ _____ _____ _____ 。

(4) ［了　作业　做完　把］　あなたは宿題をし終えましたか。

你 _____ _____ _____ _____ 吗?

(5) ［菜单　拿给　我　把］　私にメニューを取ってください。

你 _____ _____ _____ _____ 吧。

(6) ［日语　翻译成　这本书　把］　彼はこの本を日本語に翻訳しました。

他 _____ _____ _____ _____ 了。

(7) ［这个资料　把　看完　要］　私はこの資料を読み終えなくてはなりません。

我 _____ _____ _____ _____ 。

(8) ［药　把　吃了　先］　先に薬を飲んでしまってください。

你 _____ _____ _____ _____ 吧。

(9) ［打扫完　没　把房间　还］　私はまだ部屋を掃除し終わっていません。

我 _____ _____ _____ _____ 。

(10) ［今天的作业　做完　把　都］　私は今日の宿題を全部やり終えました。

我 _____ _____ _____ _____ 了。

2 空欄記入問題

日本語の意味に合うように空欄に適切な語を書き入れましょう。

(1) 私たちは日本語の「手紙」を"信"と言っています。

我们（　　　　　　　　）日语的"手纸"叫做"信"。

(2) あなたはあの雑誌を買って手に入れましたか。

你（　　　　　　）那本杂志买（　　　　　　）吗?

(3) 私は牛乳を全部飲んでしまいました。

我（　　　　　　）牛奶都喝（　　　　　　）。

(4) 私は先に宿題をやり終えたい。

我想先（　　　　　　）作业做（　　　　　　）。

(5) 私は息子を幼稚園に送り届けなくてはなりません。

我要（　　　　　　）儿子送（　　　　　　）幼儿园。

3 作文問題

日本語から中国語へ訳しましょう。

(1) テーブルをちょっと拭いてください。

(2) 私は宿題をやり終えました。

(3) 私は彼を病院まで送ります。

(4) この本を私はまだ読み終えていません。

解 答　　解 説

1 (1) 你把窗户擦一擦吧。Nǐ bǎ chuānghu cā yi cā ba. "把" 構文です。「"把" ＋名詞＋動詞＋α」の形です。ここでは「動詞の重ね型＋"吧"」です。

(2) 我把衣服洗干净了。Wǒ bǎ yīfu xǐgānjìng le. 「"把" ＋名詞＋動詞＋結果補語」の形です。

(3) 我把那本书看完了。Wǒ bǎ nà běn shū kànwán le. 「"把" ＋名詞＋動詞＋結果補語」の形です。

(4) 你把作业做完了吗? Nǐ bǎ zuòyè zuòwán le ma? 「"把" ＋名詞＋動詞＋結果補語」の形です。

(5) 你把菜单拿给我吧。Nǐ bǎ càidān nágěi wǒ ba. 「"把" ＋名詞＋動詞＋ "给～"」の形です。

(6) 他把这本书翻译成日语了。Tā bǎ zhè běn shū fānyìchéng Rìyǔ le. 「"把" ＋名詞＋動詞＋ "成～"」の形です。

(7) 我要把这个资料看完。Wǒ yào bǎ zhège zīliào kànwán. 助詞 "要" は "把" の前に置きます。「"把" ＋名詞＋動詞＋結果補語」の形です。

(8) 你先把药吃了吧。Nǐ xiān bǎ yào chī le ba. 副詞 "先" は "把" の前に置きます。「"把" ＋名詞＋動詞＋ "了"」の形です。

(9) 我还没把房间打扫完。Wǒ hái méi bǎ fángjiān dǎsǎowán. 副詞 "还没" は "把" の前に置きます。「"把" ＋名詞＋動詞＋結果補語」の形です。

(10) 我把今天的作业都做完了。Wǒ bǎ jīntiān de zuòyè dōu zuòwán le. 副詞 "都" は動詞の前に置きます。

2 (1) 我们（把）日语的 "手纸" 叫做 "信"。Wǒmen (bǎ) Rìyǔ de "shǒuzhǐ" jiào(zuò) "xìn". 「～を…と言う / 呼ぶ」は、"把～叫做…" です。

(2) 你（把）那本杂志买（到了）吗? Nǐ (bǎ) nà běn zázhì mǎidào le ma? 「買って手に入れる」は "买到" なので、結果補語 "到" と完了の "了" が入ります。

(3) 我（把）牛奶都喝（了）。Wǒ (bǎ) niúnǎi dōu hē (le). 「飲んでしまう」は "喝了"、または "喝完" でもかまいません。

(4) 我想先（把）作业做（完）。Wǒ xiǎng xiān (bǎ) zuòyè zuò(wán). 「し終える」は "做完" です。

(5) 我要（把）儿子送（到）幼儿园。Wǒ yào (bǎ) érzi sòng(dào) yòu'éryuán. 「～へ送り届ける」は "送到" です。

3 (1) 你把桌子擦一擦吧。Nǐ bǎ zhuōzi cā yi cā ba. 「拭く」 "擦" を重ね型にします。「～してください」は、文末に "吧" を置きます。

(2) 我把作业做完了。Wǒ bǎ zuòyè zuòwán le. 「(宿題を) し終える」は "做完"、完了の "了" を付けます。

(3) 我把他送到医院。Wǒ bǎ tā sòngdào yīyuàn. 「～まで送る」は "送到～" です。

(4) 我还没把这本书看完。Wǒ hái méi bǎ zhè běn shū kànwán. 「まだ～していない」 "还没" は、"把" の前に置きます。

単語練習㉒

1 音声を聞いて声調符号をつけ、4つの中から声調の組み合わせが異なる単語に〇をつけなさい。 (180)

	①	②	③	④
[1]	zhichi 支持（支持する）	xuanchuan 宣伝（宣伝する）	jingying 経営（経営する）	zhuzhang 主張（主張する）
[2]	faxian 発現（発見する）	cujin 促進（促進する）	baokuo 包括（〜を含む）	fadong 発動（働きかける）
[3]	kongzhi 控制（制御する）	tiaozheng 調整（調整する）	youlan 游览（遊覧する）	xunzhao 寻找（探し求める）
[4]	liunian 留念（記念として残す）	xingdong 行動（行動する）	touru 投入（投入する）	tongzhi 统治（統治する）
[5]	diantou 点头（うなずく）	jianshe 建设（建設する）	biaoming 表明（表明する）	biaoyang 表扬（ほめる）
[6]	shijian 实践（実践する）	shiyan 实验（実験する）	dadao 达到（達する）	jinian 纪念（記念する）

2 音声を聞いてピンインを書き、さらに4つの中から声調の組み合わせが異なる単語に〇をつけなさい。 (181)

	①	②	③	④
[1]	重大（重大な）	业余（余暇の）	便利（便利だ）	适应（適応する）
[2]	要紧（重要である）	迅速（迅速である）	适当（適当である）	幸运（運がいい）
[3]	充分（十分である）	先进（進んでいる）	平静（落ち着いている）	深厚（（感情が）厚い）
[4]	稳定（安定している）	有趣（おもしろい）	耐心（辛抱強い）	可靠（信頼できる）
[5]	相似（似ている）	雄伟（勇壮である）	干燥（乾燥している）	兴奋（興奮している）
[6]	广大（（範囲が）大きい）	有效（有効である）	充足（十分である）	整个（全部の）

解答

1

	①	②	③	④
[1]	支持 zhīchí	宣传 xuānchuán	经营 jīngyíng	❹主张 zhǔzhāng
[2]	发现 fāxiàn	❷促进 cùjìn	包括 bāokuò	发动 fādòng
[3]	❶控制 kòngzhì	调整 tiáozhěng	游览 yóulǎn	寻找 xúnzhǎo
[4]	留念 liúniàn	行动 xíngdòng	投入 tóurù	❹统治 tǒngzhì
[5]	点头 diǎntóu	❷建设 jiànshè	表明 biǎomíng	表扬 biǎoyáng
[6]	实践 shíjiàn	实验 shíyàn	达到 dádào	❹纪念 jìniàn

2

	①	②	③	④
[1]	重大 zhòngdà	❷业余 yèyú	便利 biànlì	适应 shìyìng
[2]	❶要紧 yàojǐn	迅速 xùnsù	适当 shìdàng	幸运 xìngyùn
[3]	充分 chōngfèn	先进 xiānjìn	❸平静 píngjìng	深厚 shēnhòu
[4]	稳定 wěndìng	有趣 yǒuqù	❸耐心 nàixīn	可靠 kěkào
[5]	相似 xiāngsì	❷雄伟 xióngwěi	干燥 gānzào	兴奋 xīngfèn
[6]	广大 guǎngdà	有效 yǒuxiào	❸充足 chōngzú	整个 zhěnggè

第1週　第2週　第3週　第4週　第5週30日　筆記対策　リスニング対策　模擬試験

使役と受身

"让" は使役を表し、「…に〜させる」「…に〜するように言う」という場合に用います。"被" は受身を表し、「〜される / 〜された」「…に〜される / …に〜された」という場合に用います。

❶ 使役 "让" "叫" "请" "使" = 兼語文

"让" +動作主+動詞

「A に〜させる」は、"让" "叫" "请" "使" などの動詞を用います。基本となる動詞は "让" です。必ず動作主すなわち動作をする人あるいは命令される人が存在し、「主語+ "让" +動作主 A +動詞」の形です。動作主 A は "让" の目的語と後の動詞の主語を兼ねているので、使役文は兼語文とも呼ばれます。

⑱² 妈妈让我去买东西。Māma ràng wǒ qù mǎi dōngxi.
妈妈叫我去买东西。Māma jiào wǒ qù mǎi dōngxi.
私の母は私を買い物に行かせます。
(母は私に買い物に行くように言います。)

"叫" は "让" とよく似ています。

❶ "请"

使役ではありますが、"请" を用いると、だいぶニュアンスの異なる言い方となり、丁寧に相手に頼む、あるいは申し出る口調になります。

⑱³ 请你开门。Qǐng nǐ kāimén.
あなたにドアを開けさせる→ドアを開けていただけませんか。

我想明天请你吃饭。Wǒ xiǎng míngtiān qǐng nǐ chī fàn.
私は明日あなたにご飯を食べさせたいのですが
→私は明日あなたにご馳走したいのですが。

❷ "使"

"使" は、基本的に身体の動きを伴わない場合に用いられます。

"使" のかわりに、"让" "叫" も使えます。

⑱⁴ 那篇小说使我很感动。
Nà piān xiǎoshuō shǐ wǒ hěn gǎndòng.
あの小説は私を感動させました。

谦虚使人进步，骄傲使人落后。
Qiānxū shǐ rén jìnbù, jiāo'ào shǐ rén luòhòu.
謙虚は人を進歩させ、傲慢は人を後退させる。

❸ 助動詞・否定副詞と "让"

助動詞と否定の副詞は "让" の前に置きます。

(185) 爸爸不让我一个人去外国旅行。
Bàba bú ràng wǒ yí ge rén qù wàiguó lǚxíng.
父は私を一人で外国へ旅行に行かせてくれません。

❷ 受身 "被" "让" "叫"

「～される」は "被" "让" "叫" を用いますが、まずはもっともよく使われ代表的であるとも言える "被" をマスターしましょう。

(186) 我被批评了。Wǒ bèi pīpíng le. 私は叱られました。
「"被"+動詞」が、「～される」の基本形です。

我被老师批评了。Wǒ bèi lǎoshī pīpíng le. 私は先生に叱られました。
「Aに～される」は、「主語+ "被"+名詞（動作主A）+動詞」です。
"被" は、動作主があってもなくても構いません。

❶ "被" が用いられるとき

"被" は、基本的に良くない事柄、歓迎されない事柄に対して用いられますが、他に、評価に関係する場合も "被" を用いることができます。しかし、たとえば「私は彼に、君が良くない、と言われました」と、日本語では受身で表現できますが、中国語では "被" を用いるのではなく、次のように言います。

(187) 他说我不好。Tā shuō wǒ bù hǎo.
彼は私が良くないと言いました。

または、

他说："你不好"。Tā shuō: "Nǐ bù hǎo".
彼は、「君が良くない」と言いました。

中国語と日本語の受身文は一対一の対応ではないということも、頭に入れておいてください。
また、中国語で受身の文は望ましくないことに使うことが多いものの、歓迎されるべき事柄にも使えます。

"让" "叫" は口語的な表現で、動作主が必要です。
我的自行车让小王借走了。Wǒ de zìxíngchē ràng Xiǎo-Wáng jièzǒu le.
我的自行车叫小王借走了。Wǒ de zìxíngchē jiào Xiǎo-Wáng jièzǒu le.
私の自転車は王君に借りて行かれた。

她经常被老师表扬。
Tā jīngcháng bèi lǎoshī biǎoyáng.
彼女はよく先生に褒められる。

❷ 主語になる語

　「私は財布を盗まれた」は、「私の財布は盗まれた」と言います。動詞
の後に目的語を置くのではなく、主語として考えましょう。

(188) 我的钱包被小偷儿偷走了。
Wǒ de qiánbāo bèi xiǎotōur tōuzǒu le.
私の財布はスリに盗まれました。
(私は財布をスリに盗まれました。)

我的腿被蚊子咬了。
Wǒ de tuǐ bèi wénzi yǎo le.
私の足は蚊に刺されました。
(私は足を蚊に刺されました。)

❸ 助動詞・否定副詞と"被"

　助動詞や副詞は、"被"の前に置きます。

(189) 我的钱包没有被偷走。
Wǒ de qiánbāo méiyou bèi tōuzǒu.
私の財布は盗まれていません。

你想被老师批评吗?
Nǐ xiǎng bèi lǎoshī pīpíng ma?
あなたは先生に叱られたいのですか。

プラスワン

使役文、受身文ともに主語には要注意です。

検定
注目ポイント
　リスニング、筆記ともに、使役文や受身文そのものが問題として出題されます。まずは語順をしっかりと押さえておく必要があります。使役と受身は一見構造がよく似ていますが、使役は"让"の後の名詞が絶対に必要ですが、受身の"被"の後には動詞を直接置くことができます。

練習問題

1 並べ替え問題

次の語を適切に並べ替えて文を完成させましょう。

(1) ［念课文　学生　老师　让］　先生は学生に本文を読ませます。

　　_____　_____　_____　_____ 。

(2) ［买东西　去　我　让］　私の母は私に買い物をしに行くように言います。

　　我妈妈 _____　_____　_____　_____ 。

(3) ［不　我一个人　让　去旅游］　母は私にひとりで旅行へ行ってはいけないと言います。

　　妈妈 _____　_____　_____　_____ 。

(4) ［玩儿　让　不　我］　兄は私に彼のゲーム機で遊ばせてくれません。

　　哥哥 _____　_____　_____　_____ 他的电子游戏机。

(5) ［看电影　你　星期天　请］　私は日曜日にあなたを映画に招待します。

　　我 _____　_____　_____　_____ 。

(6) ［使　很感动　我　他的话］　彼の話は私を感動させます。

　　_____　_____　_____　_____ 。

(7) ［走　被　骑　弟弟］　私の自転車は弟に乗って行かれました。

　　我的自行车 _____　_____　_____　_____ 了。

(8) ［表扬　他　李老师　被］　彼は李先生に褒められました。

　　_____　_____　_____　_____ 了。

(9) ［被　感动　没有　他的话］　私は彼の話に感動させられませんでした。

　　我 _____　_____　_____　_____ 。

2 空欄記入問題

日本語の意味に合うように空欄に適切な語を書き入れましょう。

(1) 先生は私たちに新出単語を暗唱するように言います。

　　老师（　　　　　　　　）我们背生词。

(2) 公園の木は強風になぎ倒されました。

　　公园的树（　　　　　　　　）大风刮倒了。

(3) 私の自転車は乗って行かれました。

我的自行车（　　　　　　　　）骑走了。

(4) 彼の演奏は皆を感動させました。

他的演奏（　　　　　　　　）大家非常感动。

3 作文問題

日本語から中国語へ訳しましょう。

(1) 兄は弟に買い物に行かせました。

(2) 先生は学生に教科書の本文を音読させます。

(3) 彼の小説は私をとても感動させました。

(4) 母は私に留学に行ってはいけないと言います。

(5) 彼女はよく先生に褒められます。

解 答　解 説

1 (1) 老师让学生念课文。Lǎoshī ràng xuésheng niàn kèwén. 使役文です。「"让"＋目的語 / 主語"学生"＋動詞句"念课文"」です。

(2) 我妈妈让我去买东西。Wǒ māma ràng wǒ qù mǎi dōngxi. 使役文です。「"让"＋目的語 / 主語"我"＋動詞句"去买东西"」です。

(3) 妈妈不让我一个人去旅游。Māma bú ràng wǒ yí ge rén qù lǚyóu. 使役文の否定形は "不让" です。

(4) 哥哥不让我玩儿他的电子游戏机。Gēge bú ràng wǒ wánr tā de diànzǐ yóuxìjī. 使役文の否定形は "不让" です。

(5) 我星期天请你看电影。Wǒ xīngqītiān qǐng nǐ kàn diànyǐng. 丁寧な使役文です。「"请"＋目的語 / 主語"你"＋動詞句"看电影"」です。

(6) 他的话使我很感动。Tā de huà shǐ wǒ hěn gǎndòng. 使役文です。"让" "叫" も使えます。

(7) 我的自行车被弟弟骑走了。Wǒ de zìxíngchē bèi dìdi qízǒu le. 受身文です。「動作主」がある場合は、"被" の直後に置き、その後に動詞を続けます。

(8) 他被李老师表扬了。Tā bèi Lǐ lǎoshī biǎoyáng le. 受身文です。「動作主」がある場合は、"被" の直後に置き、その後に動詞を続けます。

(9) 我没有被他的话感动。Wǒ méiyou bèi tā de huà gǎndòng. 受身文の否定形です。"没有" を "被" の前に置きます。

2 (1) 老师（让）我们背生词。Lǎoshī (ràng) wǒmen bèi shēngcí. 「〜に…させる」は、使役の "让" を用います。"叫" でもかまいません。

(2) 公园的树（被）大风刮倒了。Gōngyuán de shù (bèi) dàfēng guādǎo le. 「〜に…される」は、受身の "被" を用います。

(3) 我的自行车（被）骑走了。Wǒ de zìxíngchē (bèi) qízǒu le. 「…される」は、受身の "被" を用います。

(4) 他的演奏（使）大家非常感动。Tā de yǎnzòu (shǐ) dàjiā fēicháng gǎndòng. 使役文です。"让" "叫" も使えます。

3 (1) 哥哥让弟弟去买东西了。Gēge ràng dìdi qù mǎi dōngxi le. 「〜させる」は使役の "让" か "叫" を用います。「命令する人＋"让 / 叫"＋命令される人（行為を行う人）＋動詞句」の形です。

(2) 老师让学生念课文。Lǎoshī ràng xuésheng niàn kèwén. 「〜させる」は使役の "让" か "叫" を用います。「音読する」は "念" を用います。

(3) 他的小说使我很感动。Tā de xiǎoshuō shǐ wǒ hěn gǎndòng. 「感動する」は "感动" あるいは "激动" と言います。感情を表現する動詞なので、使役は "使" を用います。

(4) 妈妈不让我去留学。Māma bú ràng wǒ qù liúxué. 「〜させない / 〜してはいけないと言う」は、"不让" あるいは "不叫" を用います。

(5) 她经常被老师表扬。Tā jīngcháng bèi lǎoshī biǎoyáng. 受身文です。副詞 "经常" は "被" の前に置きます。

単語練習㉓

1 音声を聞いて声調符号をつけ、4つの中から声調の組み合わせが異なる単語に〇をつけなさい。　(190)

	①	②	③	④
[1]	①manzu 満足（満足する）	②jianghua 讲话（話をする）	③fouding 否定（否定する）	④zhishi 指示（指示する）
[2]	①kending 肯定（肯定する）	②yujian 遇见（出会う）	③xiangnian 想念（懐かしむ）	④tihui 体会（体得する）
[3]	①qingzhu 庆祝（祝う）	②weihu 维护（守る）	③yunyong 运用（運用する）	④jilu 记录（記録する）
[4]	①tuiguang 推广（押し広める）	②pingjun 平均（平均する）	③chuban 出版（出版する）	④zengzhang 增长（増大する）
[5]	①jieshou 接受（受け入れる）	②guanzhao 关照（面倒をみる）	③sunshi 损失（損害を受ける）	④danren 担任（担当する）
[6]	①yidong 移动（移動する）	②zhidao 直到（〜になって）	③tingdian 停电（停電する）	④mantan 漫谈（放談する）

2 音声を聞いてピンインを書き、さらに4つの中から声調の組み合わせが異なる単語に〇をつけなさい。　(191)

	①	②	③	④
[1]	①专门（専門の）	②坚决（断固としている）	③具体（具体的である）	④光荣（光栄である）
[2]	①舒适（心地よい）	②准时（時間通りに）	③亲切（親しく感じる）	④闷热（蒸し暑い）
[3]	①干净（清潔だ）	②深刻（深い）	③生动（生き生きとしている）	④整齐（整っている）
[4]	①流利（流暢である）	②安静（静かである）	③难看（みっともない）	④无数（数えきれない）
[5]	①良好（良好である）	②成熟（成熟した）	③明显（明らかである）	④合理（筋が通っている）
[6]	①难过（つらい）	②痛苦（苦しい）	③绝对（絶対）	④国际（国際的な）

解 答

1
[1] ❶満足 mǎnzú / ②讲话 jiǎnghuà / ③否定 fǒudìng / ④指示 zhǐshì
[2] ①肯定 kěndìng / ❷遇见 yùjiàn / ③想念 xiǎngniàn / ④体会 tǐhuì
[3] ①庆祝 qìngzhù / ❷维护 wéihù / ③运用 yùnyòng / ④记录 jìlù
[4] ①推广 tuīguǎng / ❷平均 píngjūn / ③出版 chūbǎn / ④增长 zēngzhǎng
[5] ①接受 jiēshòu / ②关照 guānzhào / ❸损失 sǔnshī / ④担任 dānrèn
[6] ①移动 yídòng / ②直到 zhídào / ③停电 tíngdiàn / ❹漫谈 màntán

2
[1] ①专门 zhuānmén / ②坚决 jiānjué / ❸具体 jùtǐ / ④光荣 guāngróng
[2] ①舒适 shūshì / ❷准时 zhǔnshí / ③亲切 qīnqiè / ④闷热 mēnrè
[3] ①干净 gānjìng / ②深刻 shēnkè / ③生动 shēngdòng / ❹整齐 zhěngqí
[4] ①流利 liúlì / ❷安静 ānjìng / ③难看 nánkàn / ④无数 wúshù
[5] ①良好 liánghǎo / ❷成熟 chéngshú / ③明显 míngxiǎn / ④合理 hélǐ
[6] ①难过 nánguò / ❷痛苦 tòngkǔ / ③绝对 juéduì / ④国际 guójì

反語文・語気助詞

否定形や疑問文の形を借りた強調文に慣れましょう。
語気助詞を整理しましょう。

❶ 反語文とは

　　反語文は、あえて否定と肯定をひっくり返して表現することによって、強調する文です。反語表現として固定された言い方の中には、一見すると疑問文のものが多くあります。

❷ 反語文のパターン

❶ "不是～吗"「～ではないですか」

(192) 我不是说过吗?　Wǒ bú shì shuōguo ma?
私は言ったじゃないですか。

她不是去中国留学了吗?
Tā bú shì qù Zhōngguó liúxué le ma?
彼女は中国へ留学に行ったのではなかったですか。

❷ "难道～(吗)"「まさか～ではあるまい」

(193) 你难道没学过英语?　Nǐ nándào méi xuéguo Yīngyǔ?
まさか英語を勉強したことがないわけではあるまい。

他难道回国了吗?　Tā nándào huíguó le ma?
彼はまさか帰国したわけではあるまい。

❸ "哪儿～"「どこに～があるのか」

(194) 每天非常忙，哪儿有时间啊?
Měi tiān fēicháng máng, nǎr yǒu shíjiān a?
毎日とても忙しいのに、どこに時間があるものですか。
⇒時間などありはしない。

❹ "～什么"「何が～なのか」

(195) 难什么? 这个问题很简单。
Nán shénme? Zhège wèntí hěn jiǎndān.
何が難しいものですか。この問題はとても簡単です。

⑤ "怎么会〜" "怎么能〜"「どうして〜するものか」

(196) 这么好的天气，怎么会下雨？
Zhème hǎo de tiānqì, zěnme huì xià yǔ?
こんなに良い天気なのに、どうして雨など降るでしょうか。
⇒雨など降るはずがない。

❸ 語気助詞

　　語気助詞には、文末に添えて、気持ちやニュアンスを付け足す効果
があります。
　　これまでに学んだ語気助詞を整理しましょう。

❶ "吗"

　　陳述文の文末に置き、文全体を疑問文にします。

(197) 你会说汉语吗？　Nǐ huì shuō Hànyǔ ma?
あなたは中国語を話すことができますか。

❷ "了"

　　変化したことや、変化に気づいたことを表わします。

(198) 已经十二点了，吃饭了。Yǐjīng shí'èr diǎn le, chī fàn le.
もう 12 時になりました、ご飯を食べよう。

我还是不剪头发了。Wǒ háishi bù jiǎn tóufa le.
私はやはり髪を切らないことにします。

❸ "呢"

　　省略疑問文を作ります。

(199) 我喝啤酒，你呢？　Wǒ hē píjiǔ, nǐ ne?
私はビールを飲みますが、あなたは？

　　疑問の文末に置いて、答えをうながす気分を表します。
她跟谁一起去旅行呢？　Tā gēn shéi yìqǐ qù lǚxíng ne?
彼女は誰と一緒に旅行へ行くのだろう。

　　"吗"と一緒に用いることはできません。（ただし、進行を示す"呢"
の後には"吗"を置いて疑問文にすることができます。）

進行の"在"や持続の"着"にも用いられます。

我在学习汉语呢。Wǒ zài xuéxí Hànyǔ ne.
私は中国語を勉強しているところです。

门开着呢。Mén kāizhe ne. ドアは開いていますよ。

副詞"还"との相性が良いです。

我还没去过中国呢。Wǒ hái méi qùguo Zhōngguó ne.
私はまだ中国へ行ったことがありません。

4 "吧"

断定的な言い方を避け、口調をやわらかくする効果があります。

(200) 快吃吧。Kuài chī ba. はやく食べてね。(勧誘・提案)

咱们一起去吃饭吧。Zánmen yìqǐ qù chī fàn ba.
私たちは一緒にご飯を食べに行きましょう。(勧誘・提案)

你是中国人吧? Nǐ shì Zhōngguórén ba?
あなたは中国人ですよね。(推測)

5 "的"

断定的に言い切る口調になります。

"会～的"で「～のは
ずだ」

(201) 今天晚上会下雨的。Jīntiān wǎnshang huì xià yǔ de.
今晚雨が降るはずです。

6 "啊"

感嘆を表わします。

「"多"＋形容詞」で、
「なんという～」とい
う感嘆表現です。

(202) 多好啊! Duō hǎo a!.
なんて素晴らしいのだろう。

プラスワン

反語表現は、日常的によく用いられます。また、確かめる口調で尋ねる言い方も、よく用いられます。要件や感情をただ伝えるだけでなく、伝え方にも注意して、これらの表現をマスターしましょう。

**検定
注目ポイント** 反語文も語気助詞も文脈を読み取って適切に使う必要があります。
読解力も問われます。

練習問題

1 並べ替え問題

次の語を適切に並べ替えて文を完成させましょう。

(1) ［过　是　说　不］　あなたは言ったじゃないですか。

你 ＿＿＿＿＿＿ ＿＿＿＿＿＿ ＿＿＿＿＿＿ ＿＿＿＿＿＿ 吗?

(2) ［是　出差　不　去中国］　あなたは中国へ出張に行ったのではなかったのですか。

你 ＿＿＿＿＿＿ ＿＿＿＿＿＿ ＿＿＿＿＿＿ ＿＿＿＿＿＿ 了吗?

(3) ［看过　美国电影　没　难道］

あなたはまさかアメリカ映画を観たことがないのですか。

你 ＿＿＿＿＿＿ ＿＿＿＿＿＿ ＿＿＿＿＿＿ ＿＿＿＿＿＿ 吗?

(4) ［时间　啊　有　哪儿］　私に時間なんてあるでしょうか。

我 ＿＿＿＿＿＿ ＿＿＿＿＿＿ ＿＿＿＿＿＿ ＿＿＿＿＿＿ ?

(5) ［你　骗　会　怎么］　私たちはどうしてあなたをだますことがあるでしょうか。

我们 ＿＿＿＿＿＿ ＿＿＿＿＿＿ ＿＿＿＿＿＿ ＿＿＿＿＿＿ ?

2 空欄記入問題

日本語の意味に合うように空欄に適切な語を書き入れましょう。

(1) 今すでに 12 時になりました。
现在已经十二点（　　　　　　　　）。

(2) あなたはまずお風呂に入ってください。
你先洗澡（　　　　　　　　）。

(3) 私はやはり留学に行くのはやめにします。
我还是不去留学（　　　　　　　　）。

(4) あなたたちは中国人留学生ですよね。
你们是中国留学生（　　　　　　　　）？

(5) ここの風景はなんて美しいのだろう。
这儿的风景多美（　　　　　　　　）！

(6) 私は夏休みに旅行へ行きますが、あなたは?
我暑假去旅游，你（　　　　　　　　）？

(7) 今日私たちは一緒に食事をしましょう。
今天我们一起吃饭（　　　　　　　　）！

(8) あなたは何が食べたいですか。

你想吃什么（　　　　　　）？

③ 作文問題

日本語から中国語へ訳しましょう。

(1) あなたは彼に電話したのではないですか。

(2) あなたはまさか彼を知らないわけはあるまい。

(3) 私たち一緒にご飯を食べましょう。

(4) あなたが先にこの本を読んでください。

(5) 私は今日アルバイトに行かないことにします。

---

1 (1) 你不是说过吗? Nǐ bú shì shuōguo ma? "不是～吗" は反語文で、「～ではないですか（～だ）」という意味です。
(2) 你不是去中国出差了吗? Nǐ bú shì qù Zhōngguó chūchāi le ma? "不是～吗" の形の反語文です。間に入る連動文にも注意をしましょう。
(3) 你难道没看过美国电影吗? Nǐ nándào méi kànguo Měiguó diànyǐng ma? "难道～吗" は反語文で「まさか～ですか（というわけではあるまい）」という意味です。
(4) 我哪儿有时间啊! Wǒ nǎr yǒu shíjiān a? "哪儿～啊" は反語文で、「どこに～ですか（～ではない）」という意味です。
(5) 我们怎么会骗你? Wǒmen zěnme huì piàn nǐ? "怎么会～" は反語文で、「どうして～なことがあろうか（ありえない）」という意味です。

2 (1) 现在已经十二点（了）。Xiànzài yǐjīng shí'èr diǎn (le). 変化や新事態の発生を表す文末助詞は "了" です。よく "已经～了" の形で用いられます。
(2) 你先洗澡（吧）。Nǐ xiān xǐzǎo (ba). "吧" には複数の意味がありますが、主語が "你" や相手を表す名詞の場合は、「～してください」という意味です。
(3) 我还是不去留学（了）。Wǒ háishi bú qù liúxué (le). 変化や新事態の発生を表す文末助詞 "了" を置きます。
(4) 你们是中国留学生（吧）? Nǐmen shì Zhōngguó liúxuéshēng (ba). 推測を表す文末助詞として "吧" を置きます。
(5) 这儿的风景多美（啊）! Zhèr de fēngjǐng duō měi (a)! "多～啊" で、感嘆を表します。
(6) 我暑假去旅游，你（呢）? Wǒ shǔjià qù lǚyóu, nǐ (ne)? 省略疑問文の形です。
(7) 今天我们一起吃饭（吧）! Jīntiān wǒmen yìqǐ chīfàn (ba)! "我们/咱们" や自分を含む人々を表す主語に "吧" を組み合わせると、提案や誘いかけの意味になります。
(8) 你想吃什么（呢）? Nǐ xiǎng chī shénme (ne)? 疑問詞と相性の良い文末助詞 "呢" が入ります。

---

3 (1) 你不是给他打电话了吗? Nǐ bú shì gěi tā dǎ diànhuà le ma? "不是～吗" を用いて「～ではないですか」を表すことができます。「～に電話する」は "给～打电话" です。
(2) 你难道不认识他（吗）? Nǐ nándào bú rènshi tā (ma)? "难道～（吗）" を用いて「まさか～ではあるまい」を表すことができます。
(3) 我们/咱们一起吃饭吧。Wǒmen/Zánmen yìqǐ chīfàn ba. 提案や勧誘を表す文末助詞 "吧" を用います。
(4) 你先看这本书吧。Nǐ xiān kàn zhè běn shū ba. 相手に対して「～してください」と言う場合には、文末助詞 "吧" を用います。
(5) 今天我不去打工了。Jīntiān wǒ bú qù dǎgōng le. 変化や新しい事態を表すには、文末助詞 "了" を用います。文末の "了" は、「アルバイトに行かない」ことが新事態であることを示します。

単語練習㉔

第1週　第2週　第3週　第4週　第5週 32日　筆記対策　リスニング対策　模擬試験

1 音声を聞いて声調符号をつけ、4 つの中から声調の組み合わせが異なる単語に〇をつけなさい。 (203)

	①	②	③	④
[1]	tianzhen 天真（無邪気である）	haoting 好听（(聞いて)心地よい）	shangxin 伤心（悲しい）	zaogao 糟糕（めちゃくちゃである）
[2]	xianran 显然（明らかである）	wanzheng 完整（完備している）	nanmian 难免（避けられない）	chengken 诚恳（真心がこもっている）
[3]	mingliang 明亮（明るい）	qiangda 强大（力強い）	kexi 可惜（残念である）	yansu 严肃（厳正である）
[4]	jieshi 结实（丈夫である）	jiji 积极（積極的である）	anquan 安全（安全である）	fada 发达（発達する）
[5]	hei'an 黑暗（暗い）	jiao'ao 骄傲（尊大である）	jianding 坚定（しっかりしている）	huopo 活泼（活発である）
[6]	wuliao 无聊（退屈である）	yonggan 勇敢（勇敢である）	pilao 疲劳（疲れている）	linghuo 灵活（機敏である）

2 音声を聞いてピンインを書き、さらに 4 つの中から声調の組み合わせが異なる単語に〇をつけなさい。 (204)

	①	②	③	④
[1]	寒冷（寒い）	有力（力強い）	反动（反動的な）	怎样（どのような）
[2]	善于（〜に長じている）	不同（異なっている）	开心（愉快である）	作为（〜として）
[3]	牺牲（犠牲にする）	虚心（謙虚である）	消失（消失する）	要好（仲が良い）
[4]	另外（ほかに）	密切（親しい）	平常（普通である）	叫做（〜と呼ぶ）
[5]	明确（明確である）	主观（主観的である）	强烈（強烈である）	实用（実用的である）
[6]	悠久（悠久である）	显著（顕著である）	相反（相反する）	艰苦（苦しい）

解答

1
	①	②	③	④
[1]	天真 tiānzhēn	❷好听 hǎotīng	伤心 shāngxīn	❹糟糕 zāogāo
[2]	❶显然 xiǎnrán	完整 wánzhěng	难免 nánmiǎn	诚恳 chéngkěn
[3]	明亮 míngliàng	强大 qiángdà	❸可惜 kěxī	严肃 yánsù
[4]	❶结实 jiēshi	积极 jījí	安全 ānquán	发达 fādá
[5]	黑暗 hēi'àn	骄傲 jiāo'ào	坚定 jiāndìng	❹活泼 huópo
[6]	无聊 wúliáo	❷勇敢 yǒnggǎn	疲劳 píláo	灵活 línghuó

2
	①	②	③	④
[1]	❶寒冷 hánlěng	有力 yǒulì	反动 fǎndòng	怎样 zěnyàng
[2]	善于 shànyú	不同 bùtóng	❸开心 kāixīn	作为 zuòwéi
[3]	牺牲 xīshēng	虚心 xūxīn	消失 xiāoshī	❶要好 yàohǎo
[4]	另外 lìngwài	密切 mìqiè	❸平常 píngcháng	叫做 jiàozuò
[5]	明确 míngquè	❷主观 zhǔguān	强烈 qiángliè	实用 shíyòng
[6]	悠久 yōujiǔ	❷显著 xiǎnzhù	相反 xiāngfǎn	艰苦 jiānkǔ

第33天

さまざまな呼応表現・注意したい副詞

呼応表現はそのまま覚えるのが早道です。
副詞も確認しておきましょう。

❶ 呼応表現

① 不是 〜（而）是…「〜ではなく、…だ」

(205) 我不是大夫，（而）是护士。Wǒ bú shì dàifu, (ér) shì hùshi.
私は医者ではなく、看護師です。

② 不是 〜 就是 …「〜でなければ、…だ」

(206) 星期天，我不是去看足球比赛，就是在家玩儿游戏。
Xīngqītiān, wǒ bú shì qù kàn zúqiú bǐsài, jiù shì zài jiā wánr yóuxì.
日曜日、私はサッカーの試合を観に行くのでなければ、家でゲームをし
ています。

③ 虽然 〜 但是…「〜ではあるけれども、しかし…だ」

(207) 她虽然没去过中国，但是汉语说得特别好。
Tā suīrán méi qùguo Zhōngguó, dànshì Hànyǔ shuōde tèbié hǎo.
彼女は中国に行ったことはないが、中国語を話すのがとても上手です。

④ 因为 〜 所以…「〜なので、…だ」

(208) 因为感冒了，所以我没去上课。
Yīnwèi gǎnmào le, suǒyǐ wǒ méi qù shàngkè.
風邪をひいたので、授業に出ませんでした。

⑤ 如果 〜（的话）就…　要是 〜（的话）就… 「もし〜なら、…だ」

(209) 如果下雨的话，就不去玩儿了。Rúguǒ xià yǔ dehuà, jiù bú qù
wánr le. もし雨が降ったら、遊びに行くのはやめます。

价格要是太贵的话，就不买了。Jiàgé yàoshi tài guì dehuà, jiù
bù mǎi le. 値段が高過ぎたら、買いません。

⑥ 不但／不仅〜而且… 「〜だけでなく、…でもある」

(210) 他不但／不仅会说英语，而且还会说法语。
Tā búdàn/bùjǐn huì shuō Yīngyǔ, érqiě hái huì shuō Fǎyǔ.
彼は英語を話せるだけでなく、フランス語を話すこともできます。

"的话"を使い、"如果""要是"を省略することもできます。

❼ 不管 〜 都／也… 　不论 〜 都／也…「〜であっても…だ」

(211) 不管（是）谁都可以参加比赛。
Bùguǎn (shì) shéi dōu kěyǐ cānjiā bǐsài.
誰でも試合に参加できます。

不论（是）什么水果，我都喜欢吃。Búlùn (shì) shénme
shuǐguǒ, wǒ dōu xǐhuan chī. どんな果物でも私は好きです。

❽ 连 〜 都／也 …「〜でさえ…だ」

(212) 他连这么简单的道理都不明白。
Tā lián zhème jiǎndān de dàoli dōu bù míngbai.
彼はこんなに簡単な道理でさえ分からない。

❾ 先 〜 然后 …「まず〜してから…する」

(213) 我每天先刷牙，然后再吃早饭。
Wǒ měi tiān xiān shuā yá, ránhòu zài chī zǎofàn.
私は毎日歯磨きしてから、朝食を食べます。

❿ 等 〜 再 …「〜してから…する」

(214) 等爸爸回来，再吃晚饭吧。Děng bàba huílai, zài chī wǎnfàn ba.
お父さんが帰って来たら、夕食にしましょう。

⓫ 一 〜 就 …「〜したらすぐ…」

(215) 学校一放暑假，我就去中国留学。
Xuéxiào yí fàng shǔjià, wǒ jiù qù Zhōngguó liúxué.
学校が夏休みになったらすぐ中国へ留学に行きます。

⓬ 只要 〜 就 …「〜しさえすれば…する」

(216) 只要有时间，他就去钓鱼。Zhǐyào yǒu shíjiān, tā jiù qù diàoyú.
彼は時間さえあれば、釣りに行く。

⓭ 只有〜才…「〜してこそ…だ」「〜しないかぎり…ない」

(217) 只有努力，才能取得好成绩。Zhǐyǒu nǔlì, cái néng qǔdé hǎo
chéngjì. 努力なくして良い成績を取ることはできない。

除了 〜 （以外）还／都／也…「〜の他に…」

(218) 除了弹钢琴以外，我还会弹吉他。Chúle tán gāngqín yǐwài, wǒ
hái huì tán jítā. ピアノ以外に、私はギターも弾けます。

⑮ 疑問詞（什么／哪儿／谁／怎么）都／也 … 「～も…だ」

219 我不舒服，什么也不想吃。Wǒ bù shūfu, shénme yě bù xiǎng chī.
私は気分が良くないので、何も食べたくありません。

暑假我哪儿都没去。Shǔjià wǒ nǎr dōu méi qù.
夏休みに私はどこへも行きませんでした。

谁都愿意跟他交朋友。Shéi dōu yuànyì gēn tā jiāo péngyou.
誰もが彼と友達になりたいと思う。

⑯ 一点儿也＋否定 「少しも～ない」

220 我一点儿也不感兴趣。Wǒ yìdiǎnr yě bù gǎn xìngqù.
私は少しも興味がありません。

⑰ 一边 ～ 一边 … 「～しながら…する」

221 妈妈不让我一边吃饭一边看电视。
Māma bú ràng wǒ yìbiān chīfàn yìbiān kàn diànshì.
母は私にご飯を食べながらテレビを見せてくれません。

⑱ 有的～有的… 「あるものは～であるものは…だ」

222 有的（人）喜欢吃咸的，有的（人）喜欢吃甜的。
Yǒude (rén) xǐhuan chī xián de, yǒude (rén)xǐhuan chī tián de.
塩辛いのが好きな人もいれば、甘いのが好きな人もいる。

⑲ 越～越… 「～すればするほど…だ」

223 这本书越看越有意思。Zhè běn shū yuè kàn yuè yǒu yìsi.
この本は読めば読むほどおもしろい。

⑳ 或者～或者… 「～か、または…だ」

224 星期天晚上，我或者看电视剧，或者看棒球比赛。
Xīngqītiān wǎnshang, wǒ huòzhě kàn diànshìjù, huòzhě kàn
bàngqiú bǐsài.
日曜日の夜、私はテレビドラマを見るか、野球の試合を見るかです。

検定
注目ポイント　**呼応表現の形で複文が出題されます。空欄記入や作文で出題されます。**
覚えるのみ！

練習問題

1 空欄記入問題

日本語の意味に合うように空欄に適切な語を書き入れましょう。

(1) 私は彼の母親ではなく、祖母です。
我不是他母亲，（　　　　　　　　）他奶奶。

(2) 明日、私は家にいなければ、図書館にいます。
明天我不是在家，（　　　　　　　　）在图书馆。

(3) 彼はあんなに小さいけれど、物事の道理をよく理解しています。
他（　　　　　　　　）那么小，但是很懂道理。

(4) もし値段が高すぎるなら、私は買うのをやめます。
如果太贵了，我（　　　　　　　　）不买了。

(5) 彼女は英語が話せるだけでなく、さらに韓国語も話せます。
她不但会说英语，（　　　　　　　　）还会说韩语。

(6) どんな仕事であれ、すべて良いところも悪いところもあります。
（　　　　　　　　）是什么样的工作，都有好处和坏处。

(7) こんなに簡単な問題は、子どもでも答えることができます。
这么简单的问题，连小孩儿（　　　　　　　　）能回答。

(8) あなたが同意しさえすれば、私は留学に行きます。
（　　　　　　　　）你同意，我就去留学。

(9) 張さん以外、私もフランス語を話すことができます。
除了小张（　　　　　　　　），我也会说法语。

(10) 努力してはじめて成功することができます。
（　　　　　　　　）努力，才能成功。

(11) 授業が終わるとすぐに彼女は教室を走り出て行きました。
（　　　　　　　　）下课，她就跑出教室去了。

(12) 私は気分が悪くて、何も食べたくありません。
我不舒服，什么（　　　　　　　　）不想吃。

(13) 冬休みに私はどこへも行きたくありません。
寒假我哪儿（　　　　　　　　）不想去。

(14) 私はサッカーに少しも興味がありません。
我对足球一点儿（　　　　　　　　）不感兴趣。

(15) 私の父はお風呂に入りながら歌を歌うのが好きです。
我爸爸喜欢（　　　　　　　　）洗澡（　　　　　　　　）唱歌。

2 作文問題

日本語から中国語へ訳しましょう。

(1)　私は明日また来ます。

(2)　この本は読めば読むほど難しい。

(3)　彼女は今日 8 時にようやく起きました。

(4)　私は先に宿題をして、それから遊びに行きます。

(5)　彼は昨日また先生に怒られました。

解答　解説

1 (1)　我不是他母亲，（而是）他奶奶。Wǒ bú shì tā mǔqin, (ér shì) tā nǎinai.「〜ではなく、…だ」を意味する"不是〜，而是…"の組み合わせを覚えましょう。

(2)　明天我不是在家，（就是）在图书馆。Míngtiān wǒ bú shì zài jiā, (jiù shì) zài túshūguǎn.「〜でなければ、…だ」を意味する"不是〜，就是…"の組み合わせを覚えましょう。

(3)　他（虽然）那么小，但是很懂道理。Tā (suīrán) nàme xiǎo, dànshì hěn dǒng dàoli.「〜だけれども、…だ」を意味する"虽然〜，但是…"の組み合わせを覚えましょう。

(4)　如果太贵了，我（就）不买了。Rúguǒ tài guì le, wǒ (jiù) bù mǎi le. 仮定表現「もし〜なら、…だ」を意味する"如果／要是〜，就…"の組み合わせを覚えましょう。

(5)　她不但会说英语，（而且）还会说韩语。Tā búdàn huì shuō Yīngyǔ, (érqiě) hái huì shuō Hányǔ.「〜だけでなく、また…」を意味する"不但〜，而且…"の組み合わせを覚えましょう。

(6)　（不管）是什么样的工作，都有好处和坏处。(Bùguǎn) shì shénmeyàng de gōngzuò, dōu yǒu hǎochu hé huàichu.「〜にかかわらず、…だ」を意味する"不管〜，都…"の組み合わせを覚えましょう。

(7)　这么简单的问题，连小孩儿（都）能回答。Zhème jiǎndān de wèntí, lián xiǎoháir (dōu) néng huídá.「〜でさえ…だ」を意味する"连〜，都／也…"の組み合わせを覚えましょう。

(8)　（只要）你同意，我就去留学。(Zhǐyào) nǐ tóngyì, wǒ jiù qù liúxué.「〜しさえすれば、…だ」を意味する"只要〜，就…"の組み合わせを覚えましょう。

(9)　除了小张（以外），我也会说法语。Chúle Xiǎo-Zhāng (yǐwài), wǒ yě huì shuō Fǎyǔ.「〜以外は…だ」を意味する"除了〜以外…"の組み合わせを覚えましょう。

(10)　（只有）努力，才能成功。(Zhǐyǒu) nǔlì, cái néng chénggōng.「〜してはじめて…」「〜しなくては…ない」を意味する"只有〜，才…"の組み合わせを覚えましょう。

(11)　（一）下课，她就跑出教室去了。(Yí) xià kè, tā jiù pǎochu jiàoshì qu le.「〜してすぐ…」を意味する"一〜，就…"の組み合わせを覚えましょう。

(12)　我不舒服，什么（都／也）不想吃。Wǒ bù shūfu, shénme (dōu/yě) bù xiǎng chī.「疑問詞＋"都／也"…」の形を覚えましょう。

(13)　寒假我哪儿（都／也）不想去。Hánjià wǒ nǎr (dōu/yě) bù xiǎng qù.「疑問詞＋"都／也"…」の形を覚えましょう。

(14)　我对足球一点儿（都／也）不感兴趣。Wǒ duì zúqiú yìdiǎnr (dōu/yě) bù gǎn xìngqù.「一点儿也」＋否定形」の形で「少しも〜ない」という意味です。

(15)　我爸爸喜欢（一边）洗澡（一边）唱歌。Wǒ bàba xǐhuan (yìbiān) xǐzǎo (yìbiān) chàng gē.「一边（儿）〜一边（儿）…」は二つの動作を同時進行する言い方です。"边〜边…"とも言います。

---

2 (1)　我明天再来。Wǒ míngtiān zài lái. これからのことを、「また〜する」と言う場合は、"再"＋動詞」です。

(2)　这本书越看越难。Zhè běn shū yuè kàn yuè nán.「〜すればするほど…だ」は、"越〜越…"です。

(3)　她今天八点才起床。Tā jīntiān bā diǎn cái qǐchuáng.「ようやく、やっと」を意味する副詞は"才"です。

(4)　我先做作业，然后去玩儿。Wǒ xiān zuò zuòyè, ránhòu qù wánr.「まず〜、それから…」と動作を並べるときは、"先〜，然后…"と言います。連動文の語順を間違えないようにしましょう。

(5)　他昨天又被老师批评了。Tā zuótiān yòu bèi lǎoshī pīpíng le. 済んだことを「また〜した」という場合は、"又"を用います。受身文の「"被"（＋動作主）＋動詞」の語順にも注意してください。

単語練習㉕

1 音声を聞いて声調符号をつけ、4つの中から声調の組み合わせが異なる単語に〇をつけなさい。 (225)

	①	②	③	④
[1]	xiangtong 相同 (同じである)	youliang 优良 (優良である)	jianqiang 坚强 (粘り強い)	meihao 美好 (美しい)
[2]	zhongdian 重点 (重点的な)	xixin 细心 (注意深い)	weisheng 卫生 (衛生的である)	teshu 特殊 (特殊である)
[3]	chouxiang 抽象 (抽象的である)	zhoudao 周到 (行き届いている)	lihai 厉害 (すごい)	jilie 激烈 (激しい)
[4]	fuza 复杂 (複雑である)	guangfan 广泛 (幅広い)	pubian 普遍 (一般的である)	baogui 宝贵 (貴重だ)
[5]	biyao 必要 (必要である)	yiwai 意外 (意外である)	poqie 迫切 (切実である)	beitong 悲痛 (悲痛である)
[6]	pusu 朴素 (質素である)	zhudong 主动 (自発的である)	guangkuo 广阔 (広大である)	yingyong 英勇 (勇敢である)

2 音声を聞いてピンインを書き、さらに4つの中から声調の組み合わせが異なる単語に〇をつけなさい。 (226)

	①	②	③	④
[1]	任何 (いかなる)	共同 (共通の)	或者 (または)	不如 (〜に及ばない)
[2]	同様 (同じである)	本来 (本来)	実在 (本当に)	絶対 (絶対に)
[3]	熱心 (熱心である)	更加 (なおさら)	刚好 (ちょうどよく)	必須 (必ず〜しなければならない)
[4]	経常 (しょっちゅう)	如何 (いかが)	其余 (残り)	臨時 (その時になって)
[5]	特別 (特別だ)	照常 (いつものように)	正好 (ちょうど)	一时 (とっさに)
[6]	根据 (〜に基づいて)	順便 (ついでに)	究竟 (結局のところ)	公共 (公共の)

解答

1
[1] ① 相同 xiāngtóng ② 优良 yōuliáng ③ 坚强 jiānqiáng ❹ 美好 měihǎo
[2] ❶ 重点 zhòngdiǎn ② 细心 xìxīn ③ 卫生 wèishēng ④ 特殊 tèshū
[3] ① 抽象 chōuxiàng ② 周到 zhōudào ❸ 厉害 lìhai ④ 激烈 jīliè
[4] ❶ 复杂 fùzá ② 广泛 guǎngfàn ③ 普遍 pǔbiàn ④ 宝贵 bǎoguì
[5] ① 必要 bìyào ② 意外 yìwài ③ 迫切 pòqiè ❹ 悲痛 bēitòng
[6] ① 朴素 pǔsù ② 主动 zhǔdòng ③ 广阔 guǎngkuò ❹ 英勇 yīngyǒng

2
[1] ① 任何 rènhé ② 共同 gòngtóng ❸ 或者 huòzhě ④ 不如 bùrú
[2] ① 同样 tóngyàng ❷ 本来 běnlái ③ 实在 shízài ④ 绝对 juéduì
[3] ① 热心 rèxīn ② 更加 gèngjiā ❸ 刚好 gānghǎo ④ 必须 bìxū
[4] ① 经常 jīngcháng ② 如何 rúhé ③ 其余 qíyú ④ 临时 línshí
[5] ① 特别 tèbié ② 照常 zhàocháng ❸ 正好 zhènghǎo ④ 一时 yìshí
[6] ① 根据 gēnjù ❷ 顺便 shùnbiàn ③ 究竟 jiūjìng ④ 公共 gōnggòng

今週の復習 第5週

1 空欄に適当な漢字を入れましょう。

(1) 彼は気が進まなかったけれど、しぶしぶ行きました。
　　他（　　　　　　　　）不高兴，但是还是勉强去了。

(2) この絵を壁にかけてください。
　　请（　　　　　　　　）这幅画挂在墙上。

(3) 私の財布は盗まれました。
　　我的钱包（　　　　　　　　）偷走了。

(4) もし明日雨なら、私たちは行くのをやめます。
　　（　　　　　　　　）明天下雨，我们就不去了。

2 次の文を中国語に訳しましょう。

(1) 父はフランス語を勉強してすでに3年になります。

(2) 彼は昨日来たのではなくて今日来たのです。

(3) 私はその映画をまだ見終わっていません。

(4) 父は私に中国へ留学に行かせてくれません。

3 次の文を日本語に訳しましょう。

(1) 你难道不知道这件事吗?

(2) 今天我请你吃饭。

(3) 我不是不想去，而是有事不能去。

(4) 他不但很认真，而且也很热情。

<hr>

解答　解説

1 (1) 他（虽然）不高兴，但是还是勉强去了。Tā suīrán bù gāoxìng, dànshì háishi miǎnqiǎng qù le.
(2) 请（把）这幅画挂在墙上。Qǐng bǎ zhè fú huà guàzài qiáng shang.
(3) 我的钱包（被）偷走了。Wǒ de qiánbāo bèi tōuzǒu le.
(4) （如果）明天下雨，我们就不去了。Rúguǒ míngtiān xià yǔ, wǒmen jiù bú qù le.

2 (1) 我爸爸学法语已经学了三年了。Wǒ bàba xué Fǎyǔ yǐjīng xuéle sān nián le.
(2) 他不是昨天来的，是今天来的。Tā bú shì zuótiān lái de, shì jīntiān lái de.
(3) 我还没有把那个电影看完。Wǒ hái méiyou bǎ nàge diànyǐng kànwán.
(4) 爸爸不让我去中国留学。Bàba bú ràng wǒ qù Zhōngguó liúxué.

3 (1) あなたはまさかこの件を知らなかったのですか。
(2) 今日は私がごちそうするね。
(3) 私は行きたくないのではなく、用事があっていけないのです。
(4) 彼はまじめなだけでなく、親切です。

筆記対策
長文問題

中検3級の長文問題は、400字前後の文章を読んだ上で、空欄補充の問題や内容理解を確認する問題に答える形になっています。空欄補充問題は介詞（前置詞）や助詞が中心で、内容理解についての問題は類義表現の区別や文章の主旨を問うものが出題されます。文体も書き言葉が入り、介詞"把"を使うところで書面語の"将"を使ったり、成語が使われることもあります。単語も漢字から推測できるものについては、これまでの3級の出題範囲を超えているものや、新語や固有名詞も多く出題されることもあるようなので、日ごろから中国語で書かれたニュースなども見るように心がけましょう。

筆記対策
長文問題 (1)

1 次の文章を読み，(1)〜(6)の問いの答えとして最も適当なものを，それぞれ①〜④の中から
1つ選びなさい。

　　世界上大多数国家的纸币上都印着国家元首或历史人物的画像，日本曾经也
是如此，比如对日本历史影响力极大、日本国民非常尊敬的圣德太子就曾七次出
现在纸币上。不过近四十年来，日元上的人物画像有了明显的变化。以前的政治
强人逐渐　　(1)　　文化名人代替，在日本最有代表性的思想家、教育家、文学
家和科学家成为纸币上的主角。　　(2)　　有人说，日本以科技文化强国的秘密
就在日元里。

　　福泽谕吉、夏目漱石、野口英世等著名人物都　　(3)　　出现在日元纸币上，
这些被印在纸币上的人物，都是明治维新以来日本近代化的领路人和奠基者。他们
或努力　　(4)　　引入先进文化，为日本注入新鲜血液；或拼命　　(4)　　向世
界介绍日本文化，让世界了解日本。他们是日本民族的杰出人才，为日本的现代化
做出了重大的贡献，对日本社会的进步发挥了非常重要的作用。

　　日本把这些人的画像印在纸币上，　　(5)　　反映了重视文化、科技立国的国策，
　　(5)　　在不知不觉中影响了日本国民尤其是青少年，让人们清楚，谁才是值得尊
敬和纪念的人。　　※领路 lǐnglù 先導する　奠基 diànjī 基礎を打ち立てる

(1)　空欄(1)を埋めるのに適当なものは，次のどれか。
　　①使　　　　　②对　　　　　③被　　　　　④向

(2)　空欄(2)を埋めるのに適当なものは，次のどれか。
　　①因为　　　　②所以　　　　③但是　　　　④虽然

(3)　空欄(3)を埋めるのに適当なものは，次のどれか。
　　①先后　　　　②先行　　　　③并行　　　　④随后

(4)　空欄(4)を埋めるのに適当なものは，次のどれか。
　　①的　　　　　②得　　　　　③地　　　　　④着

学習日　月　日

第1週
第2週
第3週
第4週
第5週
筆記対策
リスニング対策
模擬試験

(5) 空欄 (5) を埋めるのに適当なものは，次のどれか。
　　① 不管～还是～　② 虽然～但是～　③ 既～也～　④ 只有～才～

(6) 本文の内容に合うものは，次のどれか。
　　① 纸币上印国家元首的画像是世界各国的惯例。
　　② 纸币是教育国民尤其是青少年的最好的教材。
　　③ 日本人非常尊敬为国家做出过突出贡献的人。
　　④ 日元纸币里藏着一个谁也不知道的重要秘密。

解 答

1

　　世界上大多数国家的纸币上都印着国家元首或历史人物的画像，日本曾经也是如此，比如对日本历史影响力极大、日本国民非常尊敬的圣德太子就曾七次出现在纸币上。不过近四十年来，日元上的人物画像有了明显的变化。以前的政治强人逐渐 (1) 被 文化名人代替，在日本最有代表性的思想家、教育家、文学家和科学家成为纸币上的主角。 (2) 所以 有人说，日本以科技文化强国的秘密就在日元里。

　　福泽谕吉、夏目漱石、野口英世等著名人物都 (3) 先后 出现在日元纸币上，这些被印在纸币上的人物，都是明治维新以来日本近代化的领路人和奠基者。他们或努力 (4) 地 引入先进文化，为日本注入新鲜血液；或拼命 (4) 地 向世界介绍日本文化，让世界了解日本。他们是日本民族的杰出人才，为日本的现代化做出了重大的贡献，对日本社会的进步发挥了非常重要的作用。

　　日本把这些人的画像印在纸币上， (5) 既 反映了重视文化、科技立国的国策， (5) 也 在不知不觉中影响了日本国民尤其是青少年，让人们清楚，谁才是值得尊敬和纪念的人。

発 音

Shìjiè shang dàduōshù guójiā de zhǐbì shang dōu yìnzhe guójiā yuánshǒu huò lìshǐ rénwù de huàxiàng, Rìběn céngjīng yě shì rúcǐ, bǐrú duì Rìběn lìshǐ yǐngxiǎnglì jí dà, Rìběn guómín fēicháng zūnjìng de Shèngdé Tàizǐ jiù céng qī cì chūxiànzài zhǐbì shang. Búguò jìn sìshí nián lái, Rìyuán shang de rénwù huàxiàng yǒule míngxiǎn de biànhuà. Yǐqián de zhèngzhì qiángrén zhújiàn bèi wénhuà míngrén dàitì, zài Rìběn zuì yǒu dàibiǎoxìng de sīxiǎngjiā, jiàoyùjiā, wénxuéjiā hé kēxuéjiā chéngwéi zhǐbì shang de zhǔjué. Suǒyǐ yǒu rén shuō, Rìběn yǐ kējì wénhuà qiángguó de mìmì jiù zài Rìyuán li.

Fúzé Yùjí, Xiàmù Shùshí, Yěkǒu Yīngshì děng zhùmíng rénwù dōu xiānhòu chūxiàn zài Rìyuán zhǐbì shang, zhèxiē bèi yìnzài zhǐbì shang de rénwù, dōu shì

Míngzhì wéixīn yǐlái Rìběn jìndàihuà de línglùrén hé diànjīzhě. Tāmen huò nǔlì de yǐnrù xiānjìn wénhuà, wèi Rìběn zhùrù xīnxiān xuèyè; huò pīnmìng de xiàng shìjiè jièshào Rìběn wénhuà, ràng shìjiè liǎojiě Rìběn. Tāmen shì Rìběn mínzú de jiéchū réncái, wèi Rìběn de xiàndàihuà zuòchūle zhòngdà de gòngxiàn, duì Rìběn shèhuì de jìnbù fāhuīle fēicháng zhòngyào de zuòyòng.

Rìběn bǎ zhèxiē rén de huàxiàng yìnzài zhǐbì shang, jì fǎnyìngle zhòngshì wénhuà, kējì lìguó de guócè, yě zài bù zhī bù jué zhōng yǐngxiǎngle Rìběn guómín yóuqí shì qīngshàonián, ràng rénmen qīngchu, shéi cái shì zhíde zūnjìng hé jìniàn de rén.

(日本語訳)
　世界の多くの国の紙幣には国家元首や歴史上の人物の画像が印刷されている。日本もかつてはそのようであった。たとえば日本の歴史に大きな影響力を持ち、日本国民が非常に尊敬している聖徳太子はかつて7回紙幣に登場した。しかしこの40年、日本円に登場する人物の画像には明らかな変化がある。以前の政治色が強い人物は次第に、文化方面に名のある人物にとって代わられ、日本で最も代表的な思想家、教育者、文学者、科学者が紙幣の主役になった。そのため、日本が科学技術、文化によって強国である秘密は日本円の中にあるという人がいる。

　福沢諭吉、夏目漱石、野口英世などの著名人はみな相次いで日本の紙幣に登場した。これらの紙幣に印刷された人物は、みな明治維新以来の日本の近代化において道しるべとなり、基礎を確立した人物である。彼らは、努力して先進文化を導入し、日本に新しい血を注ぎ込み、また一生懸命世界に日本の文化を紹介し、世界に日本を理解させた。彼らは日本民族の中の傑出した人材であり、日本の近代化に重要な役割を果たし、日本社会の進歩に非常に大きな役割を発揮した。

　日本はこれらの人物の画像を紙幣に印刷することで、文化と科学技術立国を重視する国策を反映させた上、日本国民、とりわけ青少年に知らず知らずのうちに影響を与え、人々に誰が尊敬し記念すべき価値がある人物であるかを示している。

(1) ① 使 shǐ　　② 对 duì　　❸ 被 bèi　　④ 向 xiàng

解説 ①は「〜させる」という使役、②は対象を導く介詞で「〜に」、③は「〜によって」という受身、④は「〜の方へ」という方向をそれぞれ表し、ここでは③が正解となります。

(2) ① 因为 yīnwèi　　❷ 所以 suǒyǐ　　③ 但是 dànshì　　④ 虽然 suīrán

解説 ①は「〜なので」という原因を、②は「だから〜」という結果を、③は逆接を表し、④は「〜ではあるが」という意味をそれぞれ表すので、ここでは②が正解となります。

(3) ❶ 先后 xiānhòu　　② 先行 xiānxíng　　③ 并行 bìngxíng　　④ 随后 suíhòu

解説 ①は「あいついで」という副詞、②は「先行する」という動詞、③は「同時に行う」という動詞、④は文頭に用いて「その後すぐに」となります。ここでは意味と場所から①が正解となります。

(4) ① 的 de　　② 得 de　　❸ 地 de　　④ 着 zhe

解説 ①は連体修飾語を作る助詞、②は補語を導く助詞、③は連用修飾語を作る助詞、④は「動詞＋"着"」の形で状態の持続を表します。ここでは後ろにそれぞれ"引入〜"、"向世界介绍〜"がくるので、連用修飾語を導く③が正解です。

(5) ① 不管〜还是〜 bùguǎn 〜 háishi 〜
② 虽然〜但是〜 suīrán 〜 dànshì 〜
❸ 既〜也〜 jì 〜 yě 〜
④ 只有〜才〜 zhǐyǒu 〜 cái 〜

解説 ①は「たとえ〜であっても、やはり〜」、②は「〜ではあるけれども〜」、③は「〜でもあり〜でもある」、④は「〜してこそはじめて〜だ」となるので、ここでは③が正解です。

(6) ① 纸币上印国家元首的画像是世界各国的惯例。
Zhǐbì shang yìn guójiā yuánshǒu de huàxiàng shì shìjiè gèguó de guànlì.
（紙幣には国家元首の画像が印刷されるのが世界各国の慣例である。）

② 纸币是教育国民尤其是青少年的最好的教材。
Zhǐbì shì jiàoyù guómín yóuqí shì qīngshàonián de zuìhǎo de jiàocái.
（紙幣は国民を、とりわけ青少年を教育する最も良い教材である。）

❸ 日本人非常尊敬为国家做出过突出贡献的人。
Rìběnrén fēicháng zūnjìng wèi guójiā zuòchūguo tūchū gòngxiàn de rén.
（日本人は国家のために突出した貢献をした人を非常に尊敬する。）

④ 日元纸币里藏着一个谁也不知道的重要秘密。
Rìyuán zhǐbì li cángzhe yí ge shéi yě bù zhīdào de zhòngyào mìmì.
（日本の紙幣の中には、だれも知らない重要な秘密が隠されている。）

解説 "日本国民非常尊敬的圣德太子就曾七次出现在纸币上"と書かれていることから③が正解です。

長文問題 (2)

1 次の文章を読み，(1) ～ (6) の問いの答えとして最も適当なものを，それぞれ①～④の中から
1つ選びなさい。

　　　中国人烧造陶瓷的历史十分久远。　(1)　其功能多、样式美、清洗方便
等特点，陶瓷早已成为中国人生活中离不开的东西。随着国际贸易的发展，西方
人也越来越喜爱来自中国的精美陶瓷。据史料记载，早在十七世纪时就已经有大
量的中国瓷陶瓷出口到欧洲，其中甚至有不少是　(2)　欧洲人的要求特制的。
到了十九世纪，欧洲的艺术家和收藏家都把中国的陶瓷当作灵感的来源和品味的
象征，普通的家庭也　(3)　家里拥有一件中国的陶瓷为傲。

　　　在相当长的时期内，陶瓷和茶叶、丝绸是中国对外贸易的最主要商品。中国
陶瓷在欧洲的热销程度让人难以想象，欧洲各大城市甚至有许多中国陶瓷的专卖
店。有资料显示，十八世纪后期，仅伦敦就有至少 52 家商铺专门从事经销中国陶
瓷的业务。

　　　说到陶瓷，人们往往会联想到"古老"一词，而古老的东西一定是要被新生
事物所代替的，但陶瓷似乎是一个例外。　(4)　早在上千年前就开始烧造陶
瓷了，但是陶瓷的烧造工艺并不是没有进步的，陶瓷的制造者始终是与时俱进的。
面对复杂多变的市场，他们　(5)　在不断创新，以适应人们的新要求。相信
即使到了遥远的未来，陶瓷也不会从我们的生活中消失的。

※灵感 línggǎn インスピレーション　　与时俱进 yǔ shí jù jìn 時代と共に進化した

(1)　空欄 (1) を埋めるのに適当なものは，次のどれか。
　　　① 为了　　　　　② 由于　　　　　③ 对于　　　　　④ 除了

(2)　空欄 (2) を埋めるのに適当なものは，次のどれか。
　　　① 由　　　　　　② 从　　　　　　③ 为　　　　　　④ 按

(3)　空欄 (3) を埋めるのに適当なものは，次のどれか。
　　　① 以　　　　　　② 因　　　　　　③ 就　　　　　　④ 才

(4)　空欄 (4) を埋めるのに適当なものは，次のどれか。
　　　① 因此　　　　　② 不仅　　　　　③ 尽管　　　　　④ 既然

(5) 空欄 (5) を埋めるのに適当なものは，次のどれか。
　　① 到底　　　　　② 反正　　　　　③ 偏巧　　　　　④ 一直

(6) 本文の内容に合うものは，次のどれか。
　　① 中国陶瓷从一开始就在全世界备受欢迎。
　　② 欧洲在几百年以前曾经有过中国陶瓷热。
　　③ 出口的陶瓷都是根据当地人要求烧造的。
　　④ 陶瓷的烧造工艺一直以来没有大的改变。

解　答

1

　　中国人烧造陶瓷的历史十分久远。 (1) 由于 其功能多、样式美、清洗方便等特点，瓷器早已成为中国人生活中离不开的东西。随着国际贸易的发展，西方人也越来越喜爱来自中国的精美陶瓷。据史料记载，早在十七世纪时就已经有大量的中国陶瓷出口到欧洲，其中甚至有不少是 (2) 按 欧洲人的要求特制的。到了十九世纪，欧洲的艺术家和收藏家都把中国的陶瓷当作灵感的来源和品味的象征，普通的家庭也 (3) 以 家里拥有一件中国的陶瓷为傲。

　　在相当长的时期内，陶瓷和茶叶、丝绸是中国对外贸易的最主要商品。中国陶瓷在欧洲的热销程度让人难以想象，欧洲各大城市甚至有许多中国陶瓷的专卖店。有资料显示，十八世纪后期，仅伦敦就有至少 52 家商铺专门从事经销中国陶瓷的业务。

　　说到陶瓷，人们往往会联想到"古老"一词，而古老的东西一定是要被新生事物所代替的，但陶瓷似乎是一个例外。 (4) 尽管 早在上千年前就开始烧造陶瓷了，但是陶瓷的烧造工艺并不是没有进步的，陶瓷的制造者始终是与时俱进的。面对复杂多变的市场，他们 (5) 一直 在不断创新，以适应人们的新要求。相信即使到了遥远的未来，陶瓷也不会从我们的生活中消失的。

发　音

　　Zhōngguórén shāozào táocí de lìshǐ shífēn jiǔyuǎn. Yóuyú qí gōngnéng duō、yàngshì měi、qīngxǐ fāngbiàn děng tèdiǎn, táocí zǎoyǐ chéngwéi Zhōngguórén shēnghuó zhōng líbukāi de dōngxi. Suízhe guójì màoyì de fāzhǎn, Xīfāngrén yě yuèláiyuè xǐ'ài láizì Zhōngguó de jīngměi táocí. Jù shǐliào jìzǎi, zǎo zài shíqī shìjì shí jiù yǐjīng yǒu dàliàng de Zhōngguó táocí chūkǒudào Ōuzhōu, qízhōng shènzhì yǒu bù shǎo shì àn Ōuzhōurén de yāoqiú tèzhì de. Dàole shíjiǔ shìjì, Ōuzhōu de yìshùjiā hé shōucángjiā dōu bǎ Zhōngguó de táocí dàngzuò línggǎn de láiyuán hé pǐnwèi de xiàngzhēng, pǔtōng de jiātíng yě yǐ jiāli yōngyǒu yí jiàn Zhōngguó de táocí wéi ào.

　　Zài xiāngdāng cháng de shíqī nèi, táocí hé cháyè、sīchóu shì Zhōngguó duìwài màoyì de zuì zhǔyào shāngpǐn. Zhōngguó táocí zài Ōuzhōu de rèxiāo chéngdù ràng rén nányǐ xiǎngxiàng, Ōuzhōu gè dà chéngshì shènzhì yǒu xǔduō Zhōngguó táocí de zhuānmàidiàn. Yǒu zīliào xiǎnshì, shíbā shìjì hòuqī, jǐn Lúndūn jiù yǒu zhìshǎo wǔshí'èr jiā shāngpù zhuānmén cóngshì jīngxiāo Zhōngguó táocí de yèwù.

Shuōdào táocí, rénmen wǎngwǎng huì liánxiǎngdào "gǔlǎo" yì cí, ér gǔlǎo de dōngxi yídìng shì yào bèi xīnshēng shìwù suǒ dàitì de, dàn táocí sìhū shì yí ge lìwài. Jǐnguǎn zǎo zài shàng qiān nián qián jiù kāishǐ shāozào táocí le, dànshì táocí de shāozào gōngyì bìng bú shì méiyou jìnbù de, táocí de zhìzàozhě shǐzhōng shì yǔ shí jù jìn de. Miànduì fùzá duō biàn de shìchǎng, tāmen yìzhí zài búduàn chuàngxīn, yǐ shìyìng rénmen de xīn yāoqiú. Xiāngxìn jíshǐ dàole yáoyuǎn de wèilái, táocí yě bú huì cóng wǒmen de shēnghuó zhōng xiāoshī de .

(日本語訳)

中国人の陶磁器制作の歴史は非常に古い。その機能の多さ、デザインの美しさ、洗いやすさなどの特徴により、陶磁器は早くから中国人の生活にとってなくてはならないものになった。国際貿易の発展に伴い、西洋人もますます中国からやって来た精巧で美しい陶磁器を好んだ。史料の記載によると、早くは17世紀にはすでに大量の中国の陶磁器がヨーロッパに輸出されており、その中でもとりわけ多くのものがヨーロッパの人の要求によって特注されたものであった。19世紀になると、ヨーロッパの芸術家とコレクターはみな中国の陶磁器をインスピレーションの来源とセンスの象徴とみなし、一般家庭も家に一つ中国の陶磁器を持つことを誇りに思った。

かなり長い期間、陶磁器と茶葉とシルクは中国の対外貿易の最も主要な商品であった。中国の陶磁器のヨーロッパでの売れ行きの良さは想像を超えており、ヨーロッパの各大都市では多くの中国の陶磁器の専門店ができたほどだ。ある資料には18世紀後半、ロンドンだけで少なくとも52軒の中国の陶磁器を専門に扱う店があったと記載されている。

陶磁器と言うと、人々は往々にして「古い」という言葉を連想するかもしれない。古いものは必ず新しいものに取って代わられるが、どうやら陶磁器は例外であったようだ。千年前には早くも陶磁器の制作が始まっていたのだが、陶磁器の制作技術は進歩しなかったわけではなく、職人たちはつねに時代とともに進化した。複雑でめまぐるしく変わる市場に向き合い、彼らはずっと絶え間なく新しいものを創造し、人々の新しい要求に適応してきた。たとえ遥か遠い未来が来ても、陶磁器は私たちの生活の中から消えることはないと信じている。

(1) ① 为了 wèile　　❷ 由于 yóuyú　　③ 对于 duìyú　　④ 除了 chúle

解 説 ①は「〜ために」、②は「〜によって」、③は「について」、④は「〜を除いて」となるので、ここでは②が正解です。

(2) ① 由 yóu　　② 从 cóng　　③ 为 wèi　　❹ 按 àn

解 説 ①は書き言葉で「〜から」、②は起点となる空間や時間を示し「〜から」、③は対象を伴い「〜のために」、④は「〜に基づいて」という意味になるので、ここでは④が正解です。

(3) ❶ 以 yǐ　　② 因 yīn　　③ 就 jiù　　④ 才 cái

解 説 ①は書き言葉で「〜で、〜によって」、②は書き言葉で原因を示し「〜のため」、③は「すぐに」、④は「やっと」という意味になるので、①が正解です。

(4) ① 因此 yīncǐ　　② 不仅 bùjǐn　　❸ 尽管 jǐnguǎn　　④ 既然 jìrán

解 説 ①は結論を述べ「それによって〜」、②は「ただ〜だけではない」、③は「〜ではあるけれども」、④は「〜である以上」という意味になるので③が正解です。

(5) ① 到底 dàodǐ　　② 反正 fǎnzhèng　　③ 偏巧 piānqiǎo　　❹ 一直 yìzhí

解 説 ①は「とうとう、ついに」、②は「どのみち」、③は「ちょうどうまい具合に」、④は「ずっと」という意味になるので、④が正解です。

(6) ① 中国陶瓷从一开始就在全世界备受欢迎。
Zhōngguó táocí cóng yì kāishǐ jiù zài quán shìjiè bèi shòu huānyíng.
（中国の陶磁器は最初から全世界で人気があった。）

❷ 欧洲在几百年以前曾经有过中国陶瓷热。
Ōuzhōu zài jǐ bǎi nián yǐqián céngjīng yǒuguo Zhōngguó táocí rè.
（ヨーロッパは数百年前に中国の陶磁器のブームがあったことがある。）

③ 出口的陶瓷都是根据当地人要求烧造的。
Chūkǒu de táocí dōu shì gēnjù dāngdìrén yāoqiú shāozào de.
（中国の陶磁器はみな現地の人の要求に基づき制作された。）

④ 陶瓷的烧造工艺一直以来没有大的改变。
Táocí de shāozào gōngyì yìzhí yǐlái méiyǒu dà de gǎibiàn.
（陶磁器の制作技術にはずっと大きな変化がない。）

解 説 "早在十七世纪时就已经有大量的中国陶瓷出口到欧洲" とあるので、数百年前に人気があったとしている②が正解です。①についてはそういう記載がなく、③と④についてはいずれも記載内容と逆の内容になるので、不正解です。

長文問題 (3)

1 次の文章を読み，(1) 〜 (6) の問いの答えとして最も適当なものを，それぞれ①〜④の中から1つ選びなさい。

　　九月一日，　　(1)　　我来说是一个很重要的日子。四十年前的这一天，我作为一名大学生开始了我的大学生活。在大学的四年里，我不仅学到了很多知识，还交了很多朋友。大学毕业以后，同学们都分开了。有的去北京工作，有的去上海工作，还有的去国外留学了。

　　老赵是我的大学同学，上个星期天他告诉我，他想在今年的九月一日　　(2)　　一次同学聚会，纪念我们入学四十周年。听了他的话，我非常高兴，　　(3)　　这样我就能时隔十年再跟大学时的老同学见面了。大学毕业以后，大家都很忙，平时见面的机会不多，特别是去了外地或出国的同学更是很难见到。甚至有两位同学，三十六年来我一次也没见到过。

　　在大学的时候，大家都是二十岁左右的年轻人，可是今天我们都已经是年过半百的人了。少数同学已经退休了，多数同学也快到退休的年龄了。听说有几位同学已经当上爷爷　　(4)　　奶奶了，真替他们高兴啊。

　　　　(5)　　九月一日越来越近了，我每天都在盼望同学聚会的日子早点儿到来。

(1)　空欄 (1) を埋めるのに適当なものは，次のどれか。
　　　① 给　　　　　　② 对　　　　　　③ 为　　　　　　④ 向

(2)　空欄 (2) を埋めるのに適当なものは，次のどれか。
　　　① 搞　　　　　　② 干　　　　　　③ 做　　　　　　④ 行

(3)　空欄 (3) を埋めるのに適当なものは，次のどれか。
　　　① 不但　　　　　② 但是　　　　　③ 所以　　　　　④ 因为

(4)　空欄 (4) を埋めるのに適当なものは，次のどれか。
　　　① 也许　　　　　② 可能　　　　　③ 还是　　　　　④ 或者

(5) 空欄 (5) を埋めるのに適当なものは，次のどれか。

① 从　　　　　② 离　　　　　③ 朝　　　　　④ 往

(6) 本文の内容に合うものは，次のどれか。

① 我的大学同学都已经是五十岁以上的人了。

② 每年的九月我都能跟所有的大学同学见面。

③ 同学们都为自己当了爷爷奶奶而感到高兴。

④ 纪念大学毕业四十年的同学聚会非常重要。

解　答

1

　　　九月一日，　(1) 对　我来说是一个很重要的日子。四十年前的这一天，我作为一名大学生开始了我的大学生活。在大学的四年里，我不仅学到了很多知识，还交了很多朋友。大学毕业以后，同学们都分开了。有的去北京工作，有的去上海工作，还有的去国外留学了。

　　　老赵是我的大学同学，上个星期天他告诉我，他想在今年的九月一日　(2) 搞　一次同学聚会，纪念我们入学四十周年。听了他的话，我非常高兴，　(3) 因为　这样我就能时隔十年再跟大学时的老同学见面了。大学毕业以后，大家都很忙，平时见面的机会不多，特别是去了外地或出国的同学更是很难见到。甚至有两位同学，三十六年来我一次也没见到过。

　　　在大学的时候，大家都是二十岁左右的年轻人，可是今天我们都已经是年过半百的人了。少数同学已经退休了，多数同学也快到退休的年龄了。听说有几位同学已经当上爷爷　(4) 或者　奶奶了，真替他们高兴啊。

　　　(5) 离　九月一日越来越近了，我每天都在盼望同学聚会的日子早点儿到来。

発　音

　　Jiǔyuè yī rì, duì wǒ lái shuō shì yí ge hěn zhòngyào de rìzi. Sìshí nián qián de zhè yì tiān, wǒ zuòwéi yì míng dàxuéshēng kāishǐle wǒ de dàxué shēnghuó. Zài dàxué de sì nián li, wǒ bùjǐn xuédàole hěn duō zhīshi, hái jiāole hěn duō péngyou. Dàxué bìyè yǐhòu, tóngxuémen dōu fēnkāi le. Yǒude qù Běijīng gōngzuò, yǒude qù Shànghǎi gōngzuò, hái yǒude qù guówài liúxué le.

　　Lǎo-Zhào shì wǒ de dàxué tóngxué, shàng ge xīngqītiān tā gàosu wǒ, tā xiǎng zài jīnnián de jiǔyuè yī rì gǎo yí cì tóngxué jùhuì, jìniàn wǒmen rùxué sìshí zhōunián. Tīngle tā de huà, wǒ fēicháng gāoxìng, yīnwei zhèyàng wǒ jiù néng shí gé shí nián zài gēn dàxué shí de lǎo tóngxué jiànmiàn le. Dàxué bìyè yǐhòu, dàjiā dōu hěn máng, píngshí jiànmiàn de jīhuì bù duō, tèbié shì qùle wàidì huò chūguó de tóngxué gèng shì hěn nán jiàndào. Shènzhì yǒu liǎng wèi tóngxué, sānshiliù nián lái wǒ yí cì yě méi jiàndàoguo.

Zài dàxué de shíhou, dàjiā dōu shì èrshí suì zuǒyòu de niánqīngrén, kěshì jīntiān wǒmen dōu yǐjīng shì nián guò bàn bǎi de rén le. Shǎoshù tóngxué yǐjīng tuìxiū le, duōshù tóngxué yě kuài dào tuìxiū de niánlíng le. Tīngshuō yǒu jǐ wèi tóngxué yǐjīng dāngshàng yéye huòzhě nǎinai le, zhēn tì tāmen gāoxìng a.

Lí jiǔyuè yī rì yuèláiyuè jìn le, wǒ měi tiān dōu zài pànwàng tóngxué jùhuì de rìzi zǎo diǎnr dàolái.

(日本語訳)
　9月1日は、私にとってとても大切な日です。40年前のこの日、一人の大学生としての大学生活が始まりました。大学の4年間で、私は多くの知識を学んだだけではなく、多くの友人を得ることができました。大学卒業後、同級生は散り散りになりました。北京に仕事に行った人もいれば、上海に仕事に行った人もおり、また海外に留学した人もいます。
　趙さんは私の大学の同級生です。彼は私に先週の日曜日に、今年の9月1日に同窓会を催し、私たちが入学した40周年を記念したいと言いました。彼の話を聞いて、私はとてもうれしかった。というのは、これで10年ぶりに大学時代の同級生と会えるからです。大学卒業後、みなとても忙しく、普段会う機会も少なく、特によその土地や海外に行った同級生とはさらに会うのが難しかったからです。さらに2人の同級生に至っては、36年間、一度も会ったことがありません。
　大学の時は、みな20歳ぐらいの若者でしたが、今では年齢がすでに50を越えました。同級生の一部はもう退職し、多くの同級生もまもなく退職する年齢です。何人かの同級生はもうおじいさんやおばあさんになったそうで、彼らのために喜びました。
　9月1日が近づいてきており、毎日同窓会が早くやってくることを心待ちにしています。

(1) ① 给 gěi　　❷ 对 duì　　　③ 为 wèi　　④ 向 xiàng

解 説 ①は「〜に」、②は "对〜来说" の形で「〜について言えば」、③は「〜のために」、④は「〜に向かって」という意味になるのでここでは②が正解です。

(2) ❶ 搞 gǎo　　　② 干 gàn　　　③ 做 zuò　　④ 行 xíng

解 説 ①は様々な意味がありますが "聚会" を目的語にとりパーティーを「催す」となり、②と③は漠然と何かを「する」。④は「よろしい」という意味になるので、ここでは①が正解です。

(3) ① 不但 búdàn　　② 但是 dànshì　　③ 所以 suǒyǐ　　❹ 因为 yīnwei

解 説 ①不但は "不但〜而且" の形で「〜だけではなく〜」、②は「しかし」、③は結果を述べて「それゆえ」、④は原因を表し「〜なので」という意味になるので、④が正解です。

(4) ① 也许 yěxǔ　　② 可能 kěnéng　　③ 还是 háishi　　❹ 或者 huòzhě

解 説 ①は「もしかしたら」、②は「ひょっとしたら〜かもしれない」、③は「それとも」、④は「あるいは」という意味になるので④が正解です。

(5) ① 从 cóng　　❷ 离 lí　　③ 朝 cháo　　④ 往 wǎng

解 説 ①は "从A" で「Aから」、②は "A离B" で「AはBから」、③と④は「〜に向かって」という意味になるので、②が正解です。

(6) ❶ 我的大学同学都已经是五十岁以上的人了。
　Wǒ de dàxué tóngxué dōu yǐjìng shì wǔshí suì yǐshàng de rén le.
　（わたしの大学の同級生は皆すでに 50 歳以上の人になりました。）

② 每年的九月我都能跟所有的大学同学见面。
　Měi nián de jiǔyuè wǒ dōu néng gēn suǒyǒu de dàxué tóngxué jiànmiàn.
　（毎年 9 月はすべての大学のクラスメートに会うことができる。）

③ 同学们都为自己当了爷爷奶奶而感到高兴。
　Tóngxuémen dōu wèi zìjǐ dāngle yéye nǎinai ér gǎndào gāoxìng.
　（同級生たちは皆自分がおじいさんやおばあさんになったので喜んだ。）

④ 纪念大学毕业四十年的同学聚会非常重要。
　Jìniàn dàxué bìyè sìshí nián de tóngxué jùhuì fēicháng zhòngyào.
　（大学卒業 40 年を記念する同窓会は非常に重要です。）

解 説 "今天我们都已经是年过半百的人了。" の「「年过半百」＝ 100 の半分を越す」というところから 50 歳を越えたというところを読み解くことができれば①が正解だと分かります。

1 次の文章を読み，(1) 〜 (6) の問いの答えとして最も適当なものを，それぞれ①〜④の中から
1つ選びなさい。

　　　新学期开始的第一天，王老师在去大学的路上发现了一个很有趣的情况：不
少大学生都手里拿着一杯珍珠奶茶， ____(1)____ 走 ____(1)____ 喝。

　　　王老师在电视上看过一个报道，说的是今年日本全国流行珍珠奶茶。其实，
早在上个世纪九十年代末，这种来自台湾的珍珠奶茶第一次出现在日本以后，
____(2)____ 有过一次珍珠奶茶热。2008 年的时候，日本又兴起了第二次珍珠奶茶
的热潮。这次是珍珠奶茶在日本的第三次大流行了，而且这次流行的规模远远大
于前两次。报道还说，珍珠奶茶特别受年轻人尤其是女孩子的欢迎。

　　　今年春天，大学附近开了一家很小的珍珠奶茶店。王老师每次路过那里的时
候都能看到有十几个人在排队买珍珠奶茶，看 ____(3)____ 生意很好。暑假结束后，
大学附近已经有五家奶茶店了，这是王老师 ____(4)____ 也没想到的。

　　　快下课的时候，王老师问班里的同学：有谁喝过珍珠奶茶？全班同学都举手了，
超过一半的同学说每星期至少喝一次。有个女同学问王老师喝过没有，王老师说
自己从来没喝过。那个女同学说：那您一定要尝尝，您 ____(5)____ 喝 ____(5)____
会喜欢上的。王老师准备下课以后去买一杯品尝一下。

※ 路过 lùguò 通りかかる

(1)　空欄 (1) を埋めるのに適当なものは，次のどれか。
　　　① 又…又…　　　② 面…面…　　　③ 还…还…　　　④ 边…边…

(2)　空欄 (2) を埋めるのに適当なものは，次のどれか。
　　　① 才　　　　　　② 就　　　　　　③ 再　　　　　　④ 更

(3)　空欄 (3) を埋めるのに適当なものは，次のどれか。
　　　① 上去　　　　　② 过去　　　　　③ 出去　　　　　④ 下去

(4)　空欄 (4) を埋めるのに適当なものは，次のどれか。
　　　① 那么　　　　　② 什么　　　　　③ 这么　　　　　④ 怎么

第1週　第2週　第3週　第4週　第5週　筆記対策　リスニング対策　模擬試験

(5) 空欄 (5) を埋めるのに適当なものは，次のどれか。
　　① 因为…所以…　② 先…再…感到　③ 一…就…　④ 不仅…而且…

(6) 本文の内容に合うものは，次のどれか。
　　① 王老师根本不打算去喝珍珠奶茶。
　　② 珍珠奶茶的流行让王老师感到很意外。
　　③ 多数人每星期都喝两次珍珠奶茶。
　　④ 日本没有出现过珍珠奶茶的热潮。

解 答

1

　　新学期开始的第一天，王老师在去大学的路上发现了一个很有趣的情况：不少大学生都手里拿着一杯珍珠奶茶，　(1) 边　走　(1) 边　喝。

　　王老师在电视上看过一个报道，说的是今年日本全国流行珍珠奶茶。其实，早在上个世纪九十年代末，这种来自台湾的珍珠奶茶第一次出现在日本以后，　(2) 就　有过一次珍珠奶茶热。2008 年的时候，日本又兴起了第二次珍珠奶茶的热潮。这次是珍珠奶茶在日本的第三次大流行了，而且这次流行的规模远远大于前两次。报道还说，珍珠奶茶特别受年轻人尤其是女孩子的欢迎。

　　今年春天，大学附近开了一家很小的珍珠奶茶店。王老师每次路过那里的时候都能看到有十几个人在排队买珍珠奶茶，看　(3) 上去　生意很好。暑假结束后，大学附近已经有五家奶茶店了，这是王老师　(4) 怎么　也没想到的。

　　快下课的时候，王老师问班里的同学：有谁喝过珍珠奶茶？全班同学都举手了，超过一半的同学说每星期至少喝一次。有个女同学问王老师喝过没有，王老师说自己从来没喝过。那个女同学说：那您一定要尝尝，您　(5) 一　喝　(5) 就　会喜欢上的。王老师准备下课以后去买一杯品尝一下。

発 音

　　Xīn xuéqī kāishǐ de dì yī tiān, Wáng lǎoshī zài qù dàxué de lùshang fāxiànle yí ge hěn yǒuqù de qíngkuàng : bùshǎo dàxuéshēng dōu shǒu li názhe yì bēi zhēnzhū nǎichá, biān zǒu biān hē.

　　Wáng lǎoshī zài diànshì shang kànguo yí ge bàodào, shuō de shì jīnnián Rìběn quánguó liúxíng zhēnzhū nǎichá. Qíshí, zǎo zài shàng ge shìjì jiǔshí niándài mò, zhè zhǒng láizì Táiwān de zhēnzhū nǎichá dì-yī cì chūxiànzài Rìběn yǐhòu, jiù yǒuguo yí cì zhēnzhū nǎichá rè. Èr líng líng bā nián de shíhou, Rìběn yòu xīngqǐle dì-èr cì zhēnzhū nǎichá de rècháo. Zhè cì shì zhēnzhū nǎichá zài Rìběn de dì-sān cì dà liúxíng le, érqiě zhè cì liúxíng de guīmó yuǎnyuǎn dàyú qián liǎng cì. Bàodào hái shuō, zhēnzhū nǎichá tèbié shòu niánqīngrén yóuqí shì nǚháizi de huānyíng.

　　Jīnnián chūntiān, dàxué fùjìn kāile yì jiā hěn xiǎo de zhēnzhū nǎichá diàn. Wáng lǎoshī měi cì lùguò nàli de shíhou dōu néng kàndào yǒu shí jǐ ge rén zài páiduì mǎi zhēnzhū nǎichá, kànshangqu shēngyi hěn hǎo. Shǔjià jiéshù hòu, dàxué fùjìn yǐjīng yǒu wǔ jiā nǎichádiàn le, zhè shì Wáng lǎoshī zěnme yě méi xiǎngdào de.

　　Kuài xiàkè de shíhou, Wáng lǎoshī wèn bān li de tóngxué : yǒu shéi hēguo zhēnzhū nǎichá? Quán bān tóngxué dōu jǔshǒu le, chāoguò yíbàn de tóngxué shuō měi xīngqī zhìshǎo hē yí cì. Yǒu ge nǚtóngxué wèn Wáng lǎoshī hēguo méiyou, Wáng lǎoshī shuō zìjǐ cónglái méi hēguo. Nàge nǚtóngxué shuō : nà nín yídìng yào chángchang, nín yì hē jiù huì xǐhuanshang de. Wáng lǎoshī zhǔnbèi xiàkè yǐhòu qù mǎi yì bēi pǐncháng yíxià.

（日本語訳）
　　新学期が始まった最初の日、王先生は大学に行く途中、多くの大学生が手にタピオカミルクティーを持ち、歩きながら飲んでいるという面白い状況に気づきました。

　　王先生はテレビである報道を見たことがあり、その報道では、今年日本では全国的にタピオカミルクティーが流行っていると言っていました。実際には、早くも1990年代末にこの台湾からやって来たタピオカミルクティーが初めて日本に出現して、最初のタピオカミルクティーのブームがありました。2008年には、日本ではまた2回目のタピオカミルクティーのブームが起こりました。今回は日本におけるタピオカミルクティーの3回目の大流行になります。しかも今回の流行の規模は過去2回の規模をはるかに上回るものになっています。報道ではさらに、タピオカミルクティーは特に若い人、とりわけ女子に人気があると言っています。

　　今年の春、大学の近くに1軒の小さなタピオカミルクティー屋ができました。王先生が毎回そこを通り過ぎるとき、十数人の人が列を作り、タピオカミルクティーを買っているのを見かけるので、商売はとても繁盛しているようです。夏休みが終わった後、大学の近くにはすでに5軒のミルクティー屋ができており、これは王先生にとっては到底想像できないことでした。

　　授業の終わりに、王先生がクラスの学生に「タピオカミルクティーを飲んだことがある人はいますか？」と尋ねると、クラスメート全員が手を上げ、過半数の学生が毎週少なくとも1回は飲むと言いました。ある女子学生が王先生に飲んだことがあるか尋ねると、王先生は、自分はこれまで飲んだことがないと言いました。その女子学生は「それなら必ず味わってみるべきで、飲んだらすぐに気に入るはずです」と言いました。王先生は授業が終わったら、買いに行って味わってみるつもりです。

(1) ① 又…又… yòu… yòu …　　② 面…面…miàn… miàn…
　　③ 还…还… hái… hái…　　❹ 边…边…biān… biān …

解説 "边～边～"の形で「～しながら～する」のように複数の動作を同時に行う意味になります。

(2) ① 才 cái　　❷ 就 jiù　　③ 再 zài　　④ 更 gèng

解説 ①は前の文の事柄が発生して「やっと」、②は時間的に早いことを示す「すぐに」「とっくに」、③は同じ動作を繰り返し「また」、④はもとの程度と比較して「さらに」という意味になるので、ここでは②が正解です。

(3) ❶上去 shangqu　　②过去 guoqu　　③出去 chuqu　　④下去 xiaqu

解説 複合方向補語の派生的な意味を問う問題です。①は「看」の後ろに置くと「～のように見える」という意になる、②は正常な状態から不正常な状態になること、③は話者にとって好ましくないことが暴露されること、④は動作の継続を表すので①が正解です。

(4) ①那么 nàme　　②什么 shénme　　③这么 zhème　　❹怎么 zěnme

解説 "怎么也没～"の形で、「どうしても～ない」となるので、答えは④です。①は「それじゃあ、そんなに」、②は「なに」、③は「こんなに」なので相応しくありません。

(5) ① 因为…所以… yīnwèi… suǒyǐ…　　② 先…再… xiān … zài …
　　❸ 一…就… yī … jiù …　　④ 不仅…而且… bùjǐn … érqiě …

解説 "一～就～"の形で「ひとたび～すれば、すぐに～」という意味になるので、③が正解です。①は因果関係を、②は動作の順序を表し、「まず～してから次に～」、④は「～だけではなく、しかも～」という意味です。

(6) ① 王老师根本不打算去喝珍珠奶茶。
　　Wáng lǎoshī gēnběn bù dǎsuan qù hē zhēnzhū nǎichá.
　　（王先生はまったくタピオカミルクティーを飲みに行くつもりはなかった。）

　　❷ 珍珠奶茶的流行让王老师感到很意外。
　　Zhēnzhū nǎichá de liúxíng ràng Wáng lǎoshī gǎndào hěn yìwài.
　　（タピオカミルクティーの流行は王先生にはとても意外だった。）

　　③ 多数人每星期都喝两次珍珠奶茶。
　　Duōshùrén měi xīngqī dōu hē liǎng cì zhēnzhū nǎichá.
　　（多くの人が毎週タピオカミルクティーを2回飲む。）

　　④ 日本没有出现过珍珠奶茶的热潮。
　　Rìběn méiyou chūxiànguo zhēnzhū nǎichá de rècháo.
　　（日本ではこれまでタピオカミルクティーのブームが現れたことがない。）

解説 "暑假结束后，大学附近已经有五家奶茶店了，这是王老师怎么也没想到的。"という記述から、王先生はタピオカミルクティーのお店が短期間にこれだけたくさんできることは予想しておらず、王先生にとってタピオカミルクティーの流行が意外だったことを読み取ることができれば、②が正解だということが分かります。

1字の単語

3級の試験問題では、単語は2字で構成される単語のみ、声調とピンインに関する問題が出題されます。そのため準4級〜3級で必要な2字語を単語学習で集中的に学んでいます。ただ、単語は2字語だけではなく、長文読解やリスニングなど他の問題で出題される中国語文の中には2字語以外の単語も使われます。そこで3級レベルとして押さえておきたい2字以外の単語をこのコラムのコーナーで見ていきましょう。

1字の動詞をマスター ① ㉗

围	wéi	囲む
按	àn	押す
拍	pāi	撮る、たたく
照	zhào	撮影する、照らす
扔	rēng	投げる、捨てる
摆	bǎi	並べる、配置する
堆	duī	積む
摔	shuāi	転ぶ
抱	bào	抱く
背	bēi	背負う
烤	kǎo	焼く
醉	zuì	酔う
称	chēng	〜と呼ぶ
定	dìng	決定する
陪	péi	付き添う
选	xuǎn	選ぶ
种	zhòng	植える
搬	bān	運ぶ、移す、引っ越す
背	bèi	暗唱する
晒	shài	日に当たる、干す
变	biàn	変わる、変化する
搞	gǎo	する、やる
剩	shèng	残る
抓	zhuā	つかむ、捕まえる
托	tuō	委託する、頼む
撕	sī	引き裂く
摸	mō	触る、なでる
扭	niǔ	ひねる、ねじる
摇	yáo	揺れる
撒	sā	放す
排	pái	並べる、並ぶ
插	chā	挿す
填	tián	埋める、記入する

粘	zhān	つく、くっつく
翻	fān	めくる、ひっくり返る
割	gē	刈る
涂	tú	塗る
赶	gǎn	急ぐ、追いかける
抬	tái	上げる、持ち上げる
伸	shēn	伸ばす、広げる
弯	wān	曲がる、曲げる
藏	cáng	隠す、しまう
撞	zhuàng	ぶつける、ぶつかる
瞧	qiáo	見る
闻	wén	においを嗅ぐ
咬	yǎo	かむ、かじる
烫	tàng	熱くする、やけどする
烧	shāo	燃やす、煮炊きする
活	huó	生きる
养	yǎng	養う、飼う
嚷	rǎng	騒ぐ
吓	xià	脅かす、びっくりさせる

1字の動詞をマスター ②

忍	rěn	耐える、忍ぶ
约	yuē	約束する、誘う
代	dài	代わる、代理をする
求	qiú	頼む、要求する
调	diào	移動する
造	zào	造る
赔	péi	償う、弁償する
存	cún	保存する、蓄える
抢	qiǎng	奪う、横取りする
骗	piàn	だます、あざむく
运	yùn	運ぶ
编	biān	編集する、創作する
碎	suì	砕く

供	gōng	提供する
献	xiàn	捧げる
掉	diào	落ちる、落とす
治	zhì	治療する、治める
管	guǎn	管理する、担当する
响	xiǎng	(音や声が) 響く
弄	nòng	いじる
惹	rě	引き起こす
拖	tuō	引く、引きずる
退	tuì	返す、取り消す
绕	rào	(ぐるぐる) 巻く、回る
转	zhuǎn	(方向を) 変える、転換する
挑	tiāo	選ぶ、担ぐ

1字の副詞　(229)

将	jiāng	(書き言葉で) まもなく〜しようとする
可	kě	(強調して) 確かに、きっと

稍	shāo	やや、少し
却	què	(話し手の予想に反して) 意外にも、かえって
偏	piān	どうしても、あいにく
未	wèi	まだ、いまだに〜ない、〜でない
仅	jǐn	わずかに、ただ

1字の介詞 (前置詞)　(230)

以	yǐ	(書き言葉で) 〜によって、〜で
由	yóu	(書き言葉で) 〜によって、〜から
与	yǔ	(書き言葉で) 〜と
往	wǎng	〜に向かって、〜に
自	zì	〜より、〜から
沿	yán	〜に沿って

単語プラスワン
3字の単語

3級の試験問題では、3字語は名詞が多く、準4級から3級レベルの単語が幅広く使われる傾向にあります。過去5年間に問題で使われた単語を中心に、カテゴリーごとにまとまりで覚えていきましょう。

研究生	yánjiūshēng	大学院生
小伙子	xiǎohuǒzi	若者 (男性)
好朋友	hǎopéngyou	親友
老朋友	lǎopéngyou	幼馴染み
老百姓	lǎobǎixìng	庶民
老同学	lǎo tóngxué	同窓生
志愿者	zhìyuànzhě	ボランティア
钢琴家	gāngqínjiā	ピアニスト

人に関する単語　(231)

一家人	yìjiārén	一家族の人
家里人	jiālirén	家の人
年轻人	niánqīngrén	若者
老年人	lǎoniánrén	老人
公务员	gōngwùyuán	公務員
运动员	yùndòngyuán	スポーツ選手

食べ物に関する言葉　(232)

冰激淋	bīngjīlín	アイスクリーム
生鱼片	shēngyúpiàn	刺身
三明治	sānmíngzhì	サンドイッチ
葡萄酒	pútaojiǔ	ワイン
自助餐	zìzhùcān	バイキング

場所・建物に関する単語

咖啡馆	kāfēiguǎn	カフェ
游泳池	yóuyǒngchí	プール
快餐店	kuàicāndiàn	ファストフード店
纺织厂	fǎngzhīchǎng	紡績工場
电视台	diànshìtái	テレビ局
红绿灯	hónglǜdēng	信号機

物に関する単語 (234)

日用品	rìyòngpǐn	日用品
工艺品	gōngyìpǐn	工芸品
化妆品	huàzhuāngpǐn	化粧品
游戏机	yóuxìjī	ゲーム機
羽绒服	yǔróngfú	ダウンジャケット
太阳镜	tàiyángjìng	サングラス
运动鞋	yùndòngxié	スニーカー
充电器	chōngdiànqì	充電器

その他 (235)

连环画	liánhuánhuà	連環画
贺年片	hèniánpiàn	年賀状
电视剧	diànshìjù	テレビドラマ
互联网	hùliánwǎng	インターネット
新干线	xīngànxiàn	新幹線
讨论会	tǎolùnhuì	討論会
音乐会	yīnyuèhuì	コンサート

「動詞+補語」のよく出る組み合わせ (236)

接下来	jiēxialai	次に、続いて
留下来	liúxialai	残す
看起来	kànqilai	見たところ
吃不下	chībuxià	食べられない（のどを通らない）
吃不了	chībuliǎo	（たくさんあって）食べきれない
离不开	líbukāi	離れられない
忍不住	rěnbuzhù	耐えられない

用不着	yòngbuzháo	〜するに及ばない

その他の表現

开玩笑	kāi wánxiào	冗談を言う
睡懒觉	shuì lǎnjiào	寝坊をする
打招呼	dǎ zhāohu	挨拶をする
无所谓	wúsuǒwèi	どうでも良い
面对面	miàn duì miàn	面と向かって
怪不得	guàibude	道理で
差不多	chàbuduō	ほぼ、あまり差がない

地名や国に関する単語

北海道	Běihǎidào	
名古屋	Mínggǔwū	
富士山	Fùshìshān	
陕西省	Shǎnxīshěng	
北京市	Běijīngshì	
颐和园	Yíhéyuán	
意大利	Yìdàlì	（イタリア）
加拿大	Jiānádà	（カナダ）
新加坡	Xīnjiāpō	（シンガポール）

リスニング対策

　ここから集中的にリスニングで出題される内容を確認していきます。文法学習と重複する内容もありますが、復習も兼ねて確認していきましょう。

　3級のリスニング問題は、質問に対して適切な返答を選ぶ「一問一答」、AB2人の会話に続く3番目の発話を選ぶ「二人三話」、AB2人の会話を聞き内容を確認する「長文聴解」、400字程度の短い文を聞き内容を確認する「長文聴解」の4題出題されます。

　基本的にいずれの問題も「誰が、いつ、どこで、どんなふうに、なぜ、何を、どちらを」に集中して聞き取ることが肝心なので、まず「一問一答」形式の問題を使いながら疑問のタイプごとに質問のされ方や返答の仕方について確認していきたいと思います。

　3級のリスニングではそれほど難しい語彙は使われてはいませんので、キーワードをしっかりと聞き取り、「何が問われているか」を正確に把握する訓練をしましょう。

リスニング対策 1

①諾否疑問文

【解説】

　文末に "吗" を置く諾否疑問文は、文全体の内容を「～か」と問う意味になり、「はい」か「いいえ」で答えることができます。このタイプの疑問文は設問を問わず見かけますが、過去5年間（15回）の一問一答形式の問題では12回もこの質問形式が出題されています。

　この質問形式は基本的には、"是～吗?" と聞かれれば、「はい」なら "是"、「いいえ」なら "不是"、"你吃吗?" のように動作を伴う動詞を含む文であれば "吃" "不吃" のように、肯定の答えなら疑問文に使われている動詞を、否定なら "不" を動詞の前に加えて答え、"有" の否定や動作が完了していない場合は "没有" の形で否定します。

　ただし3級では単に「はい」、「いいえ」で返答するだけではありません。その後の説明が必要です。

(239) 请问，这附近有银行吗? Qǐngwèn, zhè fùjìn yǒu yínháng ma?
　すみません、この付近には銀行はありますか。

　　　── 有，一直往前走，邮局对面就是银行。
　　　　　Yǒu, yìzhí wǎng qián zǒu, yóujú duìmiàn jiù shì yínháng.
　　　　　あります、ずっとまっすぐ歩くと、郵便局の向かい側に銀行があります。
　　　── 没有。这附近没有银行。Méiyǒu. Zhè fùjìn méiyǒu yínháng.
　　　　　ありません、この付近には銀行はありません。

【練習問題】
中国語を聞き、(1) ～ (3) の答えとして最も適当なものを、①～④の中から選び、その番号に○をつけなさい。

(240)　　　　　　　　　(241)　　　　　　　　　(242)

(1)　　　　　　　　　(2)　　　　　　　　　(3)
　①　　　　　　　　　①　　　　　　　　　①
　②　　　　　　　　　②　　　　　　　　　②
　③　　　　　　　　　③　　　　　　　　　③
　④　　　　　　　　　④　　　　　　　　　④

解 答

(1) 你今天晚上想吃中国菜吗? Nǐ jīntiān wǎnshang xiǎng chī Zhōngguócài ma?
  (あなたは今晩中国料理を食べたいですか。)
  ① 他昨天晚上去中国了。Tā zuótiān wǎnshang qù Zhōngguó le.
    (彼は昨晩中国に行きました。)
  ❷ 我不想吃中国菜。Wǒ bù xiǎng chī Zhōngguócài.
    (私は中国料理を食べたくありません。)
  ③ 我明天去中国。Wǒ míngtiān qù Zhōngguó.
    (私は明日中国に行きます。)
  ④ 对, 我每星期天吃中国菜。Duì, wǒ měi xīngqītiān chī Zhōngguócài.
    (はい、わたしは毎週日曜日に中国料理を食べます。)

  【解 説】 今晩は中国料理を食べたいかと聞いているので、"不想吃"（食べたくない）と答えている②が正解です。

(2) 你听得懂老师说的汉语吗? Nǐ tīngdedǒng lǎoshī shuō de Hànyǔ ma?
  (あなたは先生が話す中国語を聞いて理解できますか。)
  ① 我不会听。Wǒ bú huì tīng.
    (聞くはずがありません。)
  ② 我听得懂他说的韩语。Wǒ tīngdedǒng tā shuō de Hányǔ.
    (私は彼の話す韓国語が聞いて理解できます。)
  ❸ 我听不懂他说的汉语。Wǒ tīngbudǒng tā shuō de Hànyǔ.
    (私は彼が話す中国語を聞いて理解することができません。)
  ④ 我不想听他说的话。Wǒ bù xiǎng tīng tā shuō de huà.
    (私は彼の話すことを聞きたくありません。)

  【解 説】 "听得懂〜吗?"（あなたは聞いて理解することができますか）という質問に加え、その対象が "汉语 Hànyǔ" であることを確認する必要があります。③が正解です。

(3) 你家离学校远吗? Nǐ jiā lí xuéxiào yuǎn ma?
  (あなたの家は学校から遠いですか。)
  ❶ 很远, 大约要一个半小时。Hěn yuǎn, dàyuē yào yí ge bàn xiǎoshí.
    (とても遠いです、だいたい 1 時間半かかります。)
  ② 我每天坐公交车去学校。Wǒ měi tiān zuò gōngjiāochē qù xuéxiào.
    (私は毎日バスで学校に行きます。)
  ③ 这儿到车站只要五分钟。Zhèr dào chēzhàn zhǐ yào wǔ fēnzhōng.
    (ここから駅まで 5 分しかかかりません。)
  ④ 对, 学校离车站很近。Duì, xuéxiào lí chēzhàn hěn jìn.
    (はい、学校は駅からとても近い。)

  【解 説】 "A 离 B 远吗?"（A は B から遠いですか。）という質問に対する答えなので、遠いか近いかという情報に加え学校と家との間の具体的な距離を述べている①が正解です。

② 選択疑問文

【解説】

　　二つの選択肢を"还是"でつなぎ、どちらかを選ばせる選択疑問文は、過去5年間の一問一答形式の問題で6回使われています。

　　3級では、単に提示された選択肢から一つを選ぶという単純なものではなく、次のように「いずれも好き」、「いずれも好きではない」と答えたり、選択肢以外の回答が出てくることもあります。文脈をしっかりと読み解きましょう。

（243）你喜欢吃饺子，还是吃小笼包？ Nǐ xǐhuan chī jiǎozi, háishi chī xiǎolóngbāo?
あなたは餃子を食べるのが好きですか、それともショウロンポーを食べるのが好きですか。
　　　── 我都喜欢。Wǒ dōu xǐhuan. 私はどちらも好きです。
　　　── 我都不喜欢。Wǒ dōu bù xǐhuan. 私はどちらも好きではありません。

你觉得韩语的发音难，还是汉语的发音难？
Nǐ juéde Hányǔ de fāyīn nán, háishi Hànyǔ de fāyīn nán?
あなたは韓国語の発音が難しいと思いますか、それとも中国語の発音が難しいと思いますか。
　　　── 我觉得汉语的发音比韩语的发音更难。
　　　　　Wǒ juéde Hànyǔ de fāyīn bǐ Hányǔ de fāyīn gèng nán.
　　　　　私は中国語の発音は韓国語の発音よりさらに難しいと思います。
　　　── 我觉得都不简单。Wǒ juéde dōu bù jiǎndān.
　　　　　私はどちらも簡単ではないと思います。

你这个周末去买东西，还是在家看书？
Nǐ zhège zhōumò qù mǎi dōngxi, háishi zài jiā kàn shū?
あなたは今週末買い物に行きますか、それとも家で本を読みますか。
　　　── 这个周末我要去打工。Zhège zhōumò wǒ yào qù dǎgōng.
　　　　　今週末はアルバイトに行かなければなりません。

【練習問題】　中国語を聞き、(1) ～ (3) の答えとして最も適当なものを、①～④の中から選び、その番号に○をつけなさい。

（244）	（245）	（246）
(1)	(2)	(3)
①	①	①
②	②	②
③	③	③
④	④	④

解　答

(1) 你喜欢打乒乓球，还是喜欢打网球? Nǐ xǐhuan dǎ pīngpāngqiú, háishi xǐhuan dǎ wǎngqiú?
　　(あなたは卓球が好きですか、それともテニスが好きですか。)
　　① 我不怎么喜欢看足球。Wǒ bù zěnme xǐhuan kàn zúqiú.
　　　(私はサッカーを見るのがそれほど好きではありません。)
　　❷ 我都喜欢，不过我更喜欢打棒球。Wǒ dōu xǐhuan, búguò wǒ gèng xǐhuan dǎ bàngqiú.
　　　(私はどちらも好きですが、野球をするのがさらに好きです。)
　　③ 我的同学没打过乒乓球。Wǒ de tóngxué méi dǎguo pīngpāngqiú.
　　　(私のクラスメートは卓球をしたことがありません。)
　　④ 对，我打算下午跟朋友打网球。Duì, wǒ dǎsuan xiàwǔ gēn péngyou dǎ wǎngqiú.
　　　(はい、私は午後友達とテニスをするつもりです。)
　　解　説 "乒乓球"(卓球)と"网球"(テニス)のいずれが好きかを尋ねています。"我都喜欢"(どちらも好き)である
　　　　　と答えているので、②が正解です。

(2) 春节你打算回老家，还是去旅游? Chūnjié nǐ dǎsuan huí lǎojiā, háishi qù lǚyóu?
　　(正月は実家に帰りますか、それとも旅行に行きますか。)
　　① 今年的春节是一月二十八号。Jīnnián de Chūnjié shì yīyuè èrshíbā hào.
　　　(今年の正月は1月28日です。)
　　② 好，我们一起过春节吧。Hǎo, wǒmen yìqǐ guò Chūnjié ba.
　　　(いいですね。私たちいっしょに正月を過ごしましょう。)
　　③ 我这个周末要回老家。Wǒ zhège zhōumò yào huí lǎojiā.
　　　(私はこの週末実家に帰らなければなりません。)
　　❹ 我准备回老家过年。Wǒ zhǔnbèi huí lǎojiā guònián.
　　　(私は実家に帰って正月を過ごす予定です。)
　　解　説 "春节"(正月)に"老家"(実家)に帰るか、"旅游"(旅行)に行くかを尋ねているのに対して、"准备回老家过年"
　　　　　(実家に帰ってお正月をすごすつもり)だと答えているで④が正解です。

(3) 你每星期什么时候打工? 星期一，还是星期五?
　　Nǐ měi xīngqī shénme shíhou dǎgōng? Xīngqīyī, háishi xīngqīwǔ?
　　(あなたは毎週いつアルバイトをしますか。月曜日ですか、それとも金曜日ですか。)
　　① 每星期一和星期五上课。Měi xīngqīyī hé xīngqīwǔ shàngkè.
　　　(毎週月曜日と金曜日は授業です。)
　　② 不对，明天不是星期五。Bú duì, míngtiān bú shì xīngqīwǔ.
　　　(いいえ、明日は金曜日ではありません。)
　　③ 我一个星期打五天工。Wǒ yí ge xīngqī dǎ wǔ tiān gōng.
　　　(私は1週間に5日アルバイトをします。)
　　❹ 星期一和星期五都不打工，我周末打工。
　　　Xīngqīyī hé xīngqīwǔ dōu bù dǎgōng, wǒ zhōumò dǎgōng.
　　　(私は月曜日と金曜日ともアルバイトをしません。週末にアルバイトをします。)
　　解　説 "星期一"(月曜日)と"星期五"(金曜日)のいずれに"打工"(アルバイト)するかという質問に対して、
　　　　　"都不打工"(どちらもアルバイトをしない)と答えている④が正解です。

③提案と推測

【解説】

"吧"を含む文は、質問、返答のいずれにも使われます。文脈により語気は「命令」、「提案」、「推測」と異なります。それぞれのパターンと返答例を見ていきましょう。

(247) ▶命令

下午的会，你参加吧。Xiàwǔ de huì, nǐ cānjiā ba.

午後のミーティングはあなたが参加しなさい。

—— 好。Hǎo. 分かりました。

(248) ▶提案

这个周末咱们一起去爬富士山吧。Zhège zhōumò zánmen yìqǐ qù pá Fùshìshān ba.

この週末、私たちいっしょに富士山に登りに行きましょう。

提案に対する返答例としては、"好"（分かりました、いいですね）と答えたり、"不好意思，我这个周末有事儿。"（すみません、今週末用事があります。）のように、謝罪の上、断ったりします。また、提案の語気としては、"吧"の代わりに"怎么样"を置いて"这个周末咱们一起去爬富士山，怎么样？"としても同じような意味になります。

(249) ▶推測

他们也想去中国旅游吧？Tāmen yě xiǎng qù Zhōngguó lǚyóu ba?

彼らも中国へ旅行に行きたいですよね。

—— 对，他们说要去。Duì, tāmen shuō yào qù.

はい、彼らは行きたいと言っています。

你是中国人吧？Nǐ shì Zhōngguórén ba? あなた中国人でしょう？

—— 不是，我是日本人。Bú shì, wǒ shì Rìběnrén. いいえ、私は日本人です。

推測の"吧"は質問に対する返答にも使います。

从这儿到车站要多长时间？Cóng zhèr dào chēzhàn yào duō cháng shíjiān?

ここから駅までどれぐらいかかりますか。

—— 大概要一个小时吧。Dàgài yào yí ge xiǎoshí ba.

だいたい1時間でしょう。

【練習問題】 中国語を聞き、(1) ～ (3) の答えとして最も適当なものを、①～④の中から選び、その番号に○をつけなさい。

(250)	(251)	(252)
(1)	(2)	(3)
①	①	①
②	②	②
③	③	③
④	④	④

解　答

(1) 明天我们一起去看电影，怎么样？ Míngtiān wǒmen yìqǐ qù kàn diànyǐng, zěnmeyàng?
（明日、私たちは一緒に映画を観に行くのはどうですか。）

　❶ 好，我们明天下午一起去吧。Hǎo, wǒmen míngtiān xiàwǔ yìqǐ qù ba.
　　（分かりました、明日の午後一緒に行きましょう。）

　② 好，我们一起去吃点心吧。Hǎo, wǒmen yìqǐ qù chī diǎnxin ba.
　　（分かりました、一緒に点心を食べに行きましょう。）

　③ 不行，今天有事，没有时间去看电影。
　　Bùxíng, jīntiān yǒu shì, méiyǒu shíjiān qù kàn diànyǐng.
　　（だめです、今日は用事があるので、映画を観に行く時間がありません。）

　④ 她们明天打算看中国电影。Tāmen míngtiān dǎsuan kàn Zhōngguó diànyǐng.
　　（彼女たちは明日中国映画を観に行くつもりです。）

　解説 "一起去看电影，怎么样？"（一緒に映画を観に行かないか）という提案に対して、"好"，（分かりました）と返答したうえで、具体的な時間を提案している①が正解です。

---

(2) 这个暑假咱们去中国吧。Zhège shǔjià zánmen qù Zhōngguó ba.
（この夏休みに私たち中国に行きませんか。）

　❶ 不好意思，我这个暑假都打工。Bù hǎoyìsi, wǒ zhège shǔjià dōu dǎgōng.
　　（すみません、私はこの夏休みずっとアルバイトです。）

　② 好啊，我们一起去购物中心。Hǎo a, wǒmen yìqǐ qù gòuwù zhōngxīn ba.
　　（いいですね、私たち一緒にショッピングセンターに行きましょう。）

　③ 对，我朋友都没去过中国。Duì, wǒ péngyou dōu méi qùguo Zhōngguó.
　　（はい、私の友人はみな中国に行ったことがありません。）

　④ 好，她的爱好也是旅游。Hǎo, tā de àihào yě shì lǚyóu.
　　（いいですね、彼女の趣味も旅行に行くことです。）

　解説 "暑假"（夏休み）に中国に行かないかという提案に対して、謝罪したうえで、夏休みの予定を答えている①が正解です。

---

(3) 天黑了，你们快回去吧。Tiān hēi le, nǐmen kuài huíqu ba.
（暗くなったので、あなたたち早く帰りなさい。）

　① 我觉得黑色的不怎么好看。Wǒ juéde hēisè de bù zěnme hǎokàn.
　　（私は黒いのは、あまり良くないと思います。）

　❷ 好，那么明天见。Hǎo, nàme míngtiān jiàn.
　　（分かりました、それじゃあ明日また。）

　③ 好像天气越来越不好了。Hǎoxiàng tiānqì yuèláiyuè bù hǎo le.
　　（天気がますます悪くなってきたようです。）

　④ 她们早就回家了。Tāmen zǎojiù huíjiā le.
　　（彼女たちはとっくに家に帰りました。）

　解説 "天黑了"の"黑"が「黒い」という意味ではなく、「暗い」という意味で使われていることをまず確認しましょう。ここでは「暗くなったので早く帰りなさい」という発言に対して、"好，那么明天见"（分かりました、また明日！）と答えているので②が正解です。

④疑問詞疑問文－怎么样

【解説】

"怎么样"は「どうですか」、「どう」のように様子や状態を尋ねる疑問詞です。会話の中では、人を誘うときに使う常套句になります。過去15回の一問一答では3回出題されています。

(253) 今天中午咱们一起吃午饭，怎么样？ Jīntiān zhōngwǔ zánmen yìqǐ chī wǔfàn, zěnmeyàng?
（今日のお昼、私たち一緒に昼ご飯を食べたら、どうですか。）
周末咱们去唱卡拉OK，怎么样？ Zhōumò zánmen qù chàng kǎlāOK, zěnmeyàng?
（週末私たちたちカラオケに歌いに行きませんか、どうですか。）

こういった場合の返答例として，"好"（分かりました、いいですね）や"行"（いいですよ）などを使って簡単に返事をした後、具体的な理由を述べるパターンが多くなります。

—— 好，车站附近有一家泰国餐厅。Hǎo, chēzhàn fùjìn yǒu yì jiā Tàiguó cāntīng.
いいですね、駅の近くにタイ料理のレストランがあります。

—— 行，咱们吃面条吧。Xíng, zánmen chī miàntiáo ba.
いいですね、ラーメンを食べましょう。

—— 不好意思，我中午已经有约了，下次吧。Bù hǎoyìsi, wǒ zhōngwǔ yǐjīng yǒu yuē le, xià cì ba.
すみません、お昼は先約があります、次回にしましょう。）

—— 这个周末我没有时间，改天好不好？Zhège zhōumò wǒ méiyǒu shíjiān, gǎi tiān hǎo bu hǎo?
今週末は時間がありません、別の日にしませんか。

感想を尋ねられて、それに対して具体的に返事をするパターンには次のようなものがあります。
你觉得昨天的那个连续剧怎么样？Nǐ juéde zuótiān de nàge liánxùjù zěnmeyàng?
昨日のあの連続ドラマはどうでしたか。

—— 我觉得很有意思。Wǒ juéde hěn yǒu yìsi.
私はとても面白いと思いました。

—— 我觉得那个演员演得特别好。Wǒ juéde nàge yǎnyuán yǎnde tèbié hǎo.
私はあの俳優が特に良いと思いました。

—— 我觉得不太好。Wǒ juéde bú tài hǎo.
私はたいしたことないと思いました。

【練習問題】 中国語を聞き、(1) ～ (3) の答えとして最も適当なものを、①～④の中から選び、その番号に○をつけなさい。

(254)	(255)	(256)
(1)	(2)	(3)
①	①	①
②	②	②
③	③	③
④	④	④

解 答

(1) 今天晚上我们去看电影，怎么样？ Jīntiān wǎnshang wǒmen qù kàn diànyǐng, zěnmeyàng?
（今晩映画を観に行きましょう、どうですか。）
① 好啊，我们在网上玩儿游戏吧。Hǎo a, wǒmen zài wǎngshang wánr yóuxì ba.
（いいですね、ネットでゲームをしましょう。）
❷ 好，那我在网上买今天晚上的票吧。
Hǎo, nà wǒ zài wǎngshang mǎi jīntiān wǎnshang de piào ba.
（いいですね、それじゃあ私がネットで今晩のチケットを買いますね。）
③ 不好意思，我明天晚上有事，不能去。
Bù hǎoyìsi, wǒ míngtiān wǎnshang yǒu shì, bù néng qù.
（すみません、明日の夜は用事があるので、行けません。）
④ 昨天看的那个电影真有意思。
Zuótiān kàn de nàge diànyǐng zhēn yǒu yìsi.
（昨晩観たあの映画は本当に面白かった。）

解 説 映画のお誘いに対して、"在网上买今天晚上的票"（ネットで今晩のチケットを買っておくね）と提案しているので②が正解です。

(2) 我准备明年去中国留学，你觉得怎么样？
Wǒ zhǔnbèi míngnián qù Zhōngguó liúxué, nǐ juéde zěnmeyàng?
（私は来年中国に留学に行くつもりですが、あなたはどう思いますか。）
① 我觉得这个杯子好。Wǒ juéde zhè ge bēizi hǎo.
（私はこのコップが良いと思います。）
② 我也想明年去中国旅游。Wǒ yě xiǎng míngnián qù Zhōngguó lǚyóu.
（私も来年中国に旅行に行くつもりです。）
③ 我觉得他的汉语水平非常高。Wǒ juéde tā de Hànyǔ shuǐpíng fēicháng gāo.
（私は彼の中国語のレベルはとても高いと思います。）
❹ 那，你应该好好儿学习汉语。Nà, nǐ yīnggāi hǎohāor xuéxí Hànyǔ.
（それじゃあ、あなたはしっかり中国語を勉強しないと。）

解 説 中国に留学に行くことについて感想を求めているのに対して、"应该好好学习汉语"（しっかり勉強しなさい）と答えている④が正解です。

(3) 你觉得他的作品怎么样？ Nǐ juéde tā de zuòpǐn zěnmeyàng?
（あなたは彼の作品をどう思いますか。）
① 你也看了我的作品吗？ Nǐ yě kànle wǒ de zuòpǐn ma?
（あなたも私の作品を見たのですか。）
② 我曾经看过他的作品。Wǒ céngjīng kànguo tā de zuòpǐn.
（私もかつて彼の作品を見たことがある。）
❸ 我觉得很有意思。Wǒ juéde hěn yǒu yìsi.
（私は面白いと思います。）
④ 他觉得不怎么好。Tā juéde bù zěnme hǎo.
（彼はあまりよくないと思った。）

解 説 作品に対する感想を聞いているので、"有意思"（面白い）と答えている③が正解です。

⑤疑問詞疑問文－几

【解説】

　"几个"（いくつ）、"几年"（何年、何年間）、"几号"（何日、何番）、"几天"（何日間）、"星期几"（何曜日）、"几个星期"（何週間）、"几点"（何時）、"几个小时"（何時間）、几次「何回」など、疑問詞"几"を使った疑問文は本書の４級対策でも扱っていますが、３級では、「長文リスニング」の内容確認や一問一答をはじめリスニング全体で使われる傾向にあります。

(257) 你明天几点出发? Nǐ míngtiān jǐ diǎn chūfā? あなたは明日何時に出発しますか。
　　　―― 下午两点半。Xiàwǔ liǎng diǎn bàn. 午後２時半です。

　　　具体的な時間を言わないで返答することもあります。
　　　―― 和今天一样。Hé jīntiān yíyàng. 今日と同じです。
　　　―― 吃午饭后，马上出发。Chī wǔfàn hòu, mǎshàng chūfā.
　　　　　昼食後、すぐに出発します。

時間以外には回数を尋ねる時にも使います。
你一个月打几次工? Nǐ yí ge yuè dǎ jǐ cì gōng?
あなたは１カ月に何回アルバイトをしますか。
　　　―― 我一个月打八次工。Wǒ yí ge yuè dǎ bā cì gōng.
　　　　　私は１か月に８回アルバイトをします。
　　　―― 我现在没打工。Wǒ xiànzài méi dǎgōng.
　　　　　私は今アルバイトがありません。

【練習問題】　中国語を聞き、(1) ～ (3) の答えとして最も適当なものを、①～④の中から選び、その番号に○をつけなさい。

(258)　　　　　　　　　　(259)　　　　　　　　　　(260)

(1)　　　　　　　　　　 (2)　　　　　　　　　　 (3)
　　①　　　　　　　　　　　①　　　　　　　　　　　①
　　②　　　　　　　　　　　②　　　　　　　　　　　②
　　③　　　　　　　　　　　③　　　　　　　　　　　③
　　④　　　　　　　　　　　④　　　　　　　　　　　④

解 答

(1) 你今天几点出门的? Nǐ jīntiān jǐ diǎn chūmén de?
　　(あなたは今日何時に家を出たのですか。)
　① 我每天骑自行车去学校。Wǒ měi tiān qí zìxíngchē qù xuéxiào.
　　(私は毎日自転車に乗って学校に行きます。)
　❷ 我今天九点才出门的。Wǒ jīntiān jiǔ diǎn cái chūmén de.
　　(私は今日 9 時にやっと家を出たのです。)
　③ 我是八点半起床的。Wǒ shì bā diǎn bàn qǐchuáng de.
　　(私は 8 時半に起きたのです。)
　④ 我今天下午出门。Wǒ jīntiān xiàwǔ chūmén.
　　(私は今日午後に家を出ます。)

　解説 "是～的"構文を使って今日家を出た時間を尋ねています。すでに発生したことについて「いつ」出た
　　かを答える必要があるので、"九点才出门的"（9 時にやっと家を出た）と答えている②が正解です。

(2) 你一个星期喝几次珍珠奶茶? Nǐ yí ge xīngqī hē jǐ cì zhēnzhū nǎichá?
　　(あなたは 1 週間に何回タピオカミルクティーを飲みますか。)
　① 我上个星期一去买珍珠奶茶了。Wǒ shàng ge xīngqīyī qù mǎi zhēnzhū nǎichá le.
　　(私は先週の月曜日にタピオカミルクティーを買いに行きました。)
　❷ 我从来没喝过珍珠奶茶。Wǒ cónglái méi hēguo zhēnzhū nǎichá.
　　(私はこれまでタピオカミルクティーを飲んだことがありません。)
　③ 我星期三去了珍珠奶茶店。Wǒ xīngqīsān qùle zhēnzhū nǎichá diàn.
　　(私は水曜日にタピオカミルクティー屋に行きました。)
　④ 我喝过两次拿铁咖啡。Wǒ hēguo liǎng cì nátiě kāfēi.
　　(私は 2 回カフェラテを飲んだことがあります。)

　解説 "一个星期喝几次"（1 週間に飲むタピオカミルクティーの回数）を聞いていますが、"从来没喝过"（こ
　　れまで一度も飲んだことがない）と答えている②が正解です。

(3) 你下星期几离开日本? Nǐ xià xīngqī jǐ líkāi Rìběn?
　　(あなたは来週何曜日に日本を離れますか。)
　① 我去过两次日本。Wǒ qùguo liǎng cì Rìběn.
　　(私は日本に 2 回行ったことがあります。)
　② 我上星期二来的日本。Wǒ shàng xīngqī'èr lái de Rìběn.
　　(私は先週の火曜日に日本に来たのです。)
　❸ 我准备这个周末回国。Wǒ zhǔnbèi zhège zhōumò huí guó.
　　(私は今週末帰国するつもりです。)
　④ 我下个星期二去打工。Wǒ xià ge xīngqī'èr qù dǎgōng.
　　(私は来週火曜日にアルバイトに行きます。)

　解説 来週の何曜日に日本を離れるか尋ねていますが、来週ではなく今週末に帰国すると答えている③が正解
　　です。具体的にどこに帰国をするかは言っていませんが、問答の流れから日本以外の国に帰国すること
　　が分かります。

⑥疑問詞疑問文 − 多

【解説】

　"多长""多高""多重""多大""多远" のように "多" ＋ 形容詞の形で、「長さ」、「高さ」、「重さ」、「大きさ」、「距離」などを尋ねることができます。過去 5 年間では、この形式の疑問文が 7 回出題されています。

　この疑問詞を含む疑問文に対する返答の仕方としては、聞かれていることに対して具体的な数値を出して答えることが多い傾向にあります。

(261) 你奶奶今年多大岁数了？ Nǐ nǎinai jīnnián duō dà suìshu le?
あなたのおばあさんは今年何歳になりましたか。
　　　—— 她今年八十八岁了。Tā jīnnián bāshíbā suì le.
　　　　　彼女は今年 88 歳になりました。
你家离车站有多远？ Nǐ jiā lí chēzhàn yǒu duō yuǎn?
あなたの家は駅からどれぐらい距離がありますか。
　　　—— 大概有一公里。Dàgài yǒu yì gōnglǐ.
　　　　　だいたい 1 キロあります。

从你家到车站要多长时间？ Cóng nǐ jiā dào chēzhàn yào duō cháng shíjiān?
家から駅までどれくらいかかりますか。
　　　—— 大约要十五分钟。Dàyuē yào shíwǔ fēnzhōng.
　　　　　だいたい 15 分かかります。
　　　—— 走着去要十分钟左右吧。Zǒuzhe qù yào shí fēnzhōng zuǒyòu ba.
　　　　　歩いて 10 分ぐらいでしょう。

【練習問題】 中国語を聞き、(1) 〜 (3) の答えとして最も適当なものを、①〜④の中から選び、その番号に○をつけなさい。

(262)　　　　　　　　(263)　　　　　　　　(264)

(1)　　　　　　　　　(2)　　　　　　　　　(3)
　　① 　　　　　　　　① 　　　　　　　　　①
　　② 　　　　　　　　② 　　　　　　　　　②
　　③ 　　　　　　　　③ 　　　　　　　　　③
　　④ 　　　　　　　　④ 　　　　　　　　　④

解答

(1) 你家离学校多远? Nǐ jiā lí xuéxiào duō yuǎn?
   (あなたの家は学校からどれぐらい遠いですか。)
   ❶ 我家离学校有十公里。Wǒ jiā lí xuéxiào yǒu shí gōnglǐ.
   　(私の家は学校から 10 キロあります。)
   ② 大概有十公斤。Dàgài yǒu shí gōngjīn.
   　(だいたい 10 キログラムあります。)
   ③ 大概有十天。Dàgài yǒu shí tiān.
   　(だいたい 10 日あります。)
   ④ 我家离学校很远。Wǒ jiā lí xuéxiào hěn yuǎn.
   　(私の家は学校から遠いです。)

   解説 家から学校の距離を尋ねているので、"有十公里"(10 キロ)と具体的な距離を述べている①が正解です。

---

(2) 你爸爸今年多大了? Nǐ bàba jīnnián duō dà le?
   (あなたのお父さんは今年何歳になりましたか。)
   ① 我爸爸比妈妈大。Wǒ bàba bǐ māma dà.
   　(私の父は母より年上です。)
   ② 他的身高是一米六。Tā de shēngāo shì yì mǐ liù.
   　(彼の身長は 160 センチメートルです。)
   ❸ 我爸爸五十岁了。Wǒ bàba wǔshí suì le.
   　(父は 50 歳になりました。)
   ④ 我已经二十三岁了。Wǒ yǐjīng èrshisān suì le.
   　(私はもう 23 歳になりました。)

   解説 父の年齢を尋ねているので、"我爸爸五十岁了"と父の年齢を答えている③が正解です。

---

(3) 从你家到学校要多长时间? Cóng nǐ jiā dào xuéxiào yào duō cháng shíjiān?
   (家から学校までどれぐらい時間がかかりますか。)
   ① 我每天走着去车站。Wǒ měi tiān zǒuzhe qù chēzhàn.
   　(私は毎日歩いて駅に行きます。)
   ② 我没有时间去学校。Wǒ měiyǒu shíjiān qù xuéxiào.
   　(私は学校に行く時間がありません。)
   ③ 我家离学校很远。Wǒ jiā lí xuéxiào hěn yuǎn.
   　(私の家は学校から遠いです。)
   ❹ 大约十几分钟吧。Dàyuē shí jǐ fēnzhōng ba.
   　(だいたい十数分でしょう。)

   解説 家から学校までの所要時間を尋ねているので、所要時間を述べている④が正解です。"大约"(おおよそ)、"十几分钟"(10 数分)といった概数表現の使い方も覚えましょう。

⑦疑問詞疑問文－哪儿・哪里

【解説】

　　本シリーズの準4級や4級の対策で学習した内容になりますが、"哪儿"や"哪里"を使って場所を尋ねる問題は一問一答では3回に1回は出題されます。この形式の返答には変化が少なく、シンプルに場所を答えるものが多くなります。また"是〜的"構文の中で多く使われる傾向にあるので、あわせて確認しておきましょう。

(265) 你昨天是在哪儿看的电影? Nǐ zuótiān shì zài nǎr kàn de diànyǐng?
あなたは昨日どこで映画を観たのですか。
　　── 我昨天在家看的电影。Wǒ zuótiān zài jiā kàn de diànyǐng.
　　　　私は昨日家で映画を観たのです。

你是在哪儿学的汉语? Nǐ shì zài nǎr xué de Hànyǔ?
あなたはどこで中国語を勉強したのですか。
　　── 我在北京学的汉语。Wǒ zài Běijīng xué de Hànyǔ.
　　　　私は北京で中国語を勉強したのです。

你的项链是在哪儿买的? Nǐ de xiàngliàn shì zài nǎr mǎi de?
あなたのネックレスはどこで買ったのですか。
　　── 我在新宿的百货商店买的。Wǒ zài Xīnsù de bǎihuò shāngdiàn mǎi de.
　　　　私は新宿の百貨店で買ったのです。

【練習問題】
中国語を聞き、(1)〜(3)の答えとして最も適当なものを、①〜④の中から選び、その番号に○をつけなさい。

(266)	(267)	(268)
(1)	(2)	(3)
①	①	①
②	②	②
③	③	③
④	④	④

解答

(1) 咱们在哪儿照相? Zánmen zài nǎr zhàoxiàng?
　　(私たちはどこで写真を撮りますか。)
　① 我终于找到照相机了。
　　Wǒ zhōngyú zhǎodào zhàoxiàngjī le.
　　(私はやっとカメラを見つけた。)
　② 一、二、三，茄子。Yī, èr, sān, qiézi.
　　(一、二、三、チエズ。) ※写真を撮るときの掛け声
　③ 这张照片很漂亮。Zhè zhāng zhàopiàn hěn piàoliang.
　　(この写真はとてもきれいだ。)
　❹ 在学校门口照吧。Zài xuéxiào ménkǒu zhào ba.
　　(学校の入口で撮りましょう。)

　解 説　"在哪儿照相"と写真を撮影する場所を尋ねています。"～吧"の形で、具体的な場所を提案している④が正解です。

(2) 你在哪儿学的汉语? Nǐ zài nǎr xué de Hànyǔ?
　　(あなたはどこで中国語を勉強したのですか。)
　① 我每天看中文小说。Wǒ měi tiān kàn Zhōngwén xiǎoshuō.
　　(私は毎日中国語の小説を読んでいます。)
　② 我学了一年汉语了。Wǒ xuéle yì nián Hànyǔ le.
　　(私は中国語を勉強して1年になります。)
　❸ 我在国内学的汉语。Wǒ zài guónèi xué de Hànyǔ.
　　(私は国内で中国語を勉強したのです。)
　④ 我从高中开始学汉语。Wǒ cóng gāozhōng kāishǐ xué Hànyǔ.
　　(私は高校から中国語を勉強し始めました。)

　解 説　"在哪儿学的汉语"と中国語を勉強した場所を聞いているので、"在国内学的"(国内で勉強した)と答えている③が正解です。

(3) 她是从哪儿来的? Tā shì cóng nǎr lái de?
　　(彼女はどこから来たのですか。)
　❶ 她是从中国来的留学生。Tā shì cóng Zhōngguó lái de liúxuéshēng.
　　(彼女は中国から来た留学生です。)
　② 她是今天刚来的。Tā shì jīntiān gāng lái de.
　　(彼女は今日来たばかりです。)
　③ 从北京到东京坐飞机要三个小时。Cóng Běijīng dào Dōngjīng zuò fēijī yào sān ge xiǎoshí.
　　(北京から東京まで飛行機で3時間かかります。)
　④ 从六点开始上课。Cóng liù diǎn kāishǐ shàngkè.
　　(6時から授業が始まります。)

　解 説　"她是从哪儿来的?（彼女はどこから来たのか）と尋ねたのに対し、"从中国来的留学生"（中国から来た留学生）と答えているので①が正解です。

⑧疑問詞疑問文－什么

【解説】

　　"什么"を使った疑問文は、一問一答で最も多く出題される出題形式の一つです。「"什么"＋名詞」の組み合わせで、"什么时候"（いつ）、"什么地方"（どこ）、"什么电影"（どんな映画）、"什么打算"（どんな予定）のように尋ねる形式と、"做什么""干什么"のように漠然と何をするのかを尋ねる形式で質問する傾向にあります。

(269) 你今年的黄金周打算做什么? Nǐ jīnnián de huángjīnzhōu dǎsuan zuò shénme?
あなたは今年のゴールデンウィークは何をするつもりですか。
　　　　── 我打算去中国旅游。Wǒ dǎsuan qù Zhōngguó lǚyóu.
　　　　　　私は中国に旅行に行くつもりです。
　　　　── 我现在没有什么打算。Wǒ xiànzài méiyǒu shénme dǎsuan.
　　　　　　私は今、何も計画はありません。

你是什么时候来东京的? Nǐ shì shénme shíhou lái Dōngjīng de?
あなたはいつ東京に来たのですか。
　　　　── 我是今天刚来的。Wǒ shì jīntiān gāng lái de.
　　　　　　私は今日来たばかりです。
　　　　── 我昨天来的。Wǒ zuótiān lái de.
　　　　　　私は昨日来たのです。

你有什么爱好? Nǐ yǒu shénme àihào?
あなたはどんな趣味がありますか。
　　　　── 我对太极拳很感兴趣。Wǒ duì tàijíquán hěn gǎn xìngqù.
　　　　　　私は太極拳に興味があります。
　　　　── 我喜欢打乒乓球。Wǒ xǐhuan dǎ pīngpāngqiú.
　　　　　　私は卓球をするのが好きです。

【練習問題】　中国語を聞き、(1) ～ (3) の答えとして最も適当なものを、①～④の中から選び、その番号に○をつけなさい。

(270)	(271)	(272)
(1)	(2)	(3)
①	①	①
②	②	②
③	③	③
④	④	④

解答

(1) 你们点什么菜? Nǐmen diǎn shénme cài?
（あなたたちは何の料理を注文されますか。）
① 我要买一双筷子。Wǒ yào mǎi yì shuāng kuàizi.
（私は箸を1膳買いたい。）
② 我们做的点心真好吃。Wǒmen zuò de diǎnxin zhēn hǎochī.
（私たちが作った点心は本当においしい。）
❸ 先来两瓶啤酒。Xiān lái liǎng píng píjiǔ.
（まずビールを2本お願いします。）
④ 我们点的菜还没上。Wǒmen diǎn de cài hái méi shàng.
（私たちが注文した料理がまだ来ていません。）

解説 "点菜"で料理を注文するという意味になります。ここからお店で店員がお客さんに注文するメニューを確認しているところと想像しましょう。提示された選択肢の中では"先来两瓶啤酒"（まずビールを2本ください）と言っている③が正解になります。

(2) 他是什么时候开始学日语的? Tā shì shénme shíhou kāishǐ xué Rìyǔ de?
（彼はいつ日本語を勉強し始めたのですか。）
① 他准备新学期开始学日语。Tā zhǔnbèi xīn xuéqī kāishǐ xué Rìyǔ.
（彼は新学期に日本語を勉強し始めるつもりです。）
② 他是在日本的学校学的日语。Tā shì zài Rìběn de xuéxiào xué de Rìyǔ.
（彼は日本の学校で日本語を勉強したのです。）
❸ 他是两年前开始学日语的。Tā shì liǎng nián qián kāishǐ xué Rìyǔ de.
（彼は2年前に日本語を勉強し始めました。）
④ 他学了两年汉语了。Tā xuéle liǎng nián Hànyǔ le.
（彼は中国語を勉強して2年になります。）

解説 日本語を勉強し始めた時期を尋ねているので③が正解です。すでに起こった出来事に関してより具体的な情報を述べる"是〜的"構文が使われていることに注意しましょう。

(3) 你这个寒假有什么打算? Nǐ zhège hánjià yǒu shénme dǎsuan?
（あなたはこの冬休みどんな予定がありますか。）
❶ 本来打算去国外旅游, 但是取消了。Běnlái dǎsuan qù guówài lǚyóu, dànshì qǔxiāo le.
（もともとは外国に旅行に行くつもりでしたが、キャンセルしました。）
② 我寒假去上海了。Wǒ hánjià qù Shànghǎi le.
（私は冬休みに上海に行きました。）
③ 我还没去过中国。Wǒ hái méi qùguo Zhōngguó.
（私はまだ中国に行ったことはありません。）
④ 我这个暑假没有什么打算。Wǒ zhège shǔjià méiyǒu shénme dǎsuan.
（私はこの夏休み何も予定がありません。）

解説 "这个寒假"はこれから訪れる冬休みについてになり、その冬休みの予定を聞いているので①が正解になります。

⑨疑問詞疑問文—怎么・为什么

【解説】

　"怎么"には「手段・方法」を尋ねる用法と、「理由」を尋ねる用法の2つがありますが、このいずれの形式も一問一答だけではなくリスニング全体で幅広く使われています。

　数ある動詞との組み合わせの中で、最もよく使われるのが"怎么＋去"もしくは"怎么＋走"の形で目的地までの行き方（交通手段や歩き方）を尋ねる方式です。

(273) 请问，去车站怎么走? Qǐngwèn, qù chēzhàn zěnme zǒu?
すみません、駅まではどう行けばいいですか。
　　　―― 一直往前走，到第三个十字路口往右拐。
　　　　　Yìzhí wǎng qián zǒu, dào dì sān ge shízì lùkǒu wǎng yòu guǎi.
　　　　　まっすぐ前に歩き、3番目の十字路を右に曲がります。
　　　―― 一直往前走，走十分钟就到。Yìzhí wǎng qián zǒu, zǒu shí fēnzhōng jiù dào.
　　　　　まっすぐ前に歩くと、10分で着きます。
你每天怎么去学校? Nǐ měi tiān zěnme qù xuéxiào?
あなたは毎日どうやって学校に行きますか。
　　　―― 我走着去学校。Wǒ zǒuzhe qù xuéxiào.
　　　　　私は歩いて学校に行きます。
　　　―― 我坐地铁去学校。Wǒ zuò dìtiě qù xuéxiào.
　　　　　私は地下鉄で学校に行きます。
理由を尋ねる場合は"怎么"あるいは"为什么"を用い、"因为"を用いて理由を述べます。
你昨天怎么没来? Nǐ zuótiān zěnme méi lái?
你昨天为什么没来? Nǐ zuótiān wèishénme méi lái?
あなたは昨日どうして来なかったのですか。
　　　―― 因为飞机晚点了。Yīnwèi fēijī wǎndiǎn le.
　　　　　飛行機が遅れたからです。
　　　―― 因为没买到飞机票。Yīnwèi méi mǎidào fēijīpiào.
　　　　　航空券が買えなかったからです。
　　　―― 因为昨天发高烧了。Yīnwèi zuótiān fā gāoshāo le.
　　　　　昨日高熱が出たからです。

【練習問題】 中国語を聞き、(1)～(3)の答えとして最も適当なものを、①～④の中から選び、その番号に○をつけなさい。

(274)　　　　　　　　　　(275)　　　　　　　　　　(276)

(1)　　　　　　　　　　　(2)　　　　　　　　　　　(3)
　　① 　　　　　　　　　　① 　　　　　　　　　　　①
　　② 　　　　　　　　　　② 　　　　　　　　　　　②
　　③ 　　　　　　　　　　③ 　　　　　　　　　　　③
　　④ 　　　　　　　　　　④ 　　　　　　　　　　　④

解　答

(1) 你昨天为什么没来?　Nǐ zuótiān wèishénme méi lái?
 (あなたは昨日どうして来なかったのですか。)
 ① 因为他没有时间去你那儿。Yīnwèi tā méiyǒu shíjiān qù nǐ nàr.
 (彼はあなたのところに行く時間がなかったからです。)
 ❷ 因为我昨天身体不舒服。Yīnwèi wǒ zuótiān shēntǐ bù shūfu.
 (私は昨日体の調子が良くなかったからです。)
 ③ 因为我很喜欢去看电影。Yīnwèi wǒ hěn xǐhuan qù kàn diànyǐng.
 (私は映画を観に行くのがとても好きだからです。)
 ④ 因为坐新干线比较方便。Yīnwèi zuò xīngànxiàn bǐjiào fāngbiàn.
 (新幹線に乗るのが便利だからです。)
 解説 昨日来なかった理由を尋ねているので、"昨天身体不舒服"(昨日体の調子が悪かった)と理由を述べている②が正解です。

(2) 你每天怎么去学校?　Nǐ měi tiān zěnme qù xuéxiào?
 (あなたは毎日どうやって学校に行きますか。)
 ① 我每天八点出门。Wǒ měi tiān bā diǎn chūmén.
 (私は毎日 8 時に家を出ます。)
 ② 我每天走着去车站。Wǒ měi tiān zǒuzhe qù chēzhàn.
 (私は毎日歩いて駅に行きます。)
 ❸ 我坐公交车上学。Wǒ zuò gōngjiāochē shàngxué.
 (私はバスで通学します。)
 ④ 他怎么不去学校?　Tā zěnme bú qù xuéxiào?
 (彼はどうして学校に行かないのですか。)
 解説 "怎么去"は交通手段を尋ねる質問形式です。"坐公交车上学"(バスで通学する)と答えている③が正解です。"去学校"(学校に行く)と"上学"(通学する)という表現の違いについても確認しておきましょう。

(3) 都十点了,你怎么还没吃晚饭?　Dōu shí diǎn le, nǐ zěnme hái méi chī wǎnfàn?
 (もう10時なのに、あなたはどうして夕食をまだ食べていないのですか。)
 ① 我每天晚上八点吃晚饭。Wǒ měi tiān wǎnshang bā diǎn chī wǎnfàn.
 (私は毎日夜 8 時に夕食を食べます。)
 ② 菜太多了,我吃不下了。Cài tài duō le, wǒ chībuxià le.
 (料理が多すぎて、これ以上食べられません。)
 ③ 我每天晚上十点回家。Wǒ měi tiān wǎnshang shí diǎn huí jiā.
 (私は毎晩 10 時に家に帰ります。)
 ❹ 我中午吃得太多,一点儿也不饿。Wǒ zhōngwǔ chīde tài duō, yìdiǎnr yě bú è.
 (私は昼に食べ過ぎたので、少しもお腹がすいていません。)
 解説 もう 10 時なのに、夕食を食べていない理由を質問しているのに対して、「お昼食べ過ぎてお腹がすいていない」と答えている④が正解です。

第 1 週
第 2 週
第 3 週
第 4 週
第 5 週
筆記対策
リスニング対策①
模擬試験

二人三話 (1)

リスニングの 2 つ目の問題は、AB2 人の会話に続く 3 番目の発話を選ぶタイプです。どんな内容の会話がされているか、キーワードを聞き取れるようにトレーニングしましょう。

【練習問題】

AとBの対話を聞き、Bの発話に続くAの言葉として最も適当なものを、それぞれ①〜④の中から1つ選び、その番号に○をつけなさい。

(277) (1)　A：
　　　　　B：
　　　　　A：①
　　　　　　　②
　　　　　　　③
　　　　　　　④

(278) (2)　A：
　　　　　B：
　　　　　A：①
　　　　　　　②
　　　　　　　③
　　　　　　　④

(279) (3)　A：
　　　　　B：
　　　　　A：①
　　　　　　　②
　　　　　　　③
　　　　　　　④

ヒント

(1) "jǐ diǎn" と "dào jiā" という音を注意して聞いてみましょう。

(2) 通学時間に関する話題です。

(3) 北京に何年も滞在しているということは？

解　答

(1) A: 你每天晚上几点到家? Nǐ měi tiān wǎnshang jǐ diǎn dào jiā.
　　（あなたは毎晩何時に帰宅しますか。）
　　B: 差不多七点左右。你呢? Chàbuduō qī diǎn zuǒyòu. Nǐ ne?
　　（だいたい 7 時前後です。あなたは?）
　　A: ① 我们公司上午九点上班。Wǒmen gōngsī shàngwǔ jiǔ diǎn shàngbān.
　　　　（私の会社は午前 9 時出社です。）
　　　② 我今天六点多就起床了。Wǒ jīntiān liù diǎn duō jiù qǐchuáng le.
　　　　（私は今日 6 時過ぎに起きました。）
　　　❸ 我一般六点多就到家了。Wǒ yìbān liù diǎn duō jiù dào jiā le.
　　　　（私はふつう 6 時すぎに帰宅します。）
　　　④ 我每天都在家里吃晚饭。Wǒ měi tiān dōu zài jiāli chī wǎnfàn.
　　　　（私は毎日家で夕食を食べます。）

解説 帰宅時間について尋ねているものなので、③が正解です。①は出社時間、②は起床時間について言っており、④は夕食について話しているのでいずれも意味が通じません。

(2) A: 你每天怎么来学校? Nǐ měi tiān zěnme lái xuéxiào.
　　（あなたは毎日どうやって学校に来ますか。）
　　B: 先坐地铁，然后换公交车。Xiān zuò dìtiě, ránhòu huàn gōngjiāochē.
　　（まず地下鉄に乗って、それからバスに乗り換えます。）
　　A: ① 我每天睡八个小时。Wǒ měi tiān shuì bā ge xiǎoshí.
　　　　（私は毎日 8 時間寝ます。）
　　　② 我家离大学也很近。Wǒ jiā lí dàxué yě hěn jìn.
　　　　（私の家は大学からもとても近いです。）
　　　③ 我明天不去大学了。Wǒ míngtiān bú qù dàxué le.
　　　　（私は明日大学に行かないことにしました。）
　　　❹ 大概需要多长时间? Dàgài xūyào duō cháng shíjiān?
　　　　（だいたいどれくらいかかりますか。）

解説 話の全体の流れとしては自宅から学校までの交通手段、所要時間に関する会話になります。交通手段に続き、所要時間について尋ねている④が正解です。①は睡眠時間について、③は「大学に行かないことにした」と言っているので話がかみ合わず、②は質問していた A 自身の話になっているのでやはり話がかみ合いません。

(3) A: 你来北京多长时间了? Nǐ lái Běijīng duō cháng shíjiān le?
　　（あなたは北京に来てどれくらいになりますか。）
　　B: 已经五年多了。Yǐjīng wǔ nián duō le.
　　（もう 5 年余りになりました。）
　　A: ① 怪不得你每天都起得那么早。Guàibude nǐ měitiān dōu qǐde nàme zǎo.
　　　　（どうりで毎日起きるのがそんなに早いわけだ。）
　　　❷ 怪不得你的汉语说得这么好。Guàibude nǐ de Hànyǔ shuōde zhème hǎo.
　　　　（どうりであなたの中国語はこんなにうまいわけだ。）
　　　③ 怪不得北京的交通这么方便。Guàibude Běijīng de jiāotōng zhème fāngbiàn.
　　　　（どうりで北京の交通はこんなに便利なわけだ。）
　　　④ 怪不得北京的水果这么便宜。Guàibude Běijīng de shuǐguǒ zhème piányi.
　　　　（どうりで北京の果物はこんなに安いわけだ。）

解説 北京に来てどれくらいたったかという質問に対して、「5 年余り」と返答しています。その返答に対する反応なので、起床時間について言っている①、北京の交通の便利さや物価について言っている③と④については除外できます。したがって正解は滞在時間に比例する中国語の能力について言っている②になります。

二人三話 (2)

【練習問題】

　　AとBの対話を聞き、Bの発話に続くAの言葉として最も適当なものを、それぞれ①〜④の中から1つ選び、その番号に○をつけなさい。

(280) (1)　A：
　　　　　B：
　　　　　A：①
　　　　　　　②
　　　　　　　③
　　　　　　　④

(281) (2)　A：
　　　　　B：
　　　　　A：①
　　　　　　　②
　　　　　　　③
　　　　　　　④

(282) (3)　A：
　　　　　B：
　　　　　A：①
　　　　　　　②
　　　　　　　③
　　　　　　　④

ヒント

(1) "shì a" と "shì ma" の違い、"chūntiān" と "qiūtiān" の違いを聞き取りましょう。

(2) "Láodòngjié"、"Zhōngqiūjié"、"Értóngjié"、"Guóqìngjié" という4つのキーワードを聞き分けましょう。

(3) 本の貸し借りの場面を想像してみよう。

解　答

(1)　A:　北京的秋天怎么样? Běijīng de qiūtiān zěnmeyàng?
　　　　（北京の秋はどうですか。）
　　B:　秋天是北京最好的季节。Qiūtiān shì Běijīng zuì hǎo de jìjié.
　　　　（秋は北京の最も良い季節です。）
　　A:　① 是吗? 明年春天我一定去看看。Shì ma? Míngnián chūntiān wǒ yídìng qù kànkan.
　　　　　（そうなんですか、来年の春、必ず行ってみます。）
　　　　② 是啊, 明年秋天你一定去看看。Shì a, Míngnián qiūtiān nǐ yídìng qù kànkan.
　　　　　（そうなんですよ、来年の秋、必ず行ってみてください。）
　　　　③ 是啊, 明年春天你一定去看看。Shì a, míngnián chūntiān nǐ yídìng qù kànkan.
　　　　　（そうなんですよ、来年の春、必ず行ってみてください。）
　　　　❹ 是吗? 明年秋天我一定去看看。Shì ma? Míngnián qiūtiān wǒ yídìng qù kànkan.
　　　　　（そうなんですか、来年の秋、必ず行ってみます。）

　　解説 北京の良い季節を確認しての答えなので、④が正解です。②と③は"是啊"「そうなんですよ」と答えており話がかみ合いません。①と④は"是吗?"「そうなのですか」と相手に確認していますが、①は来年の春に行ってみたいと言っているので、話がかみ合っていません。

(2)　A:　你的生日是几月几号? Nǐ de shēngrì shì jǐ yuè jǐ hào?
　　　　（あなたの誕生日は何月何日ですか。）
　　B:　我的生日是十月一号。Wǒ de shēngrì shì shíyuè yī hào.
　　　　（私の誕生日は 10 月 1 日です。）
　　A:　① 太巧了, 我也是劳动节出生的。Tài qiǎo le, wǒ yě shì Láodòngjié chūshēng de.
　　　　　（偶然だね、私もメーデー生まれです。）
　　　　② 太巧了, 我也是中秋节出生的。Tài qiǎo le, wǒ yě shì Zhōngqiūjié chūshēng de.
　　　　　（偶然だね、私も中秋節生まれです。）
　　　　❸ 太巧了, 我也是国庆节出生的。Tài qiǎo le, wǒ yě shì Guóqìngjié chūshēng de.
　　　　　（偶然だね、私も国慶節生まれです。）
　　　　④ 太巧了, 我也是儿童节出生的。Tài qiǎo le, wǒ yě shì Értóngjié chūshēng de.
　　　　　（偶然だね、私も児童節生まれです。）

　　解説 この問題は、中国語の知識だけではなく、中国の祝祭日について事前に知っておかなければわかりません。"劳动节"（メーデー）は 5 月 1 日、"中秋节"（中秋節）は旧暦の 8 月 15 日で新暦では毎年日程が変わります。"国庆节"（国慶節）は 10 月 1 日、"儿童节"（児童節）は 6 月 1 日です。誕生日が 10 月 1 日なので、一致するのは③の"国庆节"ですね。

(3)　A:　我想看看你新买的那本书。Wǒ xiǎng kànkan nǐ xīn mǎi de nà běn shū.
　　　　（私はあなたが新しく買ったその本を読んでみたいです。）
　　B:　我看完就借给你。Wǒ kànwán le jiù jiègěi nǐ.
　　　　（読み終わったらすぐに貸しますね。）
　　A:　① 别客气, 你看吧。Bié kèqi, nǐ kàn ba.
　　　　　（遠慮しないで、読んでいいですよ。）
　　　　② 不用谢, 你用吧。Búyòng xiè, nǐ yòng ba.
　　　　　（どういたしまして、使っていいですよ。）
　　　　❸ 太好了, 谢谢你。Tài hǎo le, xièxie nǐ.
　　　　　（よかった、ありがとうございます。）
　　　　④ 没关系, 给你了。Méi guānxi, gěi nǐ le.
　　　　　（かまいません、あなたにあげます。）

　　解説 「読み終わったら貸してあげる」というBに対する言葉なので、③が正解です。①と④は貸す側が言う言葉なので、主語が異なります。②は「使っていいですよ」といっているので話がかみ合っていません。

二人三話 (3)

【練習問題】

AとBの対話を聞き、Bの発話に続くAの言葉として最も適当なものを、それぞれ①～④の中から1つ選び、その番号に○をつけなさい。

(283) (1)　A：

　　　　B：

　　　　A：①

　　　　　　②

　　　　　　③

　　　　　　④

(284) (2)　A：

　　　　B：

　　　　A：①

　　　　　　②

　　　　　　③

　　　　　　④

(285) (3)　A：

　　　　B：

　　　　A：①

　　　　　　②

　　　　　　③

　　　　　　④

ヒント

(1) "kāfēi" と "hóngchá" という音が聞き取れると会話の内容が見えてきます。

(2) 果物屋さんでの買い物の場面を想像してみよう。

(3) 上海にやってくる台風のお話。

解答

(1) A: 你喜欢喝咖啡还是喝红茶? Nǐ xǐhuan hē kāfēi háishi hē hóngchá?
　　　（あなたはコーヒーが好きですか、それとも紅茶が好きですか。）
　　B: 我喜欢喝咖啡。Wǒ xǐhuan hē kāfēi.
　　　（私はコーヒーが好きです。）
　　A: ❶ 你一天喝几杯咖啡? Nǐ yì tiān hē jǐ bēi kāfēi?
　　　　（あなたは 1 日何杯コーヒーを飲みますか。）
　　　② 你每天都喝红茶吗? Nǐ měi tiān dōu hē hóngchá ma?
　　　　（あなたは毎日紅茶を飲みますか。）
　　　③ 红茶比咖啡好喝吗? Hóngchá bǐ kāfēi hǎo hē ma?
　　　　（紅茶はコーヒーよりおいしいですか。）
　　　④ 你喝红茶加不加糖? Nǐ hē hóngchá jiā bu jiā táng?
　　　　（あなたは紅茶を飲むとき砂糖を入れますか。）

> **解説** 「コーヒーが好き」と答えたことに対する発言なので、①が正解です。②③④はいずれも紅茶の話題なので、
> 会話がかみ合っていません。

(2) A: 这种苹果怎么卖? Zhè zhǒng píngguǒ zěnme mài?
　　　（このリンゴはどのように売りますか。）
　　B: 一公斤十块钱。Yì gōngjīn shí kuài qián.
　　　（1 キロ 10 元です。）
　　A: ❶ 我买两公斤。Wǒ mǎi liǎng gōngjīn.
　　　　（2 キロ買います。）
　　　② 你想买多少? Nǐ xiǎng mǎi duōshao?
　　　　（あなたはどれぐらい買いたいですか。）
　　　③ 我不买苹果。Wǒ bù mǎi píngguǒ.
　　　　（私はリンゴを買いません。）
　　　④ 苹果不好吃。Píngguǒ bù hǎochī.
　　　　（リンゴはおいしくありません。）

> **解説** リンゴの値段について尋ねた質問への答えに対して言うことなので、購入する量を言っている①が正解です。
> ②はお店の人が言う話なので主語が異なります。③は「買わない」、④は味について言っているので、会話が
> かみ合っていません。

(3) A: 听天气预报说, 上海又要来台风了。Tīng tiānqì yùbào shuō, Shànghǎi yòu yào lái táifēng le.
　　　（天気予報によると、上海にはまた台風が来るそうです。）
　　B: 是吗? 今年的台风真多啊。Shì ma? Jīnnián de táifēng zhēn duō a.
　　　（そうなんですか、今年の台風は本当に多いですね。）
　　A: ① 这是今年的第一个。Zhè shì jīnnián de dì yī ge.
　　　　（これは今年の一番目です。）
　　　② 上海的夏天太热了。Shànghǎi de xiàtiān tài rè le.
　　　　（上海の夏はとても暑い。）
　　　③ 我也没看天气预报。Wǒ yě méi kàn tiānqì yùbào.
　　　　（私も天気予報は見ていません。）
　　　❶ 好像比往年多一倍。Hǎoxiàng bǐ wǎngnián duō yí bèi.
　　　　（例年の 2 倍になったようです。）

> **解説** ①は台風が来た回数について言っていますが、「今年最初」とあり、最初に「また来る」と言っている部分と
> 矛盾します。②は上海の夏の暑さについて言っているので除外できます。③は天気予報を見た前提の話なのに、
> 「見ていない」と言っているので矛盾します。そのため台風の数について言っている④が正解です。

第 1 週
第 2 週
第 3 週
第 4 週
第 5 週
筆記対策
リスニング対策 ②
模擬試験

二人三話 (4)

【練習問題】

AとBの対話を聞き、Bの発話に続くAの言葉として最も適当なものを、それぞれ①～④の中から1つ選び、その番号に○をつけなさい。

(286) (1)　A：
　　　　　B：
　　　　　A：①
　　　　　　　②
　　　　　　　③
　　　　　　　④

(287) (2)　A：
　　　　　B：
　　　　　A：①
　　　　　　　②
　　　　　　　③
　　　　　　　④

(288) (3)　A：
　　　　　B：
　　　　　A：①
　　　　　　　②
　　　　　　　③
　　　　　　　④

ヒント

(1) 道を尋ねる場面を想像してみよう。
(2) そのお店は知っているお店？それとも知らないお店？
(3) "Jīngdū" と "Běijīng" がどこの町か確認して聞いてみよう。

解　答

(1)　A:　请问，去北京大学怎么走? Qǐngwèn, qù Běijīng Dàxué zěnme zǒu?
　　　　（すみません、北京大学にはどう行けばいいですか。）
　　B:　实在对不起，我也不知道。Shízài duìbuqǐ, wǒ yě bù zhīdào.
　　　　（本当にすみません、私も分かりません。）
　　A:　① 没关系，你问问别人吧。Méi guānxi, nǐ wènwen biérén ba.
　　　　　（かまいません、他の人に聞いてください。）
　　　　❷ 没关系，我再问问别人。Méi guānxi, wǒ zài wènwen biérén.
　　　　　（大丈夫です、また他の人に聞きます。）
　　　　③ 对，北京大学非常有名。Duì, Běijīng Dàxué fēicháng yǒumíng.
　　　　　（はい、北京大学は非常に有名です。）
　　　　④ 对，北京大学学生很多。Duì, Běijīng Dàxué xuésheng hěn duō.
　　　　　（はい、北京大学の学生は多いです。）

　解 説 北京大学への行き方を尋ねて、「分からない」と答えたBに対することばなので、「他の人に尋ねる」と言っている②が正解です。①は主語が異なります。③と④は北京大学に関する話なので、会話がかみ合いません。

(2)　A:　那家店的中国菜好吃吗? Nà jiā diàn de Zhōngguócài hǎochī ma?
　　　　（あの店の中国料理はおいしいですか。）
　　B:　我听说又好吃又便宜。Wǒ tīngshuō yòu hǎochī yòu piányi.
　　　　（聞くところによると、おいしくて安いらしいです。）
　　A:　① 我也早就知道了。Wǒ yě zǎojiù zhīdao le.
　　　　　（私もとっくに知っていました。）
　　　　② 我在那儿吃过饭。Wǒ zài nàr chīguo fàn.
　　　　　（私はそこで食べたことがあります。）
　　　　❸ 那就在那儿吃吧。Nà jiù zài nàr chī ba.
　　　　　（それじゃあ、そこで食べましょう。）
　　　　④ 那家店的菜贵吗? Nà jiā diàn de cài guì ma?
　　　　　（その店の料理は高いですか。）

　解 説 お店について尋ねて、「安くて、おいしい」と答えたBに対することばなので、③が正解です。①と②は知らないので聞いた話と矛盾します。④は「安い」と言っているのに「高いですか」と聞き返している点が矛盾します。

(3)　A:　你去过京都吗? Nǐ qùguo Jīngdū ma?
　　　　（あなたは京都に行ったことがありますか。）
　　B:　去过两次，我很喜欢京都。Qùguo liǎng cì, wǒ hěn xǐhuan Jīngdū.
　　　　（2回行ったことがあります。私は京都がとても好きです。）
　　A:　❶ 我还没去过京都呢。Wǒ hái méi qùguo Jīngdū ne.
　　　　　（私はまだ京都に行ったことがないのですよ。）
　　　　② 你应该去京都看看。Nǐ yīnggāi qù Jīngdū kànkan.
　　　　　（あなたは京都に行ってみるべきです。）
　　　　③ 北京是中国的首都。Běijīng shì Zhōngguó de shǒudū.
　　　　　（北京は中国の首都です。）
　　　　④ 我也去过两次北京。Wǒ yě qùguo liǎng cì Běijīng.
　　　　　（私も北京に2回行ったことがあります。）

　解 説 「京都に2回行ったことがある」というBに対することばなので、①が正解です。②は行ったことがある人に対して「京都に行くべき」と言っているので話が矛盾します。③と④は「京都」についての話題なのに「北京」の話をしているので、ともに意味が通じません。

二人三話 (5)

【練習問題】

AとBの対話を聞き、Bの発話に続くAの言葉として最も適当なものを、それぞれ①～④の中から1つ選び、その番号に○をつけなさい。

(289) (1)　A：

　　　　　B：

　　　　　A：①

　　　　　　　②

　　　　　　　③

　　　　　　　④

(290) (2)　A：

　　　　　B：

　　　　　A：①

　　　　　　　②

　　　　　　　③

　　　　　　　④

(291) (3)　A：

　　　　　B：

　　　　　A：①

　　　　　　　②

　　　　　　　③

　　　　　　　④

ヒント

(1) 誰が疲れたのか聞き取ってみましょう。

(2) 誰が何をくれたのか聞き取ってみましょう。

(3) 試験の結果はどうだったのか聞き取ってみましょう。

解　答

(1)　A:　我有点儿走累了，你呢? Wǒ yǒudiǎnr zǒulèi le, nǐ ne?
　　　　（私は少し歩き疲れました、あなたは。）
　　B:　我也正想休息休息呢。Wǒ yě zhèng xiǎng xiūxixiuxi ne.
　　　　（私もちょうど休もうと思っていたところです。）
　　A:　① 我不太累，你先休息吧。Wǒ bú tài lèi, nǐ xiān xiūxi ba.
　　　　　（私はあまり疲れていませんので、あなた先に休憩してください。）
　　　　❷ 那就在这儿坐一会儿吧。Nà jiù zài zhèr zuò yíhuìr ba.
　　　　　（それじゃあここで少し座りましょう。）
　　　　③ 我们都是昨天来北京的。Wǒmen dōu shì zuótiān lái Běijīng de.
　　　　　（私たちはみな昨日北京に来たのです。）
　　　　④ 我睡觉前看一会儿电视。Wǒ shuìjiào qián kàn yíhuìr diànshì.
　　　　　（私は寝る前に少しテレビを見ます。）

　解 説　2人とも疲れたと話した後のことばなので、②が正解です。①は「疲れた」と言った話に矛盾しています。③と④は「北京に来た」、「テレビを見る」と言っていて、会話がかみ合っていません。

(2)　A:　你的中日词典是在哪儿买的? Nǐ de Zhōng-Rì cídiǎn shì zài nǎr mǎi de?
　　　　（中日辞典はどこで買ったのですか。）
　　B:　不是买的，是中国朋友送给我的。Bú shì mǎi de, shì Zhōngguó péngyou sònggěi wǒ de.
　　　　（買ったものではありません、中国人の友達が贈ってくれたものです。）
　　A:　❶ 你的朋友真不错啊。Nǐ de péngyou zhēn búcuò a.
　　　　　（あなたの友達は本当にいいね。）
　　　　② 你没有中国朋友吗? Nǐ méiyǒu Zhōngguó péngyou ma?
　　　　　（あなたは中国人の友達はいないのですか。）
　　　　③ 我也没有中日词典。Wǒ yě méiyǒu Zhōng-Rì cídiǎn.
　　　　　（私も中日辞典は持っていません。）
　　　　④ 我也没有中国朋友。Wǒ yě méiyǒu Zhōngguó péngyou.
　　　　　（私も中国の友達はいません。）

　解 説　友達から中日辞典をもらったと答えたBに対することばなので、①が正解です。②と④は中国人の友達がいるかいないかについての話なので除外できます。③は中日辞典を持っているAに対して「私も持っていない」と言っているので話が矛盾します。

(3)　A:　期末考试的题太难了。Qīmò kǎoshì de tí tài nán le.
　　　　（期末試験の問題が難しすぎます。）
　　B:　我觉得还可以啊。Wǒ juéde hái kěyǐ a.
　　　　（私はまあまあだと思ったよ。）
　　A:　① 这次没有上次那么难。Zhè cì méi yǒu shàng cì nàme nán.
　　　　　（今回の試験は前回より難しくない。）
　　　　② 我半个小时就做完了。Wǒ bàn ge xiǎoshí jiù zuòwán le.
　　　　　（私は30分でもうやり終わりました。）
　　　　❸ 看来你考得还挺好啊。Kànlái nǐ kǎode hái tǐng hǎo a.
　　　　　（あなたの試験の出来は良さそうですね。）
　　　　④ 你这个题好像做错了。Nǐ zhège tí hǎoxiàng zuòcuò le.
　　　　　（この問題は間違えたみたいですね。）

　解 説　期末試験の問題が難しかったと言ったAに対して、「まあまあだった」と答えたBに対することばなので、③が正解です。①と②は難しいと言った試験に対して「簡単」「30分で終わった」と言っているので矛盾します。④は話がかみ合っていません。

会 話 (1)

リスニングの 3 つ目の問題形式は、少し長めの二人の会話を聞き、内容に関する質問に答えるものです。数字や地名などキーワードになる単語に注意しましょう。

【練習問題】

中国語の音声を聞き、(1) 〜 (5) の問いの答えとして最も適当なものを、それぞれ①〜④の 292 中から 1 つ選び、その番号に〇をつけなさい。

```
📎 メモ欄




```

293 (1)

    ①   ②   ③   ④

294 (2)

    ①   ②   ③   ④

295 (3)

    ①   ②   ③   ④

296 (4)

    ①   ②   ③   ④

297 (5)

    ①   ②   ③   ④

解 答

A：（男）田中，你昨天怎么没来上课呢？
B：（女）我去参加了一个说明会。
A：是关于就业的说明会吗？
B：对，这是今年的第三次说明会。
A：以前的说明会你也参加了吗？
B：第一次我参加了，第二次没有。
A：这次来的都有哪些企业？
B：有贸易公司、生产厂家、银行、航空公司等等。
A：你以后想做什么工作？
B：我想去旅行社工作，可惜这次没有旅行社。
A：我哥哥就在旅行社工作，平时总是很忙。
B：虽然忙一点儿，但是很有意思。
A：是啊，我哥哥去过很多国家。
B：你呢？你喜欢什么工作？
A：我想去银行工作，下星期开始去银行实习。
B：下个月有第四次说明会，你去吗？
A：我就不去了，希望你能找到一个理想的工作。
B：谢谢你的祝福。

A：Tiánzhōng, nǐ zuótiān zěnme méi lái shàngkè ne?
B：Wǒ qù cānjiāle yí ge shuōmínghuì.
A：Shì guānyú jiùyè de shuōmínghuì ma?
B：Duì, zhè shì jīnnián de dì-sān cì shuōmínghuì.
A：Yǐqián de shuōmínghuì nǐ yě cānjiā le ma?
B：Dì-yī cì wǒ cānjiā le, dì-èr cì méiyou.
A：Zhè cì lái de dōu yǒu nǎxiē qǐyè?
B：Yǒu màoyì gōngsī, shēngchǎn chǎngjiā, yínháng, hángkōng gōngsī děngděng.
A：Nǐ yǐhòu xiǎng zuò shénme gōngzuò?
B：Wǒ xiǎng qù lǚxíngshè gōngzuò, kěxī zhè cì méiyǒu lǚxíngshè.
A：Wǒ gēge jiù zài lǚxíngshè gōngzuò, píngshí zǒngshì hěn máng.
B：Suīrán máng yìdiǎnr, dànshì hěn yǒu yìsi.
A：Shì a, wǒ gēge qùguo hěn duō guójiā.
B：Nǐ ne? Nǐ xǐhuan shénme gōngzuò?
A：Wǒ xiǎng qù yínháng gōngzuò, xià xīngqī kāishǐ qù yínháng shíxí.
B：Xià ge yuè yǒu dì-sì cì shuōmínghuì, nǐ qù ma?
A：Wǒ jiù bú qù le, xīwàng nǐ néng zhǎodào yí ge lǐxiǎng de gōngzuò.
B：Xièxie nǐ de zhùfú.

A：田中さん、昨日どうして授業に来なかったのですか。

B：説明会に参加しに行きました。

A：就職の説明会ですか。

B：はい、今年3回目の説明会です。

A：以前の説明会にも参加しましたか。

B：1回目は参加しましたが、2回目はしていません。

A：今回来たのはどんな企業ですか。

B：貿易会社、メーカー、銀行、航空会社などです。

A：あなたは今後どんな仕事をしたいですか。

B：旅行会社に行って働きたいのですが、残念ながら今回は旅行会社は来ていませんでした。

A：兄が旅行会社で働いていますが、いつも忙しいです。

B：ちょっと忙しいですが、面白いです。

A：そうですね、兄はたくさんの国に行ったことがあります。

B：あなたは、どんな仕事がいいですか。

A：わたしは銀行に行きたいので、来週からインターンシップを始めます。

B：来月に4回目の説明会がありますが、行きますか。

A：行きません。理想的な仕事を見つけることができるよう祈っています。

B：ありがとう。

単語チェック

参加	cānjiā	参加する
说明会	shuōmínghuì	説明会
就业	jiùyè	就職
贸易公司	màoyì gōngsī	貿易会社
生产厂家	shēngchǎn chǎngjiā	メーカー
银行	yínháng	銀行
航空公司	hángkōng gōngsī	航空会社
等	děng	など
以后	yǐhòu	以後
旅行社	lǚxíngshè	旅行会社
可惜	kěxī	残念なことに
平时	píngshí	普段
总是	zǒngshì	いつも
虽然	suīrán	～ではあるが
开始	kāishǐ	始まる
实习	shíxí	インターンシップ
理想	lǐxiǎng	理想
举办	jǔbàn	開催する

(1) 两个人的对话是在哪儿进行的?

Liǎng ge rén de duìhuà shì zài nǎr jìnxíng de?

（二人の会話はどこで行われていますか。）

① 两个人一起实习的银行。

Liǎng ge rén yìqǐ shíxí de yínháng.

（二人がいっしょにインターンシップに参加する銀行。）

❷ 两个人一起学习的学校。

Liǎng ge rén yìqǐ xuéxí de xuéxiào.

（二人が一緒に勉強する学校。）

③ 一次就业说明会的会场。

Yí cì jiùyè shuōmínghuì de huìchǎng.

（ある就職説明会の会場。）

④ 他们去国外旅行的路上。

Tāmen qù guówài lǚxíng de lùshang.

（海外旅行の途中。）

解説 "你昨天怎么没来上课呢？"と言っていますので、2人が授業が行われる学校で話していることが分かります。

(2) 女的昨天为什么没来上课?

Nǚ de zuótiān wèishénme méi lái shàngkè?

（女性はどうして昨日授業に来なかったのですか。）

❶ 她参加就业说明会去了。

Tā cānjiā jiùyè shuōmínghuì qù le.

（就職説明会に参加していた。）

② 她跟哥哥去国外旅行了。

Tā gēn gēge qù guówài lǚxíng le.

（彼女は兄と海外旅行に行った。）

③ 她到一家工厂找工作去了。

Tā dào yì jiā gōngchǎng zhǎo gōngzuò qù le.

（彼女は工場に仕事を探しに行った。）

④ 她去一家贸易公司实习了。

Tā qù yì jiā màoyì gōngsī shíxí le.

（彼女は貿易会社にインターンシップに行った。）

解 説 最初に女性が"我去参加了一个说明会。"と言ったのに対して"关于就业的说明会"と聞き返し、"对"（はい）と答えているので①が正解です。

---

(3) 今年的就业说明会已经举办过几次了?

Jīnnián de jiùyè shuōmínghuì yǐjīng jǔbànguo jǐ cì le?

（今年の就職説明会は何回開催されましたか。）

① 一次。Yí cì.

　（1 回。）

② 两次。Liǎng cì.

　（2 回。）

❸ 三次。Sān cì.

　（3 回。）

④ 四次。Sì cì.

　（4 回。）

解 説 "这是今年的第三次说明会。"と言っているので、3回の③が正解です。

---

(4) 参加这次说明会的有哪些企业?

Cānjiā zhè cì shuōmínghuì de yǒu nǎxiē qǐyè?

（今回の説明会に参加した企業はどんなところですか。）

❶ 贸易公司、生产厂家、银行、航空公司等。

Màoyì gōngsī, shēngchǎn chǎngjiā, yínháng, hángkōng gōngsī děng.

（貿易会社、メーカー、銀行、航空会社など。）

② 生产厂家、贸易公司、旅行社和航空公司。

Shēngchǎn chǎngjiā, màoyì gōngsī, lǚxíngshè hé hángkōng gōngsī.

（メーカー、貿易会社、旅行会社、航空会社。）

③ 航空公司、贸易公司、旅行社和银行等等。

Hángkōng gōngsī, màoyì gōngsī, lǚxíngshè hé yínháng děngděng.

（航空会社、貿易会社、旅行会社と銀行など。）

④ 十家银行、航空公司、生产厂家和旅行社。

　　Shí jiā yínháng、hángkōng gōngsī、shēngchǎn chǎngjiā hé lǚxíngshè.

　　（10 社の銀行、航空会社、メーカーと旅行会社。）

> **解 説** どんな会社が来ていたのかという質問に対して女性が "有贸易公司、生产厂家、银行、航空公司等等" と言っているのを聞き取ります。

(5) 男的下个礼拜要做什么?

　　Nánde xià ge lǐbài yào zuò shénme?

　　（男性は来週何をしますか。）

① 他要去旅行社实习。

　　Tā yào qù lǚxíngshè shíxí.

　　（旅行会社にインターンシップに行く。）

② 他去贸易公司参观。

　　Tā qù màoyì gōngsī cānguān.

　　（貿易会社に見学に行く。）

③ 他打算参加说明会。

　　Tā dǎsuan cānjiā shuōmínghuì.

　　（説明会に参加するつもり。）

❹ 他准备去银行实习。

　　Tā zhǔnbèi qù yínháng shíxí.

　　（銀行にインターンシップに行くつもりである。）

> **解 説** "我想去银行工作,下星期开始去银行实习。" と言っているのを聞き取ります。週を表す表現は "星期" だけではなく "礼拜" と "周" もあるので確認しておきましょう。

会　話 (2)

【練習問題】

中国語の音声を聞き、(1) ～ (5) の問いの答えとして最も適当なものを、それぞれ①～④の 中から1つ選び、その番号に〇をつけなさい。

📎 メモ欄

---

(298)

(299) (1)

　　　① 　　　　　　　② 　　　　　　　③ 　　　　　　　④

(300) (2)

　　　① 　　　　　　　② 　　　　　　　③ 　　　　　　　④

(301) (3)

　　　① 　　　　　　　② 　　　　　　　③ 　　　　　　　④

(302) (4)

　　　① 　　　　　　　② 　　　　　　　③ 　　　　　　　④

(303) (5)

　　　① 　　　　　　　② 　　　　　　　③ 　　　　　　　④

解　答

A：喂，山本，你现在说话方便吗?
B：铃木，你好。有什么事儿? 你说吧。
A：大阪市立博物馆有一个展览，你想不想看?
B：我上周刚刚看过一个中国古代服装展。
A：这次是北京故宫博物院的书画展。
B：是吗? 那我得去看看。展览到哪天结束?
A：下星期天是最后一天，你什么时候有时间?
B：我明天一天都有课，咱们后天去怎么样?
A：后天是星期天，看展览的人肯定特别多。
B：那就下星期三去吧，我星期三没有课。
A：太好了。我早就想看故宫的书画展了。
B：你不是跟你父母去过故宫吗?
A：我们去台北故宫博物院看的是瓷器展。
B：那你有机会的话应该去北京的故宫看看。
A：听说台北故宫的展品比北京多。是真的吗?
B：没错，但是北京故宫的建筑本身就很值得参观。
A：我在电视上看到过，确实非常壮观。
B：如果你亲眼看到了，一定会特别感动的。

A：Wéi, Shānběn, nǐ xiànzài shuōhuà fāngbiàn ma?
B：Língmù, nǐ hǎo. Yǒu shénme shìr? Nǐ shuō ba.
A：Dàbǎn shìlì bówùguǎn yǒu yí ge zhǎnlǎn, nǐ xiǎng bu xiǎng kàn?
B：Wǒ shàng zhōu gānggāng kànguo yí ge Zhōngguó gǔdài fúzhuāngzhǎn.
A：Zhè cì shì Běijīng Gùgōng bówùyuàn de shūhuàzhǎn.
B：Shì ma? Nà wǒ děi qù kànkan. Zhǎnlǎn dào nǎ tiān jiéshù?
A：Xià xīngqītiān shì zuìhòu yì tiān, nǐ shénme shíhou yǒu shíjiān?
B：Wǒ míngtiān yì tiān dōu yǒu kè, zánmen hòutiān qù zěnmeyàng?
A：Hòutiān shì xīngqītiān, kàn zhǎnlǎn de rén kěndìng tèbié duō.
B：Nà jiù xià xīngqīsān qù ba, wǒ xīngqīsān méiyǒu kè.
A：Tài hǎo le. Wǒ zǎojiù xiǎng kàn Gùgōng de shūhuàzhǎn le.
B：Nǐ bú shì gēn nǐ fùmǔ qùguo Gùgōng ma?
A：Wǒmen qù Táiběi Gùgōng bówùyuàn kàn de shì cíqìzhǎn.
B：Nà nǐ yǒu jīhuì dehuà yīnggāi qù Běijīng de Gùgōng kànkan.
A：Tīngshuō Táiběi Gùgōng de zhǎnpǐn bǐ Běijīng duō. Shì zhēn de ma?
B：Méi cuò, dànshì Běijīng Gùgōng de jiànzhù běnshēn jiù hěn zhíde cānguān.
A：Wǒ zài diànshì shang kàndàoguo, quèshí fēicháng zhuàngguān.
B：Rúguǒ nǐ qīnyǎn kàndào le, yídìng huì tèbié gǎndòng de.

A：もしもし、山本さん、今、話しても大丈夫？
B：鈴木君、こんにちは。何か御用？
A：大阪市立博物館で展覧会があるけど、見たくない？
B：先週中国古代の服飾展を見たばかりよ。
A：今回は北京故宮博物院の書画展だよ。
B：そうなの。それじゃあ見に行かないと。展覧会はいつまでなの？
A：来週の日曜日が最終日。いつ時間があるの？
B：私は明日一日中授業があるので、明後日はどう？
A：明後日は日曜日なので、展覧会に来る人はきっと多いよ。
B：それじゃあ来週の水曜日に行きましょう。私は水曜日は授業がないわ。
A：いいね。僕は早くから故宮の書画展を見に行きたかったんだ。
B：あなたは両親と故宮に行ったことがあったんじゃない？
A：僕たちが台北の故宮博物院に見に行ったのは磁器展だよ。
B：それじゃあ、チャンスがあれば北京の故宮にも行ってみるべきね。
A：台北の故宮の展示物は北京より多いって聞いたけど、本当？
B：その通りよ。でも北京の故宮は建物自体に見学する価値があるわよ。
A：テレビで見たことがあるけど、確かにとても壮観だ。
B：もし自分の目で見たら、きっと感動するわよ。

単語チェック

方便	fāngbiàn	都合がよい
博物馆	bówùguǎn	博物館
展览	zhǎnlǎn	展示
刚刚	gānggāng	～したばかりである
古代	gǔdài	古代の
服装展	fúzhuāngzhǎn	服飾展
故宫博物院	Gùgōng bówùyuàn	故宮博物院
书画展	shūhuàzhǎn	書画展
结束	jiéshù	終わる
最后	zuìhòu	最後
父母	fùmǔ	両親
瓷器展	cíqìzhǎn	磁器展
应该	yīnggāi	～すべきである
没错	méi cuò	間違いない
建筑	jiànzhù	建築
本身	běnshēn	それ自体
值得	zhíde	～する価値がある
参观	cānguān	見学する
壮观	zhuàngguān	壮観である
亲眼	qīnyǎn	自分の目で
感动	gǎndòng	感動する

第1週

第2週

第3週

第4週

第5週

筆記対策

リスニング対策③

模擬試験

(1) 铃木想跟山本一起去做什么?
Língmù xiǎng gēn Shānběn yìqǐ qù zuò shénme?
(鈴木さんは山本さんといっしょに何をしに行きたいのですか。)

① 他们想去展览馆看瓷器展。
Tāmen xiǎng qù zhǎnlǎnguǎn kàn cíqìzhǎn.
(彼らは展示館に磁器展を見に行きたい。)

② 他们想去书画院看图书展。
Tāmen xiǎng qù shūhuàyuàn kàn túshūzhǎn.
(彼らは書画院に図書展を見に行きたい。)

③ 他们想去博物院看建筑展。
Tāmen xiǎng qù bówùyuàn kàn jiànzhùzhǎn.
(彼らは博物館に建築展を見に行きたい。)

❹ 他们想去博物馆看书画展。
Tāmen xiǎng qù bówùguǎn kàn shūhuàzhǎn.
(彼らは博物館に書画展を見に行きたい。)

解説 "大阪市立博物馆有一个展览, 你想不想看? "と"这次是北京故宫博物院的书画展。"の2つから"大阪市立博物馆"と"书画展"という2つのキーワードを聞き取ります。

(2) 铃木和山本打算什么时候去?
Língmù hé Shānběn dǎsuan shénme shíhou qù?
(鈴木さんと山本さんはいつ行くつもりですか。)

① 下个星期天。Xià ge xīngqītiān.（来週の日曜日。）

❷ 下个星期三。Xià ge xīngqīsān.（来週の水曜日。）

③ 这个星期三。Zhège xīngqīsān.（今週の水曜日。）

④ 这个星期天。Zhège xīngqītiān.（今週の日曜日。）

解説 "那就下星期三去吧"とそれに対する"太好了。"という答えから②が正解です。

(3) 他们为什么不打算后天去?

Tāmen wèi shénme bù dǎsuan hòutiān qù?

（彼らはどうして明後日行かないのですか。）

① 因为后天山本全天都有课。

Yīnwèi hòutiān Shānběn quántiān dōu yǒu kè.

（明後日は山本さんが一日中授業だから。）

② 因为后天铃木也没有时间。

Yīnwèi hòutiān Língmù yě méiyǒu shíjiān.

（明後日は鈴木さんも時間がないから。）

❸ 因为后天参观的人会很多。

Yīnwèi hòutiān cānguān de rén huì hěn duō.

（明後日は見学する人が多いため。）

④ 因为后天他们都不太方便。

Yīnwèi hòutiān tāmen dōu bú tài fāngbiàn.

（明後日は彼らはどちらも都合が悪いから。）

> **解説** "后天是星期天，看展览的人肯定特别多。"というところで、明後日は日曜日で人が多いだろうと予測しているため、③が正解です。

(4) 这次展览的展品来自什么地方?

Zhè cì zhǎnlǎn de zhǎnpǐn láizì shénme dìfang?

（この展覧会の展示品はどこから来ましたか。）

❶ 北京故宫博物院。

Běijīng Gùgōng bówùyuàn.

（北京故宫博物院。）

② 台北故宫博物院。

Táiběi Gùgōng bówùyuàn.

（台北故宮博物院。）

③ 大阪市立博物馆。

Dàbǎn shìlì bówùguǎn.

（大阪市立博物館。）

④ 大阪服装设计院。

Dàbǎn Fúzhuāng shèjìyuàn.

（大阪ファッションデザイン学院。）

解 説 最初のほうで "这次是北京故宫博物院的书画展。" と言っているので①が正解です。

---

(5) 去台北故宫看过瓷器展的是谁?

Qù Táiběi Gùgōng kànguo cíqìzhǎn de shì shéi?

（台北の故宮博物院で磁器展を見たのは誰ですか。）

① 山本和爸爸妈妈。

Shānběn hé bàba māma.

（山本さんと両親。）

② 铃木的爸爸妈妈。

Língmù de bàba māma.

（鈴木さんの両親。）

③ 山本的爸爸妈妈。

Shānběn de bàba māma.

（山本さんの両親。）

❹ 铃木和爸爸妈妈。

Língmù hé bàba māma.

（鈴木さんと両親。）

解 説 最初に鈴木さんが山本さんに電話している場面でどちらが鈴木さんでどちらが山本さんかをしっかり把握して
ください。そのうえで、"你不是跟你父母去过故宫吗?" と言ったのが、山本さんだと分かれば、鈴木さんと
両親がいっしょに行ったことが分かりますね。選択肢の "的" と "和" の聞き取りにも注意しましょう。

第1週
第2週
第3週
第4週
第5週
筆記対策
リスニング対策③
模擬試験

会　話 (3)

【練習問題】
中国語の音声を聞き、(1) ～ (5) の問いの答えとして最も適当なものを、それぞれ①～④の (304)
中から1つ選び、その番号に○をつけなさい。

メモ欄

(305) (1)

　　　①　　　　　　　②　　　　　　　③　　　　　　　④

(306) (2)

　　　①　　　　　　　②　　　　　　　③　　　　　　　④

(307) (3)

　　　①　　　　　　　②　　　　　　　③　　　　　　　④

(308) (4)

　　　①　　　　　　　②　　　　　　　③　　　　　　　④

(309) (5)

　　　①　　　　　　　②　　　　　　　③　　　　　　　④

解　答

A：小李，你什么时候学会开车的?
B：我五年前就拿到驾照了。
A：那你一定开得很好了。
B：还可以吧。不过我还没开过自己的车呢。
A：这辆车不是你的啊?
B：这是公司的车，我只是工作的时候才开。
A：你上星期开的车是谁的?
B：那是我爸爸的车。我想明年自己买一辆。
A：现在买车大概需要多少钱?
B：国产的一般在十万元左右，我正好攒了这么多。
A：你打算买什么样的车?
B：我正犹豫买什么车好呢。
A：买车的时候是要慎重一些。
B：国产车的质量没有进口车好，可是纯进口车又太贵。
A：那你就买一辆中外合资的怎么样?
B：你说得有道理，合资的质量和价格都不错。
A：你买了新车以后，别忘了告诉我。
B：没问题，你肯定是我新车的第一个乘客。

A：Xiǎo-Lǐ, nǐ shénme shíhou xuéhuì kāichē de?
B：Wǒ wǔ nián qián jiù nádào jiàzhào le.
A：Nà nǐ yídìng kāide hěn hǎo le.
B：Hái kěyǐ ba. Búguò wǒ hái méi kāiguo zìjǐ de chē ne.
A：Zhè liàng chē bú shì nǐ de a?
B：Zhè shì gōngsī de chē, wǒ zhǐshì gōngzuò de shíhou cái kāi.
A：Nǐ shàng xīngqī kāi de chē shì shéi de?
B：Nà shì wǒ bàba de chē.Wǒ xiǎng míngnián zìjǐ mǎi yí liàng.
A：Xiànzài mǎi chē dàgài xūyào duōshao qián?
B：Guóchǎn de yìbān zài shí wàn yuán zuǒyòu, wǒ zhènghǎo zǎnle zhème duō.
A：Nǐ dǎsuan mǎi shénmeyàng de chē?
B：Wǒ zhèng yóuyù mǎi shénme chē hǎo ne.
A：Mǎi chē de shíhou shì yào shènzhòng yìxiē.
B：Guóchǎnchē de zhìliàng méi yǒu jìnkǒuchē hǎo, kěshì chún jìnkǒuchē yòu tài guì.
A：Nà nǐ jiù mǎi yí liàng zhōngwài hézī de zěnmeyàng?
B：Nǐ shuōde yǒu dàoli, hézī de zhìliàng hé jiàgé dōu búcuò.
A：Nǐ mǎile xīn chē yǐhòu, bié wàngle gàosu wǒ.
B：Méi wèntí, nǐ kěndìng shì wǒ xīn chē de dì yī ge chéngkè.

第1週
第2週
第3週
第4週
第5週
筆記対策
リスニング対策③
模擬試験

A：李さん、いつ車の運転を身につけたのですか。

B：5年前に免許を取りました。

A：それじゃあきっと運転が上手でしょう。

B：まあまあです。ただ私はまだ自分の車を運転したことがないのですよ。

A：この車はあなたのではないのですか。

B：これは会社の車なので、仕事の時しか運転しません。

A：先週運転していた車は誰のですか。

B：あれは父の車です。私は来年自分で買いたいです。

A：いま車を買うにはだいたいいくらかかりますか。

B：国産のはふつう10万元ぐらいですが、ちょうどそれくらい貯金しました。

A：あなたはどんな車を買うつもりですか。

B：どんな車を買うかまさに迷っているところなんです。

A：車を買うときは少し慎重になったほうがいいです。

B：国産車の質は輸入車ほどではありません。でも純輸入車は高すぎます。

A：それじゃあ中国と外国資本の合弁会社の車はどうですか。

B：あなたの意見は筋が通っています。合弁会社の車の質と価格はいずれも悪くない。

A：新車を買ったら、私に言うのを忘れないでください。

B：問題ありません。あなたはきっと私の新車の最初の乗客です。

単語チェック

学会	xuéhuì	学んで身につける
开车	kāichē	運転する
拿到	nádào	手に入れる
驾照	jiàzhào	運転免許証
需要	xūyào	必要である
国产	guóchǎn	国産の
一般	yìbān	ふつう
攒	zǎn	ためる
犹豫	yóuyù	躊躇する
慎重	shènzhòng	慎重である
国产车	guóchǎnchē	国産車
质量	zhìliàng	質
进口车	jìnkǒuchē	輸入車
中外合资	zhōngwài hézī	中国と外国資本の合弁
有道理	yǒu dàolǐ	道理にかなっている
价格	jiàgé	価格
肯定	kěndìng	確かに
乘客	chéngkè	乗客
合适	héshì	ちょうど良い
答应	dāying	返事をする
谨慎	jǐnshèn	慎重である

(1) 小李什么时候学会开车的?

Xiǎo-Lǐ shénme shíhou xuéhuì kāichē de?

（李さんはいつ自動車の運転を身につけたのですか。）

① 一年前。Yì nián qián.

（1年前。）

② 上星期。Shàng xīngqī.

（先週。）

❸ 五年前。Wǔ nián qián.

（5年前。）

④ 十年前。Shí nián qián.

（10年前。）

解説　"我五年前就拿到驾照了。"と5年前に免許を取得したと言っているので③が正解です。

(2) 小李今天开的是什么车?

Xiǎo-Lǐ jīntiān kāide shì shénme chē?

（李さんが今日運転しているのはどんな車ですか。）

① 她自己买的。Tā zìjǐ mǎi de.

（彼女が自分で買った車。）

❷ 她们公司的。Tāmen gōngsī de.

（彼女の会社の車。）

③ 跟朋友借的。Gēn péngyou jiè de.

（友達に借りた車。）

④ 跟爸爸借的。Gēn bàba jiè de.

（父に借りた車。）

解説　この会話では会社の車、父の車、新しい車と3つの車が出てきますが、今日運転しているのは "这是公司的车" とあるように会社の車になり、②が正解です。

(3) 小李打算明年做什么?

Xiǎo-Lǐ dǎsuan míngnián zuò shénme?

(李さんは来年何をするつもりですか。)

① 到合资公司去工作。

Dào hézī gōngsī qù gōngzuò.

(合弁会社に働きに行く。)

② 给爸爸换一辆新车。

Gěi bàba huàn yí liàng xīnchē.

(父のために1台新車に交換する。)

❸ 买一辆自己的汽车。

Mǎi yí liàng zìjǐ de qìchē.

(自分の車を1台買う。)

④ 为了买车攒一些钱。

Wèile mǎi chē zǎn yìxiē qián.

(車を買うためにお金を蓄える。)

解説 すでに車を買うお金はたまっており、"我想明年自己买一辆。"と言っているので、③が正解です。

(4) 小李为什么想买合资汽车?

Xiǎo-Lǐ wèi shénme xiǎng mǎi hézī qìchē?

(李さんはどうして合弁会社の車を買いたいのですか。)

① 因为她攒的钱正好够买一辆合资汽车。

Yīnwèi tā zǎn de qián zhènghǎo gòu mǎi yí liàng hézī qìchē.

(彼女がためたお金でちょうど合弁会社の車を買うことができるから。)

② 因为国产车质量和价格都不如合资车。

Yīnwèi guóchǎnchē zhìliàng hé jiàgé dōu bùrú hézīchē.

(国産車の質と価格はいずれも合弁会社の車に及ばないから。)

③ 因为小李本人就在合资汽车公司工作。

Yīnwèi Xiǎo-Lǐ běnrén jiù zài hézī qìchē gōngsī gōngzuò.

(李さん自身が合弁の自動車会社で働いているから。)

❹ 因为合资汽车质量和价格都比较合适。

Yīnwèi hézī qìchē zhìliàng hé jiàgé dōu bǐjiào héshì.

（合弁会社の車の質と価格がわりとあっているから。）

解説 "合资的质量和价格都不错。"と言っていることから④が正解です。

---

(5) 小李答应朋友什么事儿了？

Xiǎo-Lǐ dǎying péngyou shénme shìr le?

（李さんは友達に何を約束しましたか。）

❶ 让朋友第一个坐她的新车。

Ràng péngyou dì-yī ge zuò tā de xīn chē.

（友達を最初に彼女の新車に乗車させる。）

② 买车的时候一定非常谨慎。

Mǎi chē de shíhou yídìng fēicháng jǐnshèn.

（車を買う時、きっと慎重にする。）

③ 一定要买一辆最好的进口车。

Yídìng yào mǎi yí liàng zuìhǎo de jìnkǒuchē.

（必ず一番良い輸入車を購入する。）

④ 遇到问题后一定告诉朋友。

Yùdào wèntí hòu yídìng gàosu péngyou.

（問題に当たったら必ず友達に伝える。）

解説 "你肯定是我新车的第一个乘客。"と言っていることから①が正解です。

第1週
第2週
第3週
第4週
第5週
筆記対策
リスニング対策③
模擬試験

リスニング対策 3
会　話 (4)

【練習問題】
中国語の音声を聞き、(1) 〜 (5) の問いの答えとして最も適当なものを、それぞれ①〜④の (310) 中から１つ選び、その番号に〇をつけなさい。

(311) (1)
　　　①　　　　　②　　　　　③　　　　　④

(312) (2)
　　　①　　　　　②　　　　　③　　　　　④

(313) (3)
　　　①　　　　　②　　　　　③　　　　　④

(314) (4)
　　　①　　　　　②　　　　　③　　　　　④

(315) (5)
　　　①　　　　　②　　　　　③　　　　　④

解　答

A：喂，小李，我们下周日去张老师家，你去不去？
B：是小王啊，你们去张老师家干什么？
A：下周日是张老师的六十岁生日。
B：那得好好庆祝一下，我跟你们一起去。
A：你看，咱们买点儿什么礼物好呢？
B：买一个生日蛋糕和两瓶酒怎么样？
A：张老师的太太不让他多喝酒，还是买一瓶吧。
B：那就再买一束鲜花吧。我在家附近的花店买。
A：好吧，我和小陈买蛋糕，让小刘买酒。
B：行。你们知道张老师家在哪儿吗？
A：小陈知道，她上周刚去过。
B：我去年去过一次，不过已经忘了。
A：好像是先坐地铁，然后再换公交车。
B：路上大概需要一个小时左右。
A：咱们十点在学校集合，十一点就能到张老师家。
B：好的。我明天要参加一个讨论会，得准备一下。
A：那你快忙吧，我就不打扰你了。
B：你太客气了。那咱们下周见。

A：Wéi, Xiǎo-Lǐ, wǒmen xià zhōurì qù Zhāng lǎoshī jiā, nǐ qù bu qù?
B：Shì Xiǎo-Wáng a, nǐmen qù Zhāng lǎoshī jiā gàn shénme?
A：Xià zhōurì shì Zhāng lǎoshī de liùshí suì shēngrì.
B：Nà děi hǎohāo qìngzhù yíxià, wǒ gēn nǐmen yìqǐ qù.
A：Nǐ kàn, zánmen mǎi diǎnr shénme lǐwù hǎo ne?
B：Mǎi yí ge shēngrì dàngāo hé liǎng píng jiǔ zěnmeyàng?
A：Zhāng lǎoshī de tàitai bú ràng tā duō hē jiǔ, háishi mǎi yì píng ba.
B：Nà jiù zài mǎi yí shù xiānhuā ba.Wǒ zài jiā fùjìn de huādiàn mǎi.
A：Hǎo ba, wǒ hé Xiǎo-Chén mǎi dàngāo, ràng Xiǎo-Liú mǎi jiǔ.
B：Xíng. Nǐmen zhīdao Zhāng lǎoshī jiā zài nǎr ma?
A：Xiǎo-Chén zhīdao, tā shàng zhōu gāng qùguo.
B：Wǒ qùnián qùguo yí cì, búguò yǐjīng wàng le.
A：Hǎoxiàng shì xiān zuò dìtiě, ránhòu zài huàn gōngjiāochē.
B：Lùshang dàgài xūyào yí ge xiǎoshí zuǒyòu.
A：Zánmen shí diǎn zài xuéxiào jíhé, shíyī diǎn jiù néng dào Zhāng lǎoshī jiā.
B：Hǎo de.Wǒ míngtiān yào cānjiā yí ge tǎolùnhuì, děi zhǔnbèi yíxià.
A：Nà nǐ kuài máng ba, wǒ jiù bù dǎrǎo nǐ le.
B：Nǐ tài kèqi le. Nà zánmen xià zhōu jiàn.

第1週
第2週
第3週
第4週
第5週
筆記対策
リスニング対策③
模擬試験

A：もしもし、李さん、私たち来週の日曜日に張先生のご自宅に伺いますが、あなたは行きますか。

B：王さんですか、張先生の家に何をしに行くのですか。

A：来週の日曜日は張先生の60歳のお誕生日です。

B：それじゃあしっかりお祝いしないと。あなたたちといっしょに行きます。

A：どんなプレゼントを買って行くのがいいですかね。

B：バースデーケーキとお酒を2本買っていくのはどうでしょうか。

A：張先生の奥様は先生にお酒を多く飲まないように言っているので、やはり1本にしましょう。

B：それじゃあ、あと花束を買いましょう。私の家の近くの花屋で買います。

A：いいですね。私と陳さんはケーキを買い、劉君にお酒を買うように言います。

B：分かりました。あなたたちは張先生の家がどこにあるか知っていますか。

A：陳さんが知っています。彼女は先週行ったばかりです。

B：私は去年一度行きましたが、もう忘れてしまいました。

A：たしかまず地下鉄に乗り、それからバスに乗り換えたようですが。

B：だいたい1時間ぐらいかかります。

A：10時に学校に集合したら、11時には張先生の家に着くでしょう。

B：分かりました。私は明日討論会に参加するので、準備をしないといけません。

A：それじゃあ、あなたの用事をしてください。お邪魔しました。

B：遠慮しないで。それじゃあ、来週会いましょう。

単語チェック

庆祝	qìngzhù	祝う
礼物	lǐwù	プレゼント
蛋糕	dàngāo	ケーキ
太太	tàitai	奥さん
束	shù	（束になったものを数える）～束
鲜花	xiānhuā	花
换	huàn	乗り換える
集合	jíhé	集合する
参加	cānjiā	参加する
讨论会	tǎolùnhuì	討論会
打扰	dǎrǎo	邪魔する、迷惑をかける
讨论	tǎolùn	討論する
搬家	bānjiā	引っ越しする

(1) 他们打算去张老师家做什么?
Tāmen dǎsuan qù Zhāng lǎoshī jiā zuò shénme?
（彼らは張先生の家に何をしに行くつもりですか。）

❶ 为张老师过生日。
Wèi Zhāng lǎoshī guò shēngrì.
（張先生の誕生日を祝う。）

② 跟老师讨论问题。
Gēn lǎoshī tǎolùn wèntí.
（先生と問題を討論する。）

③ 帮助张老师搬家。
Bāngzhù Zhāng lǎoshī bānjiā.
（先生の引っ越しを手伝う。）

④ 帮张老师做午饭。Bāng Zhāng lǎoshī zuò wǔfàn.
（先生が昼食を作るのを手伝う。）

解説 "张老师的六十岁生日" というＡのことばに、"那得好好庆祝一下" とＢが答えていることから①が正解です。

(2) 谁知道张老师的家在哪里?
Shéi zhīdao Zhāng lǎoshī de jiā zài nǎli?
（誰が張先生の家がどこにあるか知っていますか。）

① 小李。Xiǎo-Lǐ.
（李さん。）

② 小刘。Xiǎo-Liú.
（劉さん。）

❸ 小陈。Xiǎo-Chén.
（陳さん。）

④ 小王。Xiǎo-Wáng.
（王さん。）

解説 張先生の家の場所を知っている人を尋ねています。"小陈知道，她上周刚去过" と言っていることから③が正解です。

(3) 他们为什么决定只买一瓶酒？

Tāmen wèi shénme juédìng zhǐ mǎi yì píng jiǔ?

（彼らはどうしてお酒を1本だけ買うことにしたのですか。）

① 因为他们不知道张老师喝不喝酒。

Yīnwèi tāmen bù zhīdào Zhāng lǎoshī hē bu hē jiǔ.

（張先生がお酒を飲むかどうか分からないから。）

❷ 因为张老师的夫人不让他多喝酒。

Yīnwèi Zhāng lǎoshī de fūrén bú ràng tā duō hē jiǔ.

（張先生の奥様が先生に多く飲みすぎないように言っているから。）

③ 因为张老师家里已经有很多酒了。

Yīnwèi Zhāng lǎoshī jiāli yǐjīng yǒu hěn duō jiǔ le.

（張先生の家にはすでにお酒がたくさんあるから。）

④ 因为他们用买酒的钱来买鲜花了。

Yīnwèi tāmen yòng mǎi jiǔ de qián lái mǎi xiānhuā le.

（彼らがお酒を買うお金でお花を買ったから。）

解 説 "张老师的太太不让他多喝酒。"と言っていることから②が正解です。

(4) 他们决定谁来买生日蛋糕？

Tāmen juédìng shéi lái mǎi shēngrì dàngāo?

（彼らは誰が誕生ケーキを買ってくると決めましたか。）

❶ 小王和小陈买蛋糕。

Xiǎo-Wáng hé Xiǎo-Chén mǎi dàngāo.

（王さんと陳さんがケーキを買う。）

② 小刘和小李买蛋糕。

Xiǎo-Liú hé Xiǎo-Lǐ mǎi dàngāo.

（劉さんと李さんがケーキを買う。）

③ 小李和小王买蛋糕。

Xiǎo-Lǐ hé Xiǎo-Wáng mǎi dàngāo.

（李さんと王さんがケーキを買う。）

④ 小刘和小陈买蛋糕。

　　Xiǎo-Liú hé Xiǎ-Chén mǎi dàngāo.

　　（劉さんと陳さんがケーキを買う。）

解説 まず"好吧，我和小陈买蛋糕"から陈さんは確定なので②と③は除外できます。次に、このセリフを発したのが誰かですが、電話で話している二人が最初に"喂，小李"、"是小王啊"のように名前をお互いに言い合っています。ここから①であることが確定できます。

---

(5) 去张老师家怎么走?

　　Qù Zhāng lǎoshī jiā zěnme zǒu?

　　（張先生の家にはどうやって行きますか。）

① 先坐公交车，后坐地铁。

　　Xiān zuò gōngjiāochē, hòu zuò dìtiě.

　　（まずバスに乗り、それから地下鉄に乗る。）

② 只坐公交车，不坐地铁。

　　Zhǐ zuò gōngjiāochē, bú zuò dìtiě.

　　（バスに乗るだけで、地下鉄には乗らない。）

③ 只坐地铁，不坐公交车。

　　Zhǐ zuò dìtiě, bú zuò gōngjiāochē.

　　（地下鉄に乗るだけで、バスには乗らない。）

❹ 先坐地铁，后坐公交车。

　　Xiān zuò dìtiě, hòu zuò gōngjiāochē.

　　（まず地下鉄に乗り、それからバスに乗る。）

解説 "好像是先坐地铁，然后再换公交车。"と言っていることから④が正解です。

長　文 (1)

300 字程度の長文を聞き、その内容についてあらかじめ書かれている質問に答える形式です。

【練習問題】

中国語の音声を聞き、(1) ～ (5) の問いの答えとして最も適当なものを、それぞれ①～④の中から 1 つ選びなさい。

316

> メモ欄

(317) (1)　女孩儿的爷爷今年多大年纪了?

　①　　　　　　②　　　　　　③　　　　　　④

(318) (2)　这是山本第几次去中国?

　①　　　　　　②　　　　　　③　　　　　　④

(319) (3)　山本这次在北京去了哪些地方?

　①　　　　　　②　　　　　　③　　　　　　④

(320) (4)　山本觉得在北京吃的中国菜怎么样?

　①　　　　　　②　　　　　　③　　　　　　④

(321) (5)　山本打算什么时候再去中国?

　①　　　　　　②　　　　　　③　　　　　　④

　　山本今年 29 岁，今年春天他跟一个叫李晓杰的中国女孩儿结婚了，他说他自己现在很幸福。他们是三年前在一个展览会上认识的。李晓杰四岁的时候就从上海来日本了，在日本已经生活了二十年了。大学毕业以后李晓杰进了一家贸易公司，主要从事翻译工作。

　　李晓杰的爷爷和奶奶住在北京。爷爷今年 88 岁了，为了给李晓杰的爷爷过生日，今年夏天山本跟李晓杰一起去了北京。山本以前去过英国和美国，但没去过中国。这次他去了天安门广场、前门，还去了颐和园。李晓杰的爷爷请山本吃了著名的北京烤鸭，在北京的时候，山本还吃了很多好吃的中国菜。山本在日本也经常吃中国菜，但他觉得在北京吃的才是真正的中国菜，不管什么菜都比在日本吃的中国菜更好吃。

　　因为这次去北京的时间只有三天，还有很多地方没有参观。山本打算明年秋天带着自己的父母一起，再去一次北京。在北京住一个星期，好好玩玩儿。他说下次一定要去参观故宫，当然也要去看看万里长城。

　　Shānběn jīnnián èrshijiǔ suì, jīnnián chūntiān tā gēn yí ge jiào Lǐ Xiǎojié de Zhōngguó nǚháir jiéhūn le, tā shuō tā zìjǐ xiànzài hěn xìngfú. Tāmen shì sān nián qián zài yí ge zhǎnlǎnhuì shang rènshi de. Lǐ Xiǎojié sì suì de shíhou jiù cóng Shànghǎi lái Rìběn le, zài Rìběn yǐjīng shēnghuóle èrshí nián le. Dàxué bìyè yǐhòu Lǐ Xiǎojié jìnle yì jiā màoyì gōngsī, zhǔyào cóngshì fānyì gōngzuò.

　　Lǐ Xiǎojié de yéye hé nǎinai zhùzài Běijīng. Yéye jīnnián bāshibā suì le, wèile gěi Lǐ Xiǎojié de yéye guò shēngrì, jīnnián xiàtiān Shānběn gēn Lǐ Xiǎojié yìqǐ qùle Běijīng. Shānběn yǐqián qùguo Yīngguó hé Měiguó, dàn méi qùguo Zhōngguó. Zhè cì tā qùle Tiān'ānmén guǎngchǎng、Qiánmén, hái qùle Yíhéyuán. Lǐ Xiǎojié de yéye qǐng Shānběn chīle zhùmíng de Běijīng kǎoyā, zài Běijīng de shíhou, Shānběn hái chīle hěn duō hǎochī de Zhōngguócài. Shānběn zài Rìběn yě jīngcháng chī Zhōngguó cài, dàn tā juéde zài Běijīng chī de cái shì zhēnzhèng de Zhōngguócài, bùguǎn shénme cài dōu bǐ zài Rìběn chī de Zhōngguócài gèng hǎochī.

　　Yīnwèi zhè cì qù Běijīng de shíjiān zhǐyǒu sān tiān, hái yǒu hěn duō dìfang méiyou cānguān. Shānběn dǎsuan míngnián qiūtiān dàizhe zìjǐ de fùmǔ yìqǐ, zài qù yí cì Běijīng. Zài Běijīng zhù yí ge xīngqī, hǎohǎo wánwanr. Tā shuō xià cì yídìng yào qù cānguān Gùgōng, dāngrán yě yào qù kànkan Wànlǐ chángchéng.

山本さんは今年29歳です。彼は今年の春、李暁傑さんという中国人女性と結婚しました。彼は自分が今とても幸せだと言っています。彼らは、3年前にある展示会で知り合ったのです。李暁傑さんは4歳の時に上海から日本にやって来ており、日本での生活はすでに20年になりました。大学を卒業してから貿易会社に入り、主に翻訳の仕事に従事しています。

李暁傑さんのおじいさんとおばあさんは北京に住んでいます。おじいさんは今年88歳になりました。おじいさんの誕生日を祝うために、今年の夏、山本さんと李暁傑さんは一緒に北京に行きました。山本さんは以前にイギリスとアメリカに行ったことがありましたが、中国には行ったことがありませんでした。今回、天安門広場と前門、さらに頤和園に行きました。李暁傑さんのおじいさんは、山本さんに有名な北京ダックをご馳走しました。北京に滞在中、山本さんはさらにたくさんの中国料理を食べました。山本さんは日本でもしょっちゅう中国料理を食べていましたが、北京で食べた本場の中国料理は、どの料理も日本で食べる中国料理よりも美味しいと感じました。

今回北京に滞在できる時間は3日しかなかったので、まだ多くの場所を見学できていません。山本さんは、来年の秋に、自分の両親を連れて一緒にもう一度北京に行くつもりです。北京に1週間滞在し、しっかり遊びます。彼は、次回は必ず故宮を見学し、当然、万里の長城にも行ってみたいと言っています。

単語チェック

幸福	xìngfú	幸福である
展覧会	zhǎnlǎnhuì	展覧会
生活	shēnghuó	生活する
毕业	bìyè	卒業する
主要	zhǔyào	主な、主に
从事	cóngshì	従事する
翻译	fānyì	翻訳／通訳
为了	wèile	〜のために
天安门广场	Tiān'ānmén guǎngchǎng	天安門広場
前门	Qiánmén	前門
颐和园	Yíhéyuán	頤和園
著名	zhùmíng	有名である
北京烤鸭	Běijīng kǎoyā	北京ダック
经常	jīngcháng	しょっちゅう
真正	zhēnzhèng	本当の
时间	shíjiān	時間
参观	cānguān	見学する
故宫	Gùgōng	故宮
当然	dāngrán	当然
万里长城	Wànlǐ chángchéng	万里の長城

(1) 女孩儿的爷爷今年多大年纪了?

Nǚháir de yéye jīnnián duōdà niánjì le?

(女性のおじいさんは今年何歳になりましたか。)

① 89 岁。Bāshijiǔ suì.
(89 歳。)

❷ 88 岁。Bāshibā suì.
(88 歳。)

③ 83 岁。Bāshisān suì.
(83 歳。)

④ 80 岁。Bāshí suì.
(80 歳。)

> **解説** まず "一个叫李晓杰的中国女孩儿" の部分を聞き取り "女孩儿" が "李晓杰" だということを確認します。その上で、"李晓杰的爷爷和奶奶住在北京。爷爷今年 88 岁了" の部分から、年齢を聞き取れれば、②が正解だと分かります。

(2) 这是山本第几次去中国?

Zhè shì Shānběn dì jǐ cì qù Zhōngguó?

(これは山本さんの何回目の中国訪問でしたか。)

❶ 第一次。Dì-yī cì.
(1 回目)

② 第二次。Dì-èr cì.
(2 回目)

③ 第三次。Dì-sān cì.
(3 回目)

④ 第四次。Dì-sì cì.
(4 回目)

> **解説** "山本以前去过英国和美国，但没去过中国。" でイギリスとアメリカに行ったことがあるが、中国に行ったことはないと言っているので、今回がはじめての中国訪問になり、①が正解だと分かります。

第1週
第2週
第3週
第4週
第5週
筆記対策
リスニング対策④
模擬試験

(3) 山本这次在北京去了哪些地方?

Shānběn zhè cì zài Běijīng qùle nǎxiē dìfang?

（山本さんは今回北京のどのあたりに行きましたか。）

① 颐和园、万里长城和故宫等。

Yíhéyuán、Wànlǐ chángchéng hé Gùgōng děng.

（頤和園、万里の長城、故宮など。）

❷ 颐和园、前门和天安门广场。

Yíhéyuán、Qiánmén hé Tiān'ānmén guǎngchǎng.

（頤和園、前門、天安門広場。）

③ 万里长城、前门和颐和园等。

Wànlǐ chángchéng、Qiánmén hé Yíhéyuán děng.

（万里の長城、前門、頤和園など。）

④ 天安门广场、故宫、颐和园。

Tiān'ānmén guǎngchǎng、Gùgōng、Yíhéyuán.

（天安門広場、故宮、頤和園。）

解 説 観光した場所については"这次他去了天安门广场、前门，还去了颐和园。"と"参观故宫，当然也要去看看万里长城。"の部分で具体的な名称が出てきます。前者が今回行った場所、後者が次回行きたい場所です。注意して聞き分けましょう。②が正解です。

(4) 山本觉得在北京吃的中国菜怎么样?

Shānběn juéde zài Běijīng chī de Zhōngguócài zěnmeyàng?

（山本さんは北京で食べた中国料理をどう思いましたか。）

① 跟在日本吃的差不多。

Gēn zài Rìběn chī de chàbuduō.

（日本で食べたものとだいたい同じ。）

② 没有在日本吃的好吃。

Méi yǒu zài Rìběn chī de hǎochī.

（日本で食べたものほどおいしくない。）

③ 有的好吃有的不好吃。

Yǒude hǎochī yǒude bù hǎochī.

（美味しいものもあれば、おいしくないものもある。）

第1週

第2週

第3週

第4週

第5週

筆記対策

リスニング対策④

模擬試験

❹ 比在日本吃的更好吃。

Bǐ zài Rìběn chī de gèng hǎochī.

（日本で食べたものよりさらにおいしい。）

解説 北京の中国料理については"不管什么菜都比在日本吃的中国菜更好吃。"で評価しています。"不管什么都〜" と "比" を使った比較の表現に注意して、この部分をしっかり聞き取りましょう。

---

(5) 山本打算什么时候再去中国?

Shānběn dǎsuan shénme shíhou zài qù Zhōngguó?

（山本さんはいつまた中国に行くつもりですか。）

① 今年秋天。Jīnnián qiūtiān.

（今年の秋。）

② 明年春天。Míngnián chūntiān.

（来年の春。）

❸ 明年秋天。Míngnián qiūtiān.

（来年の秋。）

④ 今年冬天。Jīnnián dōngtiān.

（今年の冬。）

解説 "山本打算明年秋天带着自己的父母一起，再去一次北京。"の部分を聞き取ります。

長　文 (2)

【練習問題】

中国語の音声を聞き、(1) ～ (5) の問いの答えとして最も適当なものを、それぞれ①～④の (322) 中から 1 つ選びなさい。

メモ欄

(323) (1)　李老师是从哪儿来北京的?

　　　　① 　　　　　　　② 　　　　　　　③ 　　　　　　　④

(324) (2)　以前从北京到上海要多长时间?

　　　　① 　　　　　　　② 　　　　　　　③ 　　　　　　　④

(325) (3)　不会说英语的是谁?

　　　　① 　　　　　　　② 　　　　　　　③ 　　　　　　　④

(326) (4)　去过上海之后德国夫妇还准备去哪儿?

　　　　① 　　　　　　　② 　　　　　　　③ 　　　　　　　④

(327) (5)　男孩子的日语怎么样?

　　　　① 　　　　　　　② 　　　　　　　③ 　　　　　　　④

解答

　　李老师是日本一所大学的教授，她的老家在上海。今年 8 月，她从大阪来北京参加一个国际会议，会议结束后顺便回上海看望自己的父母。李老师这次是坐高铁从北京出发的。以前从北京到上海，坐火车要 12 个小时，现在坐高铁只要 5 个多小时，每天有 44 班车，非常方便。

　　李老师的旁边是一个男孩子，他正在美国留学，是利用暑假回国探亲的；对面是一对来中国旅行的德国夫妇，他们刚刚去了大连和西安。德国丈夫既会说德语也会说英语，可是他妻子只会说德语；李老师的英语和日语都很流利。4 个人的会话非常有趣，德国丈夫要把李老师和男孩子的英语翻译成德语，再把妻子的德语翻译成英语。尽管有点儿麻烦，但是 4 个人一直聊得很开心。

　　火车快到上海的时候，那对德国夫妇说：接下来，我们还要去杭州、南京和香港。希望以后能够再见。男孩子告诉李老师，自己从小就喜欢日本的动漫，还会几句简单的日语，有机会的话，一定去日本看看。李老师说：日本有很多值得看的东西，应该亲眼看看。到时候可以给我打电话，我给你详细介绍介绍。男孩子说：真是太谢谢您了。

　　Lǐ lǎoshī shì Rìběn yì suǒ dàxué de jiàoshòu, tā de lǎojiā zài Shànghǎi. Jīnnián bāyuè, tā cóng Dàbǎn lái Běijīng cānjiā yí ge guójì huìyì, huìyì jiéshù hòu shùnbiàn huí Shànghǎi kànwàng zìjǐ de fùmǔ. Lǐ lǎoshī zhè cì shì zuò gāotiě cóng Běijīng chūfā de. Yǐqián cóng Běijīng dào Shànghǎi, zuò huǒchē yào shí'èr ge xiǎoshí, xiànzài zuò gāotiě zhǐyào wǔ ge duō xiǎoshí, měi tiān yǒu sìshísì bān chē, fēicháng fāngbiàn.

　　Lǐ lǎoshī de pángbiān shì yí ge nánháizi, tā zhèng zài Měiguó liúxué, shì lìyòng shǔjià huíguó tànqīn de; duìmiàn shì yí duì lái Zhōngguó lǚxíng de Déguó fūfù, tāmen gānggāng qùle Dàlián hé Xī'ān. Déguó zhàngfu jì huì shuō Déyǔ yě huì shuō Yīngyǔ, kěshì tā qīzi zhǐ huì shuō Déyǔ; Lǐ lǎoshī de Yīngyǔ hé Rìyǔ dōu hěn liúlì. Sì ge rén de huìhuà fēicháng yǒuqù, Déguó zhàngfu yào bǎ Lǐ lǎoshī hé nánháizi de Yīngyǔ fānyìchéng Déyǔ, zài bǎ qīzi de Déyǔ fānyìchéng Yīngyǔ. Jǐnguǎn yǒudiǎnr máfan, dànshì sì ge rén yìzhí liáode hěn kāixīn.

　　Huǒchē kuài dào Shànghǎi de shíhou, nà duì Déguó fūfù shuō: jiēxialai, wǒmen hái yào qù Hángzhōu, Nánjīng hé Xiānggǎng. Xīwàng yǐhòu nénggòu zàijiàn. Nánháizi gàosu Lǐ lǎoshī, zìjǐ cóngxiǎo jiù xǐhuan Rìběn de dòngmàn, hái huì jǐ jù jiǎndān de Rìyǔ. Yǒu jīhuì dehuà, yídìng qù Rìběn kànkan. Lǐ lǎoshī shuō: Rìběn yǒu hěn duō zhíde kàn de dōngxi, yīnggāi qīnyǎn kànkan. Dào shíhou kěyǐ gěi wǒ dǎ diànhuà, wǒ gěi nǐ xiángxì jièshàojièshao. Nánháizi shuō: zhēn shì tài xièxie nín le.

　　李先生は日本のある大学の教授で、彼女の実家は上海にあります。今年の8月、彼女は大阪から北京に来て、国際会議に参加しました。会議終了後、ついでに両親に会うために上海に帰りました。李先生は今回、高速鉄道に乗り、北京から出発したのです。以前は北京から上海まで、列車で12時間かかっていましたが、今では高速鉄道で5時間余りしかかからず、毎日44本の列車があり、非常に便利です。

　　李先生のとなりは一人の男の子で、彼はアメリカに留学しているところで、夏休みを利用して帰省していました。向かいは中国に旅行にやって来たドイツ人の夫婦で、彼らは大連と西安に行ったばかりでした。ドイツ人の夫はドイツ語を話せるだけでなく、英語も話すことができますが、妻はドイツ語しか話すことができませんでした。李先生の英語と日本語はとても流暢です。4人の会話は非常に面白く、ドイツ人の夫が李先生と男の子の英語をドイツ語に訳し、さらに妻のドイツ語を英語に訳します。少し面倒ではありましたが、4人はずっと楽しくおしゃべりをしました。

　　列車がまもなく上海に着く時、ドイツ人の夫婦は、これから私たちはさらに杭州、南京、香港に行きます、またお会いできるのを楽しみにしていますと言いました。男の子は李先生に、自分は子供の頃から日本のアニメが好きで、簡単な日本語もいくつか話すことができます、チャンスがあれば、必ず日本に行きますと言いました。李先生は、日本には見る価値があるものがたくさんあるので、ぜひ自分の目で見てください、その時には私に電話をください、私があなたに詳しく紹介しますと言い、男の子は、本当にありがとうございますと言いました。

単語チェック

教授	jiàoshòu	教授
国际	guójì	国際的な
顺便	shùnbiàn	ついでに
看望	kànwàng	訪問する
高铁	gāotiě	高速鉄道
班	bān	〜便
利用	lìyòng	利用する
探亲	tànqīn	帰省する
夫妇	fūfù	夫婦
既〜也…	jì 〜 yě…	〜でもあれば…でもある
流利	liúlì	流暢である
有趣	yǒuqù	面白い
聊	liáo	雑談する
开心	kāixīn	楽しい
快	kuài	まもなく
动漫	dòngmàn	アニメ
值得	zhíde	〜する価値がある
亲眼	qīnyǎn	自分の目で
详细	xiángxì	詳しい

(1) 李老师是从哪儿来北京的?
Lǐ lǎoshī shì cóng nǎr lái Běijīng de?
(李先生はどこから北京に来たのですか。)

① 从德国来的。Cóng Déguó lái de.
(ドイツから来たのだ。)

② 从美国来的。Cóng Měiguó lái de.
(アメリカから来たのだ。)

❸ 从大阪来的。Cóng Dàbǎn lái de.
(大阪から来たのだ。)

④ 从上海来的。Cóng Shànghǎi lái de.
(上海から来たのだ。)

> 解説 "她从大阪来北京参加一个国际会议"の"从大阪来"部分を聞き取れれば③が正解だと分かります。この短文では、李先生の故郷の"上海"、男の子が留学する"美国"、ドイツ人夫妻が訪問した"大连"と"西安"、これから訪問する"杭州"、"南京"、"香港"と多くの地名が出てくるので注意が必要です。

(2) 以前从北京到上海要多长时间?
Yǐqián cóng Běijīng dào Shànghǎi yào duō cháng shíjiān?
(以前北京から上海まではどれぐらい時間がかかりましたか。)

① 44 个小时。Sìshisì ge xiǎoshí.
(44 時間。)

② 8 个多小时。Bā ge duō xiǎoshí.
(8 時間あまり。)

③ 5 个多小时。Wǔ ge duō xiǎoshí.
(5 時間あまり。)

❹ 12 个小时。Shí'èr ge xiǎoshí.
(12 時間。)

> 解説 "以前从北京到上海，坐火车要12个小时"と言っているので④が正解です。44は毎日の列車の数、5は高速鉄道の所用時間、8は李先生が参加した会議の開催月に関するキーワードです。

(3) 不会说英语的是谁？

Bú huì shuō Yīngyǔ de shì shéi?

（英語を話すことができないのは誰ですか。）

❶ 德国妻子。Déguó qīzi.
（ドイツ人の妻。）

② 德国丈夫。Déguó zhàngfu.
（ドイツ人の夫。）

③ 李老师。Lǐ lǎoshī.
（李先生。）

④ 男孩子。Nánháizi.
（男の子。）

解 説　"德国丈夫既会说德语也会说英语，可是他妻子只会说德语"と言っているので①が正解です。それぞれの人物が何語を話すことができるか注意して聞きとりましょう。

(4) 去过上海之后德国夫妇还准备去哪儿？

Qùguo Shànghǎi zhīhòu Déguó fūfù hái zhǔnbèi qù nǎr?

（上海に行った後、夫婦はさらにどこに行くつもりですか。）

① 西安、广州和大连。
Xī'ān, Guǎngzhōu hé Dàlián.
（西安、広州、大連。）

② 北京、西安和香港。
Běijīng, Xī'ān hé Xiānggǎng.
（北京、西安、香港。）

③ 大连、杭州和南京。
Dàlián, Hángzhōu hé Nánjīng.
（大連、杭州、南京。）

❹ 杭州、南京和香港。
Hángzhōu, Nánjīng hé Xiānggǎng.
（杭州、南京、香港。）

第1週

第2週

第3週

第4週

第5週

筆記対策

リスニング対策④

模擬試験

解　説　"我们还要去杭州、南京和香港。"と言っているので④が正解です。(1) の問題と同様に地名に関係する問題です。

(5) 男孩子的日语怎么样?

Nánháizi de Rìyǔ zěnmeyàng?

（男の子の日本語はどうですか。）

① 他的日语非常流利。

Tā de Rìyǔ fēicháng liúlì.

（彼の日本語は非常に流暢。）

❷ 会几句简单的日语。

Huì jǐ jù jiǎndān de Rìyǔ.

（簡単な日本語をいくつか話すことができる。）

③ 一句日语也不会说。

Yí jù Rìyǔ yě bú huì shuō.

（一言も日本語を話すことができない。）

④ 只会说一句"再见"。

Zhǐ huì shuō yí jù " Zàijiàn ".

（「さよなら」だけ言うことができる。）

解　説　"还会几句简单的日语。"と言っているので②が正解です。ちなみに日本語が流暢なのは"李老师的英语和日语都很流利。"とあるので李先生、一言も話すことができないのはドイツ人夫妻ですね。

長　文 (3)

【練習問題】

中国語の音声を聞き、（1）～（5）の問いの答えとして最も適当なものを、それぞれ①～④の (328)
中から１つ選びなさい。

```
┌─────────────────────────────────────────────┐
│  📎 メモ欄                                      │
│                                               │
│                                               │
│                                               │
│                                               │
│                                               │
│                                               │
│                                               │
│                                               │
│                                               │
│                                               │
│                                               │
│                                               │
└─────────────────────────────────────────────┘
```

(329) （1）　陈明是做什么工作的?

　　　　①　　　　　　②　　　　　　③　　　　　　④

(330) （2）　陈明是什么时候接到同学电话的?

　　　　①　　　　　　②　　　　　　③　　　　　　④

(331) （3）　陈明的老家在哪里?

　　　　①　　　　　　②　　　　　　③　　　　　　④

(332) （4）　陈明以前唱歌唱得怎么样?

　　　　①　　　　　　②　　　　　　③　　　　　　④

(333) （5）　分手的时候大家约定了什么?

　　　　①　　　　　　②　　　　　　③　　　　　　④

　　陈明高中毕业以后就从老家沈阳来北京上大学了，大学毕业以后留在北京当律师也已经十八年了。三天前，他接到一个老同学的电话，这个电话让陈明又意外又高兴，因为这个老同学不是一般的同学，他叫张力。陈明已经二十多年没有跟他见过面了。张力高中毕业后一直在国外留学并生活，上个月底才回到中国，现在在广州的一家医院当医生。张力说最近来北京出差，想跟老同学们见见面。

　　昨天晚上，陈明和两个在北京做生意的同学一起，在一家四川菜馆请张力吃饭。四个老同学一边喝酒一边聊天儿，大家都非常开心。他们互相介绍了各自的工作和生活状况，也谈了今后的理想和计划。

　　吃完晚饭以后，他们又去唱了卡拉OK。大家都唱了自己最拿手的歌，老同学们都夸陈明唱得像歌手一样好，陈明说其实我以前唱得不好，因为经常练习，所以越唱越好了，不过跟歌手比还差得远呢。快十二点了，他们才分手，分手的时候大家约定，今后每年都像今天这样聚会一次。

Chén Míng gāozhōng bìyè yǐhòu jiù cóng lǎojiā Shěnyáng lái Běijīng shàng dàxué le, dàxué bìyè yǐhòu liú zài Běijīng dāng lǜshī yě yǐjīng shíbā nián le. Sān tiān qián, tā jiēdào yí ge lǎo tóngxué de diànhuà, zhège diànhuà ràng Chén Míng yòu yìwài yòu gāoxìng, yīnwèi zhège lǎo tóngxué bú shì yìbān de tóngxué, tā jiào Zhāng Lì. Chén Míng yǐjīng èrshí duō nián méiyou gēn tā jiànguo miàn le. Zhāng Lì gāozhōng bìyè hòu yìzhí zài guówài liúxué bìng shēnghuó, shàng ge yuèdǐ cái huídào Zhōngguó, xiànzài zài Guǎngzhōu de yì jiā yīyuàn dāng yīshēng. Zhāng Lì shuō zuìjìn lái Běijīng chūchāi, xiǎng gēn lǎo tóngxuémen jiànjian miàn.

Zuótiān wǎnshang, Chén Míng hé liǎng ge zài Běijīng zuò shēngyi de tóngxué yìqǐ, zài yì jiā Sìchuān càiguǎn qǐng Zhāng Lì chī fàn. Sì ge lǎo tóngxué yìbiān hē jiǔ yìbiān liáotiānr, dàjiā dōu fēicháng kāixīn. Tāmen hùxiāng jièshàole gèzì de gōngzuò hé shēnghuó zhuàngkuàng, yě tánle jīnhòu de lǐxiǎng hé jìhuà.

Chīwán wǎnfàn yǐhòu, tāmen yòu qù chàngle kǎlāOK. Dàjiā dōu chàngle zìjǐ zuì náshǒu de gē, lǎo tóngxuémen dōu kuā Chén Míng chàngde xiàng gēshǒu yíyàng hǎo, Chén Míng shuō qíshí wǒ yǐqián chàngde bù hǎo, yīnwèi jīngcháng liànxí, suǒyǐ yuè chàng yuè hǎo le, búguò gēn gēshǒu bǐ hái chàde yuǎn ne. Kuài shí'èr diǎn le, tāmen cái fēnshǒu, fēnshǒu de shíhou dàjiā yuēdìng, jīnhòu měi nián dōu xiàng jīntiān zhèyàng jùhuì yí cì.

陳明は高校卒業後すぐに、実家の瀋陽から北京にやって来て大学に進学しました。大学卒業後は、北京に残り弁護士になり、すでに18年も経ちました。3日前、彼は昔の同級生の電話を受けました。この電話は陳明にとって思いがけないものでもあり、うれしいものでもありました、というのはこの昔の同級生は普通の同級生ではなかったからです、彼は張力と言います。陳明はすでに20年余り彼と会っていませんでした。張力は高校卒業後、ずっと海外に留学し、生活しており、先月末にようやく中国に帰国し、今は広州のある病院で医者をやっています。張力は、最近北京に出張に来るので、昔の同級生に会ってみたいと言いました。

昨晩、陳明は北京で商売をする2人の同級生と一緒に四川料理のお店に張力を招待しました。4人の昔の同級生はお酒を飲みながら、おしゃべりをし、みな非常に楽しみました。彼らはお互いの仕事や生活の状況について紹介しあい、今後の理想と計画についても話しました。

夕食後、彼らはさらにカラオケを歌いに行きました。みんな自分の一番得意な歌を歌いましたが、昔の同級生たちは陳明が歌手みたいに上手いと言いましたが、陳明は、実は以前は歌を歌うのがあまり上手くなく、いつも練習していたので、歌えば歌うほどうまくなりましたが、ただ歌手に比べるとまだまだ差があると言いました。もう12時になるというところで、彼らは解散しました。解散する時、今後毎年今日のような集まりをしようと決めました。

単語チェック

老家	lǎojiā	実家、ふるさと
留	liú	とどまる
律师	lǜshī	弁護士
意外	yìwài	思いがけない
老同学	lǎo tóngxué	昔の同級生
并	bìng	かつ
月底	yuèdǐ	月末
出差	chūchāi	出張する
生意	shēngyi	商売、ビジネス
各自	gèzì	各自
状况	zhuàngkuàng	状況
今后	jīnhòu	今後
理想	lǐxiǎng	理想
计划	jìhuà	計画
卡拉OK	kǎlāOK	カラオケ
拿手	náshǒu	得意である
歌手	gēshǒu	歌手
其实	qíshí	実際は
分手	fēnshǒu	分かれる
约	yuē	約束する
聚会	jùhuì	集まり

(1) 陈明是做什么工作的?
Chén Míng shì zuò shénme gōngzuò de?
(陳明は何の仕事をしているのですか。)

❶ 在北京当律师。Zài Běijīng dāng lǜshī.
（北京で弁護士をしている。）

② 在广州当医生。Zài Guǎngzhōu dāng yīshēng.
（広州で医者をしている。）

③ 在沈阳做老师。Zài Shěnyáng zuò lǎoshī.
（瀋陽で教師をしている。）

④ 在北京做生意。Zài Běijīng zuò shēngyi.
（北京で商売をしている。）

解説 "陈明…留在北京当律师也已经十八年了…"と言っているので①が正解です。広州で医者をしているのは張力で、北京で商売をしているのは2人の同級生、瀋陽は陳明の実家ですね。

(2) 陈明是什么时候接到同学电话的?
Chén Míng shì shénme shíhou jiēdào tóngxué diànhuà de?
(陳明はいつ昔の同級生の電話を受けましたか。)

① 昨天晚上。Zuótiān wǎnshang.
（昨晩。）

❷ 三天以前。Sān tiān yǐqián.
（3日前。）

③ 上个月底。Shàng ge yuèdǐ.
（先月末。）

④ 十五天前。Shíwǔ tiān qián.
（15日前。）

解説 "三天前，他接到一个老同学的电话"と言っているので②が正解です。昨晩は同級生が集まった日、先月末は張力が中国に帰国した時期、15という数字は出ておらず2ケタの数字では18が出ていましたが、これは陳明が弁護士になってからの歳月ですね。

(3) 陈明的老家在哪里?

Chén Míng de lǎojiā zài nǎli?

(陳明の実家はどこですか。)

　① 他的老家在北京。

　　Tā de lǎojiā zài Běijīng.

　　(彼の実家は北京です。)

　② 他的老家在广州。

　　Tā de lǎojiā zài Guǎngzhōu.

　　(彼の実家は広州です。)

　③ 他的老家在四川。

　　Tā de lǎojiā zài Sìchuān.

　　(彼の実家は四川です。)

　❹ 他的老家在沈阳。

　　Tā de lǎojiā zài Shěnyáng.

　　(彼の実家は瀋陽です。)

> **解 説**　"陈明高中毕业以后就从老家沈阳来北京上大学了"と言っているので④が正解です。北京は陳明が高校卒業後に進学、就職した場所、広州は張力が勤める病院がある場所、四川は"四川菜"(四川料理)の中に出てくるので関係ありません。

(4) 陈明以前唱歌唱得怎么样?

Chén Míng yǐqián chàng gē chàngde zěnmeyàng?

(陳明は以前、歌を歌うのはどうでしたか。)

　① 他以前唱歌唱得就很好。

　　Tā yǐqián chàng gē chàngde jiù hěn hǎo.

　　(彼は以前から歌うのが上手かった。)

　② 他以前唱得比现在还好。

　　Tā yǐqián chàngde bǐ xiànzài hái hǎo.

　　(彼は以前のほうが今より歌うのが上手かった。)

　❸ 他以前唱歌唱得不太好。

　　Tā yǐqián chàng gē chàngde bú tài hǎo.

　　(彼は以前歌うのがあまり上手くなかった。)

④ 他以前当过专业的歌手。

Tā yǐqián dāngguo zhuānyè de gēshǒu.

（彼は以前プロの歌手をしたことがある。）

解説　"陈明说其实我以前唱得不好"と言っているので③が正解です。以前がだめで、練習を重ねて上手くなった
と言っているところを注意深く聞き取りましょう。

---

(5) 分手的时候大家约定了什么?

Fēnshǒu de shíhou dàjiā yuēdìngle shénme?

（解散する時、みんなはどんな約束をしましたか。）

❶ 以后每年都聚会一次。

Yǐhòu měi nián dōu jùhuì yí cì.

（今後、毎年 1 回集まる。）

② 以后大家一起做生意。

Yǐhòu dàjiā yìqǐ zuò shēngyi.

（今後、みんなで一緒に商売をする。）

③ 以后要互相介绍工作。

Yǐhòu yào hùxiāng jièshào gōngzuò.

（今後、お互いに仕事を紹介しあう。）

④ 以后一起去国外生活。

Yǐhòu yìqǐ qù guówài shēnghuó.

（今後、一緒に外国に行って生活する。）

解説　"分手的时候大家约定，今后每年都像今天这样聚会一次。"と言っているので①が正解です。

長　文 (4)

【練習問題】

中国語の音声を聞き、(1) 〜 (5) の問いの答えとして最も適当なものを、それぞれ①〜④の (334) 中から 1 つ選びなさい。

```
📎 メモ欄


```

(335) (1)　井上先生今年多大年纪了?

　　　　①　　　　　　　　②　　　　　　　　③　　　　　　　　④

(336) (2)　井上先生最常去的地方是哪儿?

　　　　①　　　　　　　　②　　　　　　　　③　　　　　　　　④

(337) (3)　井上先生为什么决定学习汉语?

　　　　①　　　　　　　　②　　　　　　　　③　　　　　　　　④

(338) (4)　井上先生打算明年做什么?

　　　　①　　　　　　　　②　　　　　　　　③　　　　　　　　④

(339) (5)　在日本学汉语时，井上先生为什么不太满足?

　　　　①　　　　　　　　②　　　　　　　　③　　　　　　　　④

解　答

　　井上先生已经七十一岁了，他是我们班年纪最大的留学生。来北京留学之前，井上先生在日本大阪经营一家贸易公司，从事日中贸易二十多年，有很多中国朋友。由于工作的关系，他每年都要来中国十多次，去的次数最多的是广州和大连。虽然他不会说汉语，但因为有翻译，所以没有感到过什么不方便的。

　　退休以后，井上先生跟太太两个人来中国旅行过一次，那次旅行让井上先生第一次感到了不会汉语的不便，于是他产生了学习汉语的想法。回到日本以后，井上先生报名参加了一个汉语学习班。

　　汉语学习班的老师是从上海来的留学生，一起学汉语的既有七八十岁的老年人，也有二三十岁的年轻人。他们中的大多数都学过两年以上的汉语，只有井上是刚开始学的。老师教得很认真，大家学得也很努力，但是井上先生还是有一点儿不太满足，因为每个星期只上一次课，每次上课的时间是一个半小时。离开汉语学习班，井上先生就没有机会练习汉语了。为了尽快提高自己的听力和会话水平，井上先生决定来北京留学一年。他打算明年的这个时候再带太太来一次中国。

　　Jǐngshàng xiānsheng yǐjīng qīshíyī suì le, tā shì wǒmen bān niánjì zuì dà de liúxuéshēng. Lái Běijīng liúxué zhīqián, Jǐngshàng xiānsheng zài Rìběn Dàbǎn jīngyíng yì jiā màoyì gōngsī, cóngshì Rì-Zhōng màoyì èrshí duō nián, yǒu hěn duō Zhōngguó péngyou. Yóuyú gōngzuò de guānxi, tā měi nián dōu yào lái Zhōngguó shí duō cì, qù de cìshù zuì duō de shì Guǎngzhōu hé Dàlián. Suīrán tā bú huì shuō Hànyǔ, dàn yīnwèi yǒu fānyì, suǒyǐ méiyou gǎndàoguo shénme bù fāngbiàn de.

　　Tuìxiū yǐhòu, Jǐngshàng xiānsheng gēn tàitai liǎng ge rén lái Zhōngguó lǚxíngguo yí cì, nà cì lǚxíng ràng Jǐngshàng xiānsheng dì-yī cì gǎndàole bú huì Hànyǔ de bú biàn, yúshì tā chǎnshēngle xuéxí Hànyǔ de xiǎngfa. Huídào Rìběn yǐhòu, Jǐngshàng xiānsheng bàomíng cānjiāle yí ge Hànyǔ xuéxíbān.

　　Hànyǔ xuéxíbān de lǎoshī shì cóng Shànghǎi lái de liúxuéshēng, yìqǐ xué Hànyǔ de jì yǒu qī、bāshí suì de lǎoniánrén, yě yǒu èr、sānshí suì de niánqīngrén. Tāmen zhōng de dàduōshù dōu xuéguo liǎng nián yǐshàng de Hànyǔ, zhǐyǒu Jǐngshàng shì gāng kāishǐ xué de. Lǎoshī jiāode hěn rènzhēn, dàjiā xuéde yě hěn nǔlì, dànshì Jǐngshàng xiānsheng háishi yǒu yìdiǎnr bú tài mǎnzú, yīnwèi měi ge xīngqī zhǐ shàng yí cì kè, měi cì shàngkè de shíjiān shì yí ge bàn xiǎoshí. Líkāi Hànyǔ xuéxíbān, Jǐngshàng xiānsheng jiù méiyǒu jīhuì liànxí Hànyǔ le. Wèile jǐnkuài tígāo zìjǐ de tīnglì hé huìhuà shuǐpíng, Jǐngshàng xiānsheng juédìng lái Běijīng liúxué yì nián. Tā dǎsuan míngnián de zhège shíhou zài dài tàitai lái yí cì Zhōngguó.

　井上さんはすでに 71 歳で、彼は私のクラスで一番年齢が上の留学生です。北京に留学に来る前は、井上さんは日本の大阪で貿易会社を経営しており、日中貿易に 20 年以上従事し、中国人の友人がたくさんいます。仕事の関係で、彼は毎年 10 回余り中国にやって来ており、行く回数が一番多いのは広州と大連です。彼は中国語を話すことができませんが、通訳がいるので、何も不便を感じたことはありませんでした。

　退職後、井上さんは奥さんと二人で中国に一度旅行に来たことがありました。その時の旅行で井上さんは初めて中国語ができないことの不便さを感じ、そこで、中国語を勉強したいという考えが生まれました。日本に帰国後、井上さんは中国語教室に参加しました。

　中国語教室の先生は上海からやって来た留学生で、一緒に中国語を勉強していた人には、70 ～ 80 歳の老人もいれば、20 ～ 30 歳の若者もいました。彼らの大多数は 2 年以上中国語を勉強しており、井上さんだけが勉強を始めたばかりでした。先生は教え方がとてもまじめで、みんなも一生懸命勉強していましたが、井上さんはやはり少し満足ができませんでした。というのは、毎週 1 回しか授業がなく、毎回の授業の時間が 1 時間半だったためです。中国語教室を離れると、井上さんは中国語を練習するチャンスがなくなりました。

　そこで自分のリスニングと会話のレベルを向上させるために、井上さんは北京に 1 年留学することを決めました。彼は来年の今頃には奥さんを連れてもう一度中国に来るつもりです。

単語チェック

年纪	niánjì	年齢
大阪	Dàbǎn	大阪
经营	jīngyíng	経営する
次数	cìshù	回数
感到	gǎndào	感じる
退休	tuìxiū	退職する
太太	tàitai	奥さん
于是	yúshì	そこで
产生	chǎnshēng	生まれる
想法	xiǎngfa	考え
报名	bàomíng	申し込む
年轻人	niánqīngrén	若者
刚	gāng	したばかり
满足	mǎnzú	満足する
尽快	jǐnkuài	できるだけ早く
听力	tīnglì	リスニング能力

(1) 井上先生今年多大年纪了?

Jǐngshàng xiānsheng jīnnián duōdà niánjì le?

（井上さんは今年何歳になりましたか。）

① 七十七岁了。Qīshíqī suì le.
（77 歳になった。）

② 七十三岁了。Qīshísān suì le.
（73 歳になった。）

❸ 七十一岁了。Qīshíyī suì le.
（71 歳になった。）

④ 七十八岁了。Qīshíbā suì le.
（78 歳になった。）

> **解説** "井上先生已经七十一岁了" と言っているので③が正解です。"一" と "七" の発音に注意して正確な年齢を聞き取りましょう。

(2) 井上先生最常去的地方是哪儿?

Jǐngshàng xiānsheng zuì cháng qù de dìfang shì nǎr?

（井上さんが最もよく行くところはどこですか。）

① 广州和北京。Guǎngzhōu hé Běijīng.
（広州と北京。）

② 上海和北京。Shànghǎi hé Běijīng.
（上海と北京。）

③ 上海和大连。Shànghǎi hé Dàlián.
（上海と大連。）

❹ 广州和大连。Guǎngzhōu hé Dàlián.
（広州と大連。）

> **解説** "去的次数最多的是广州和大连" と言っているので④が正解です。

(3) 井上先生为什么决定学习汉语?

Jǐngshàng xiānsheng wèi shénme juédìng xuéxí Hànyǔ?

（井上さんはどうして中国語を学ぶと決めましたか。）

❶ 他觉得不会汉语很不方便。

Tā juéde bú huì Hànyǔ hěn bù fāngbiàn.

（中国語を話せないのは不便だと感じた。）

② 他计划在中国开一家公司。

Tā jìhuà zài Zhōngguó kāi yì jiā gōngsī.

（彼は中国で会社を作ることを計画している。）

③ 他想认识更多的中国朋友。

Tā xiǎng rènshi gèng duō de Zhōngguó péngyou.

（彼はさらに多くの中国人と知り合いたい。）

④ 他打算当一名汉语老师。

Tā dǎsuan dāng yì míng Hànyǔ lǎoshī.

（彼は中国語の先生になるつもり。）

解　説 "那次旅行让井上先生第一次感到了不会汉语的不便"と言っているので①が正解です。退職以前は通訳がいたので、不便を感じず、妻と二人で旅行に行って初めて不便さを感じたところを聞き取りましょう。

(4) 井上先生打算明年做什么?

Jǐngshàng xiānsheng dǎsuan míngnián zuò shénme?

（井上さんは来年何をするつもりですか。）

① 在大阪开一个汉语学习班。

Zài Dàbǎn kāi yí ge Hànyǔ xuéxíbān.

（大阪で中国語教室を開く。）

② 和太太一起去上海学汉语。

Hé tàitai yìqǐ qù Shànghǎi xué Hànyǔ.

（奥さんと一緒に上海に中国語を勉強しに行く。）

③ 跟中国老师学画中国画儿。

Gēn Zhōngguó lǎoshī xué huà Zhōngguó huàr.

（中国人の先生に中国画の描き方を学ぶ。）

❹ 再次带着夫人来中国旅行。

Zài cì dàizhe fūrén lái Zhōngguó lǚxíng.

（再び奥さんを連れて中国に旅行に来る。）

解説 "他打算明年的这个时候再带太太来一次中国。"と言っているので④が正解です。

(5) 在日本学汉语时，井上先生为什么不太满足?

Zài Rìběn xué Hànyǔ shí, Jǐngshàng xiānsheng wèi shénme bú tài mǎnzú?

（日本で中国語を勉強していた時は、井上さんはどうしてあまり満足できませんでしたか。）

❶ 他觉得学习的时间不够。

Tā juéde xuéxí de shíjiān bú gòu.

（学習時間が十分でないと感じた。）

② 他觉得老师教得不认真。

Tā juéde lǎoshī jiāode bú rènzhēn.

（先生の教え方がまじめでないと感じた。）

③ 他觉得班里的学生太多。

Tā juéde bān li de xuésheng tài duō.

（彼はクラスの学生が多すぎると感じた。）

④ 他觉得学的内容太简单。

Tā juéde xué de nèiróng tài jiǎndān.

（彼は学ぶ内容が簡単すぎると感じた。）

解説 "因为每个星期只上一次课，每次上课的时间是一个半小时。"と言っているので①が正解です。先生の教え方も学生の受講態度も非常にまじめであると言っているので②は除外でき、クラスの具体的な人数と学ぶ内容については詳しく述べられていません。

4字の単語

中国語には4字からなる成語があります。中国語検定で本格的に成語が出題されるのは2級からですが、注釈付きですが、長文読解問題にはまれに成語が使われることがあります。過去に出てきた成語を少し覗いてみましょう。

340

大同小异	dà tóng xiǎo yì	大同小異である。
全心全意	quán xīn quán yì	誠心誠意
家喻户晓	jiā yù hù xiǎo	誰もが知っている
痛哭流涕	tòng kū liú tì	激しく泣いて涙を流す
长大成人	zhǎngdà chéngrén	成長して大人になる
异国他乡	yìguó tāxiāng	自分の出身地ではない土地（＝異国の地）

4字からなる単語としては、2字の形容詞の重ね型もよく出てきます。

341

轻松 qīngsōng →轻轻松松 qīngqīngsōngsōng	のんびりした、気楽に
匆忙 cōngmáng →匆匆忙忙 cōngcōngmángmáng	ばたばたしている、慌ただしい
普通 pǔtōng →普普通通 pǔpǔtōngtōng	ごくありふれた
认真 rènzhēn →认认真真 rènrènzhēnzhēn	まじめな
辛苦 xīnkǔ →辛辛苦苦 xīnxīnkǔkǔ	苦労した
漂亮 piàoliang →漂漂亮亮 piàopiàoliàngliàng	きれいな
急忙 jímáng →急急忙忙 jíjímángmáng	急いで、慌ただしく
高兴 gāoxìng →高高兴兴 gāogāoxìngxìng	喜んで

成語や重ね型以外では、次のような単語もこれまでの試験で使われています。

342

过意不去	guòyìbuqù	申し訳なく思う
卡拉OK	kǎlā OK	カラオケ
十字路口	shízì lùkǒu	十字路
市场经济	shìchǎng jīngjì	市場経済
名胜古迹	míngshèng gǔjì	名所旧跡
数码相机	shùmǎ xiàngjī	デジタルカメラ
世界遗产	shìjiè yíchǎn	世界遺産
迪斯尼乐园	Dísīní lèyuán	ディズニーランド

3級模擬試験問題

1

1 (1) ～ (5) の問いを聞き、答えとして最も適当なものを、それぞれ①～④の中から
1 つ選びなさい。

(343) (1)

① ② ③ ④

(344) (2)

① ② ③ ④

(345) (3)

① ② ③ ④

(346) (4)

① ② ③ ④

(347) (5)

① ② ③ ④

2　(6) 〜 (10) のAとBの対話を聞き、Bの発話に続くAのことばとして最も適当なものをそれぞれ①〜④の中から 1 つ選びなさい。

348 (6)
　　　①　　　　　　　②　　　　　　　③　　　　　　　④

349 (7)
　　　①　　　　　　　②　　　　　　　③　　　　　　　④

350 (8)
　　　①　　　　　　　②　　　　　　　③　　　　　　　④

351 (9)
　　　①　　　　　　　②　　　　　　　③　　　　　　　④

352 (10)
　　　①　　　　　　　②　　　　　　　③　　　　　　　④

2

中国語の音声を聞き、(1) 〜 (10) の問いの答えとして最も適当なものを、それぞれ①〜
④の中から１つ選びなさい。

✏ メモ欄

---

(354) (1)

    ①   ②   ③   ④

(355) (2)

    ①   ②   ③   ④

(356) (3)

    ①   ②   ③   ④

(357) (4)

    ①   ②   ③   ④

(358) (5)

    ①   ②   ③   ④

(359)

メモ欄

(360) (6) 在中国过圣诞节的多数是什么人？

① ② ③ ④

(361) (7) 圣诞节的庆祝活动经常在什么时候进行？

① ② ③ ④

(362) (8) 他们过圣诞节的目的是什么？

① ② ③ ④

(363) (9) 年轻人喜欢圣诞节的主要原因是什么？

① ② ③ ④

(364) (10) 有些人把圣诞节看成是什么？

① ② ③ ④

1

1　(1) ～ (5) の中国語と声調の組み合わせが同じものを，それぞれ①～④の中から 1 つ選びなさい。

(10点)

(1)　茶叶
　　　① 中药　　　　　② 台灯　　　　　③ 电池　　　　　④ 肥皂

(2)　手表
　　　① 号码　　　　　② 德语　　　　　③ 洗澡　　　　　④ 满足

(3)　办法
　　　① 宁可　　　　　② 少年　　　　　③ 退还　　　　　④ 立刻

(4)　公平
　　　① 出版　　　　　② 通常　　　　　③ 对比　　　　　④ 病人

(5)　统治
　　　① 篮球　　　　　② 请求　　　　　③ 比赛　　　　　④ 帮助

2　(6) ～ (10) の中国語の正しいピンイン表記を，それぞれ①～④の中から 1 つ選びなさい。

(10点)

(6)　感觉
　　　① kǎnjué　　　　② gǎnjué　　　　③ gǎnjiào　　　　④ kǎnjiào

(7)　手续
　　　① shǒuxù　　　　② shǒuxì　　　　③ sǒuxù　　　　④ sǒuxì

(8)　干燥
　　　① gānsào　　　　② kānsào　　　　③ gànzào　　　　④ gānzào

(9)　悲痛
　　　① bēiténg　　　　② bēitòng　　　　③ pēitòng　　　　④ bēitèng

(10)　涨价
　　　① chángjià　　　② zhàngjià　　　③ zhǎngjià　　　④ zhāngjiǎ

第1週

第2週

第3週

第4週

第5週

筆記対策

リスニング対策

模擬試験

2

(1)〜(10)の文の空欄を埋めるのに最も適当なものを，それぞれ①〜④の中から1つ選びなさい。

(20点)

(1) 我想（　　　　　）这本书还给王老师。
①为 ②把 ③对 ④被

(2) 小李昨天没来上课，今天（　　　　　）没来。
①都 ②就 ③再 ④又

(3) 他检查了两遍，一个错字也没找（　　　　　）。
①起来 ②过来 ③出来 ④出去

(4) 那个孩子虽然很努力，成绩（　　　　　）不太好。
①却 ②也 ③都 ④又

(5) 你为什么（　　　　　）政治这么感兴趣?
①和 ②为 ③对 ④给

(6) 你喜欢（　　　　　），就送给你吧。
①的话 ②要是 ③尽管 ④也许

(7) 在公园里玩儿的孩子很少，（　　　　　）天气太热了。
①但是 ②为了 ③因此 ④因为

(8) 这件事你最好问（　　　　　）赵老师。
①一下儿 ②一点儿 ③有点儿 ④一会儿

(9) 别等了，咱们（　　　　　）先出发吧。
①就是 ②即是 ③还是 ④都是

(10) 在这里根本吃（　　　　　）正宗的四川菜。
①不到 ②不过 ③不好 ④不去

1　(1) ～ (5) の日本語の意味に合う中国語を，それぞれ①～④の中から 1 つ選びなさい。

(10点)

(1) 私は今回中国に行って、1 冊も本を買いませんでした。
　　① 我中国这次去，没买一本书也。
　　② 我这次去中国，一本书也没买。
　　③ 我这次中国去，一本书也没买。
　　④ 我这次去中国，也没买一本书。

(2) あなたの電話番号と住所をここに書いてください。
　　① 请你把电话号码和地址写在这儿。
　　② 请你把电话号码和地址在这儿写。
　　③ 请把电话号码和地址你写在这儿。
　　④ 请在这儿你把电话号码和地址写。

(3) 彼は毎日自転車に乗ってスーパーに買い物に行きます。
　　① 他每天都买东西骑自行车去超市。
　　② 他每天都去超市骑自行车买东西。
　　③ 他每天都去骑自行车买东西超市。
　　④ 他每天都骑自行车去超市买东西。

(4) あなたはフランス料理を何回食べたことがありますか。
　　① 你几次吃过法国菜?
　　② 你几次吃法国菜过?
　　③ 你吃过几次法国菜?
　　④ 你几次法国菜吃过?

(5) あの子は書道を本当にまじめに練習します。
　　① 那个孩子练书法练非常得认真。
　　② 那个孩子练书法练得非常认真。
　　③ 那个孩子练书法非常认真得练。
　　④ 那个孩子非常认真得练练书法。

2 | (6) ～ (10) の日本語の意味になるように，それぞれ①～④を並べ替えたとき，[ ]内に入るものはどれか，その番号に○をつけなさい。 (10点)

(6) 大学時代に私は中国語を 1 年勉強したことがありました。

上大学的时候，我 ＿＿＿ ＿＿＿ [＿＿＿] ＿＿＿ 。

① 汉语   ② 学   ③ 一年   ④ 过

(7) 私のコンピューターは弟に壊されたのです。

我的电脑是 ＿＿＿ [＿＿＿] ＿＿＿ ＿＿＿ 的。

① 弟弟   ② 弄坏   ③ 我   ④ 被

(8) 佐藤さんは中国語をとても流暢に話します。

佐藤小姐 [＿＿＿] ＿＿＿ ＿＿＿ ＿＿＿ 。

① 汉语   ② 说   ③ 得   ④ 非常流利

(9) 私たちはこの件について誰も知りません。

我们 [＿＿＿] ＿＿＿ ＿＿＿ ＿＿＿ 。

① 不知道   ② 这件事   ③ 都   ④ 谁

(10) 私は彼が資料を家に持って帰ったと聞いた。

我听说他 ＿＿＿ ＿＿＿ [＿＿＿] ＿＿＿ 了。

① 去   ② 带回   ③ 把资料   ④ 家

4

次の文章を読み，(1) ～ (6) の問いの答えとして最も適当なものを，それぞれ①～④の中から1つ選びなさい。

(20点)

炎热的夏天 ____(1)____ 过去了。今年的夏天跟往年不一样，气温高得让人受不了，而且高温天气持续的时间也很长。今年夏天还有一个特点，就是全国各地都出现了创纪录的高温。有人开玩笑说：地球发烧了。高温天气 ____(2)____ 人们的生活造成了很大的影响，蔬菜水果的产量大大降低，价格也就比过去高了许多。因为中暑被送到医院救治的人数比以往多得多。

今年夏天的台风也跟往年不同，一个又一个的台风严重影响了人们的生产和生活。城市交通因台风而中断的情况一再发生，给人们的出行带来极大的不便。不少人 ____(3)____ 在台风中失去了生命。

据气象专家说，气温逐渐升高的现象会成为常态，也就是说今后可能会一年比一年热。异常天气的出现，让我们不得不想到一个问题，这 ____(4)____ 是不是人类破坏地球环境的结果呢？人们在追求生活富裕便利的同时，也应该认真考虑如何保护地球环境的问题。近些年来，____(5)____ 是发达国家 ____(5)____ 发展中国家，都在为保护环境而相互合作，我们每一个人也都应当为保护环境尽自己的一份义务。

(1) 空欄 (1) を埋めるのに適当なものは、次のどれか。
　　① 总之　　　　② 总结　　　　③ 总算　　　　④ 总共

(2) 空欄 (2) を埋めるのに適当なものは、次のどれか。
　　① 为　　　　　② 给　　　　　③ 向　　　　　④ 在

(3) 空欄 (3) を埋めるのに適当なものは、次のどれか。
　　① 甚至　　　　② 尽量　　　　③ 究竟　　　　④ 顺便

(4) 空欄 (4) を埋めるのに適当なものは、次のどれか。
　　① 尽管　　　　② 既然　　　　③ 如果　　　　④ 到底

(5) 空欄 (5) を埋めるのに適当なものは、次のどれか。
　　① 不管～还是～　② 虽然～但是～　③ 尽管～也～　④ 只有～才～

(6) 本文の内容に合うものは，次のどれか。

    ① 今年的夏天还不算历史上最热的。

    ② 今年夏天跟往年没有太大的区别。

    ③ 有人预测未来的夏季将越来越热。

    ④ 富人应为环境被破坏负更大责任。

5

  (1) ～ (5) の日本語を中国語に訳し，漢字 (簡体字) で書きなさい。(漢字は崩したり略したりせずに書き，文中・文末には句読点や疑問符をつけること。)　　　　　(20点)

(1)　いまではもうあの薬局は見つからなくなったそうです。

(2)　あなたたちはどこで中国語を勉強したのですか。

(3)　ここの冬はどうしてこんなに乾燥しているのか。

(4)　今日は起きるのが遅かったので、朝食に間に合わなかった。

(5)　もしあなたが運転するなら、私たちはお酒を飲まないことにしましょう。

第1週
第2週
第3週
第4週
第5週
筆記対策
リスニング対策
模擬試験

1 **1**

(1) A: 请问，小李在吗？ Qǐngwèn, Xiǎo-Lǐ zài ma?

（すみません、李さんはおいででしょうか。）

B: ① 小李不太喜欢吃那么辣的菜。Xiǎo-Lǐ bú tài xǐhuan chī nàme là de cài.

（李さんはそんなに辛い料理はあまり好きではありません。）

❷ 小李出去了，一会儿就回来。Xiǎo-Lǐ chūqu le, yíhuìr jiù huílai.

（李さんは出かけましたが、しばらくしたら戻ってきます。）

③ 小李的日语不是在大学学的。Xiǎo-Lǐ de Rìyǔ bú shì zài dàxué xué de.

（李さんの日本語は大学で勉強したものではありません。）

④ 小李的英语词典不在桌子上。Xiǎo-Lǐ de Yīngyǔ cídiǎn bú zài zhuōzi shang.

（李さんの英語辞典は机の上にはありません。）

解説 李さんがいるかどうかを尋ねているので、李さんが出かけたと言っている②が正解です。

(2) A: 你能找到那家书店吗？ Nǐ néng zhǎodào nà jiā shūdiàn ma?

（あなたはその本屋を見つけることができますか。）

B: ❶ 没问题，我以前去过。Méi wèntí, wǒ yǐqián qùguo.

（大丈夫です、以前に行ったことがあります。）

② 没问题，我以前吃过。Méi wèntí, wǒ yǐqián chīguo.

（大丈夫です、以前に食べたことがあります。）

③ 没问题，我起得很早。Méi wèntí, wǒ qǐde hěn zǎo.

（大丈夫です、私は起きるのが早いです。）

④ 没问题，我也找不到。Méi wèntí, wǒ yě zhǎobudào.

（大丈夫です。私も見つけることができません。）

解説 書店の場所が分かるかどうかを尋ねているので、以前に行ったことがあると答えている①が正解です。

(3) A: 昨天晚上的雨下得真大啊。Zuótiān wǎnshang de yǔ xiàde zhēn dà a.

（昨晩の雨は本当にすごかったですね。）

B: ① 是啊，昨天晚上吃的鱼真大。Shì a, zuótiān wǎnshang chī de yú zhēn dà.

（そうです、昨晩食べた魚は本当に大きかった。）

② 是啊，我不喜欢吃太大的鱼。Shì a, wǒ bù xǐhuan chī tài dà de yú.

（そうです、私は大きすぎる魚を食べるのは好きではありません。）

③ 是啊，新买的椅子有点儿大。Shì a, xīn mǎi de yǐzi yǒudiǎnr dà.

（そうです、新しく買った椅子は少し大きい。）

❹ 是啊，我没见过那么大的雨。Shì a, wǒ méi jiànguo nàme dà de yǔ.

（そうです、私はあんなに強い雨を見たことがありません。）

解説 雨の強さについて言っているので、④が正解です。"雨 yǔ" と "鱼 yú" を聞き分けられるように注意しましょう。

(4) A: 张老师，您有几个孩子？ Zhāng lǎoshī, nín yǒu jǐ ge háizi?

（張先生、あなたは何人子供がいますか。）

B: ❶ 我只有一个女儿。Wǒ zhǐ yǒu yí ge nǚ'ér. (私は娘が 1 人いるだけです。)

② 我女儿今年三岁。Wǒ nǚ'ér jīnnián sān suì. (私の娘は今年 3 歳です。)

③ 我儿子住在上海。Wǒ érzi zhùzài Shànghǎi. (私の息子は上海に住んでいます。)

④ 我儿子也是老师。Wǒ érzi yě shì lǎoshī. (私の息子も先生です。)

解説 子供の数を聞いているので①が正解です。"孩子"（子供）に対して、"女儿" と "儿子" という単語でそれぞれ答えています。

(5) A: 你每天在哪儿吃午饭? Nǐ měi tiān zài nǎr chī wǔfàn?

（あなたは毎日どこで昼食を食べますか。）

B: ① 我每天都是十二点吃午饭。Wǒ měi tiān dōu shì shí'er diǎn chī wǔfàn.

（私は毎日 12 時に昼食を食べます。）

② 我也经常不在家里吃晚饭。Wǒ yě jīngcháng bú zài jiāli chī wǎnfàn.

（私もいつも家で夕食を食べません。）

❸ 我一般在大学食堂吃午饭。Wǒ yìbān zài dàxué shítáng chī wǔfàn.

（私はふつう大学の食堂で昼食を食べます。）

④ 我每天跟家人一起吃晚饭。Wǒ měi tiān gēn jiārén yìqǐ chī wǎnfàn.

（私は毎日家族と夕食を食べます。）

解説 昼食を食べる場所を聞いているので、学食で食べると言っている③が正解です。

1 **2**

(6) A: 你怎么才来呀? Nǐ zěnme cái lái ya?

（あなたはどうしてやっと来たのですか。）

B: 对不起，路上堵车了。Duìbuqǐ, lùshang dǔchē le.

（すみません、道中渋滞していました。）

A: ① 我明天一定早点儿出门。Wǒ míngtiān yídìng zǎodiǎnr chūmén.

（私は明日必ず早めに家を出ます。）

② 其实你不用来得这么早。Qíshí nǐ búyòng láide zhème zǎo.

（実際のところ、こんなに早く来る必要はありません。）

❸ 那你应该再早点儿出门。Nà nǐ yīnggāi zài zǎodiǎnr chūmén.

（それじゃあもう少し早めに家を出ないと。）

④ 真对不起，让你久等了。Zhēn duìbuqǐ, ràng nǐ jiǔ děng le.

（本当に申し訳ありません、お待たせしました。）

解説 来るのが遅いことを責めるAに対して、Bは渋滞していたと答えています。そのことに対するAの反応なので、「もう少し早めに出たら」といっている③が正解です。①は「私が早く出る」、④は「遅刻して申し訳ない」と言っているので主語が異なります。②は「早く来る必要がない」と言っているので話がかみ合っていません。

(7) A: 你是什么时候回来的? Nǐ shì shénme shíhou huílai de?

（あなたはいつ帰ってきたのですか。）

B: 我是昨天晚上回来的。Wǒ shì zuótiān wǎnshang huílai de.

（私は昨晩帰ってきたのです。）

A: ❶ 那我比你早回来一个星期。Nà wǒ bǐ nǐ zǎo huílai yí ge xīngqī.
　　（それじゃあ、私はあなたより１週間早く帰って来たのですね。）

　② 那我比你晚回来一个星期。Nà wǒ bǐ nǐ wǎn huílai yí ge xīngqī.
　　（それじゃあ、私はあなたより１週間遅く帰ってきたのですね。）

　③ 那你已经回来一个星期了。Nà nǐ yǐjīng huílai yí ge xīngqī le.
　　（それじゃあ、あなたは帰って来てもう１週間になるのですね。）

　④ 那你下个星期就别回来了。Nà nǐ xià ge xīngqī jiù bié huílai le.
　　（それじゃあ、あなたは来週帰ってくる必要はありません。）

解説 いつ帰って来たのかというAの質問に対して、Bが昨晩帰ってきたと答えています。それに対するAの反応なので、AはBより１週間早く帰ってきたという事実を述べている①が正解です。②と③はいずれもBが先に帰ったという話なので、事実に反します。④はすでに帰っているBに対して「帰ってくる必要がない」と言っているので話がかみ合いません。

(8) A: 你看见我的词典了吗? Nǐ kànjian wǒ de cídiǎn le ma?
　　（あなたは私の辞典を見ませんでしたか。）

　B: 你不是借给田中了嘛。Nǐ bú shì jiègěi Tiánzhōng le ma.
　　（田中さんに貸したのではなかったですか。）

　A: ① 对了，我也忘带钥匙了。Duì le, wǒ yě wàng dài yàoshi le.
　　　（そうだ、私もカギを忘れました。）

　　❷ 对了，我把这件事忘了。Duì le, wǒ bǎ zhè jiàn shì wàng le.
　　　（そうだ、私はそのことを忘れていました。）

　　③ 对了，我正在看电视呢。Duì le, wǒ zhèngzài kàn diànshì ne.
　　　（そうだ、私はテレビを見ているところでした。）

　　④ 对了，我也不认识田中。Duì le, wǒ yě bú rènshi Tiánzhōng.
　　　（そうだ、私も田中さんと面識がありません。）

解説 辞書を探しているAに対して、Bは田中さんに貸したのではと答えます。それに対しての反応なので、「そのことを忘れていた」と答えた②が正解です。①③④はいずれも話がかみ合っていません。

(9) A: 那个白色的大楼是购物中心吗? Nàge báisè de dàlóu shì gòuwù zhōngxīn ma?
　　（その白いビルはショッピングセンターですか。）

　B: 不是，旁边那个红色的是购物中心。
　　Bú shì, pángbiān nàge hóngsè de shì gòuwù zhōngxīn.
　　（いいえ、隣の赤いのがショッピングセンターです。）

　A: ① 我昨天在那儿买东西了。Wǒ zuótiān zài nàr mǎi dōngxi le.
　　　（私は昨日そこで買い物をしました。）

　　② 你买东西花了多少钱啊? Nǐ mǎi dōngxi huāle duōshao qián a?
　　　（あなたは買い物にいくら使いましたか。）

　　❸ 你去那儿买过东西没有? Nǐ qù nàr mǎiguo dōngxi méiyou?
　　　（あなたはそこに買い物に行ったことがありますか。）

　　④ 我和朋友常去那里购物。Wǒ hé péngyou cháng qù nàli gòuwù.
　　　（私は友人とそこによく買い物に行きます。）

Aが白いビルがショッピングセンターかどうか質問し、Bは隣の赤いのがショッピングセンターだと答えます。それに対するAの反応なので③が正解です。①と④の話では、そこで買い物をしたことになりますが、そもそもショッピングセンターがどれか分かっていないAの発言としては矛盾します。②は話が全くかみ合っていません。

(10) A: 这本小说太有意思了，你看过吗? Zhè běn xiǎoshuō tài yǒuyìsi le, nǐ kànguo ma?
(この小説はとても面白いですが、あなた読んだことがありますか。)

B: 没有。你看完以后借给我，好吗? Méiyou. Nǐ kànwán yǐhòu jiègěi wǒ, hǎo ma?
(ありません。読み終わったら私に貸してくれませんか。)

A: ❶ 我马上就看完了，明天就借给你。Wǒ mǎshàng jiù kànwán le, míngtiān jiù jiègěi nǐ.
(私はもうすぐ読み終わるので、明日にはあなたに貸してあげるね。)

② 谢谢你借给我这么有意思的小说。Xièxie nǐ jiègěi wǒ zhème yǒuyìsi de xiǎoshuō.
(こんなに面白い小説を貸してくれてありがとう。)

③ 我也想知道这本小说写的是什么。Wǒ yě xiǎng zhīdao zhè běn xiǎoshuō xiě de shì shénme.（私もこの小説が書いているのが何か知りたい。)

④ 这本小说的内容我一点儿也不懂。Zhè běn xiǎoshuō de nèiróng wǒ yìdiǎnr yě bù dǒng.（この小説の内容は、私は少しも分かりません。)

小説を読み終わったら貸してくださいというBに対するAの返事なので「明日貸すね」と答えている①が正解です。②は借りた人が言う言葉、③は小説を読む前に言う言葉、④は貸し借りとは関係のない話なのでいずれも矛盾します。

2

(1)～(5)

A：欢迎光临，请问有预约吗?

B：没有预约，有空位子吗?

A：有。这边请。

B：请把菜单拿来，我们看看。

A：各位是第一次来吧? 我来给你们介绍吧。

B：对，以前没来过。你们店有什么拿手菜?

A：本店的上海菜是全北京最全、最有名的。

B：我们刚从上海来，还是尝尝别的菜吧。

A：我们店的四川菜也都很受欢迎。

B：我喜欢吃辣的，但最近胃不好，所以不能吃辣的。

A：那你们就点几个广东菜吧，比四川菜清淡多了。

B：好，你就帮我们点四个又好吃又便宜的吧。

A：好的。要酒水吗? 有啤酒、白酒、葡萄酒和果汁。

B：先来两瓶冰镇啤酒和两瓶矿泉水。

A：知道了，请稍等。请问是现金付款还是用信用卡?

B：付现金，一共多少钱?

A：一共是 375 元，要发票吗?

B：不要。给您 400 元。

A：Huānyíng guānglín, qǐngwèn yǒu yùyuē ma?

B：Méiyǒu yùyuē, yǒu kòng wèizi ma?

A：Yǒu. Zhèbiān qǐng.

B：Qǐng bǎ càidān nálai, wǒmen kànkan.

A：Gè wèi shì dì yī cì lái ba? Wǒ lái gěi nǐmen jièshào ba.

B：Duì, yǐqián méi láiguo. Nǐmen diàn yǒu shénme náshǒu cài?

A：Běn diàn de Shànghǎicài shì quán Běijīng zuì quán、zuì yǒumíng de.

B：Wǒmen gāng cóng Shànghǎi lái, háishi chángchang biéde cài ba.

A：Wǒmen diàn de Sìchuāncài yě dōu hěn shòu huānyíng.

B：Wǒ xǐhuan chī là de, dàn zuìjìn wèi bù hǎo, suǒyǐ bù néng chī là de.

A：Nà nǐmen jiù diǎn jǐ ge Guǎngdōngcài ba, bǐ Sìchuāncài qīngdàn duō le.

B：Hǎo, nǐ jiù bāng wǒmen diǎn sì ge yòu hǎochī yòu piányi de ba.

A：Hǎo de. Yào jiǔshuǐ ma? Yǒu píjiǔ、báijiǔ、pútaojiǔ hé guǒzhī.

B：Xiān lái liǎng píng bīngzhèn píjiǔ hé liǎng píng kuàngquánshuǐ.

A：Zhīdao le, qǐng shāo děng.
　　Qǐngwèn shì xiànjīn fùkuǎn háishi yòng xìnyòngkǎ?

B：Fù xiànjīn, yígòng duōshao qián?

A：Yígòng shì sānbǎi qīshiwǔ yuán, yào fāpiào ma?

B：Búyào. Gěi nín sìbǎi yuán.

A：いらっしゃいませ、ご予約はございますか。

B：予約していませんが、空いている席はありますか。

A：ございます。こちらへどうぞ。

B：メニューをお願いします。

A：皆さんは初めてお越しですね。紹介させてください。

B：はい、以前に来たことがありません。どんな得意料理がありますか。

A：この店の上海料理は北京で一番揃っていて、一番有名です。

B：私たちは上海から来たばかりなので、やはり別の料理にしましょう。

A：私たちの店は四川料理も人気があります。

B：辛いものは好きなのですが、最近胃の調子が悪いので、辛いものを食べることができません。

A：それじゃあ、広東料理にしたらいかがですか。四川料理よりもだいぶあっさりしています。

B：分かりました。おいしくて安い料理を4品お願いします。

A：分かりました。飲み物はいりますか。ビール、白酒（中国の焼酎）、ワインにフルーツジュースがあります。

B：まず冷たいビールを2本とミネラルウォーターを2本持ってきてください。

A：分かりました、少しお待ちください。
　　お尋ねしますが、現金払いですか、それともクレジットカードでお支払いになりますか。

B：現金で払います、全部でいくらですか。

A：全部で375元です。領収書はいりますか。

B：いりません。はい、400元。

(1) 这家餐馆在什么地方? Zhè jiā cānguǎn zài shénme dìfang?
（このレストランはどこにありますか。）

❶ 北京。Běijīng.（北京。）　　　② 上海。Shànghǎi.（上海。）

③ 广东。Guǎngdōng.（広東。）　　④ 四川。Sìchuān.（四川。）

解説 レストランの場所を尋ねていますが、料理名に地名が含まれているのでややこしいですが、"本店的上海菜是全北京最全、最有名的。"の「北京で最も〜」の部分を聞き取れればこの店が北京にあることが分かります。①が正解です。

(2) 这家餐馆的上海菜怎么样? Zhè jiā cānguǎn de Shànghǎicài zěnmeyàng?
（このレストランの上海料理はどうですか。）

① 菜的品种不如别的店多。Cài de pǐnzhǒng bùrú biéde diàn duō.
（料理の種類はほかの店には及ばない。）

❷ 在北京是第一受欢迎的。Zài Běijīng shì dì yī shòu huānyíng de.
（北京では一番人気。）

③ 比一般广东菜清淡得多。Bǐ yìbān Guǎngdōngcài qīngdànde duō.
（一般的な広東料理よりあっさりしている。）

④ 这里的上海菜需要预约。Zhèli de Shànghǎicài xūyào yùyuē.
（ここの上海料理は予約が必要。）

解説 "本店的上海菜是全北京最全、最有名的。"と言っていることから②が正解です。

(3) 客人为什么没点四川菜? Kèrén wèi shénme méi diǎn Sìchuāncài?
（お客はどうして四川料理を注文しませんでしたか。）

① 因为他根本不喜欢吃辣的。Yīnwèi tā gēnběn bù xǐhuan chī là de.
（もともと辛いのが好きではないから。）

❷ 因为他最近胃有点儿不舒服。Yīnwèi tā zuìjìn wèi yǒudiǎnr bù shūfu.
（最近胃の調子が良くないから。）

③ 因为这家店的川菜不好吃。Yīnwèi zhè jiā diàn de Chuāncài bù hǎochī.
（このお店の四川料理は美味しくないから。）

④ 因为上海菜又好吃又便宜。Yīnwèi Shànghǎicài yòu hǎochī yòu piányi.
（上海料理が美味しくて、安いから。）

解説 お客が"我喜欢吃辣的, 但最近胃不好, 所以不能吃辣的。"と言っていることから②が正解です。

(4) 客人点了哪些喝的? Kèrén diǎnle nǎxiē hē de?
（お客はどんな飲み物を注文しましたか。）

① 两瓶啤酒和一瓶葡萄酒。Liǎng píng píjiǔ hé yì píng pútaojiǔ.
（2本のビールと1本のワイン。）

② 一瓶葡萄酒和一瓶白酒。Yì píng pútaojiǔ hé yì píng báijiǔ.（1本のワインと1本の白酒。）

❸ 两瓶矿泉水和两瓶啤酒。Liǎng píng kuàngquánshuǐ hé liǎng píng píjiǔ.
（2本のミネラルウォーターと2本のビール。）

④ 一瓶白酒和两瓶矿泉水。Yì píng báijiǔ hé liǎng píng kuàngquánshuǐ.
（1本の白酒と2本のミネラルウォーター。）

解説 "先来两瓶冰镇啤酒和两瓶矿泉水。"と言っていることから③が正解です。

(5) 客人们一共花了多少钱? Kèrénmen yígòng huā le duōshao qián?

（お客は全部でいくら払いましたか。）

① 415 元。Sìbǎi yīshiwǔ yuán.　　② 315 元。Sānbǎi yīshiwǔ yuán.

❸ 375 元。Sānbǎi qīshiwǔ yuán.　　④ 475 元。Sìbǎi qīshiwǔ yuán.

解説 お金に関する表現としては 375 元と 400 元という 2 つの数字がでてきますが、前者が請求された合計金額、後者が店員に渡した金額なので③が正解です。中国語では "一 yī" と "七 qī" の聞き分けが若干難しいので、気を付けて聞き分けましょう。

(6) 〜 (10)

　　近些年在中国过圣诞节的人越来越多。每年一进入 12 月中旬，北京、上海、广州等大城市都充满了圣诞节的气氛。到处都能看到漂亮的圣诞树，商店里卖得最多的也是圣诞礼物。

　　根据统计，在中国，过圣诞节的人大多数年龄在 38 岁以下，特别是 20 岁左右的年轻人，尽管他们中的绝大多数都不是基督教徒，但是，他们所占的比例大概是过圣诞节的总人数的七成。他们平时学习和工作都很忙，很少有假期，所以只是想利用圣诞节的机会好好放松一下。因为圣诞节不放假，年轻人只好把庆祝活动安排在夜晚进行。另外，不少年轻人把圣诞节当成 "第二个情人节"，那些正在谈恋爱的或刚刚结婚的年轻人都更喜欢圣诞节，他们往往是一起逛商店、看电影，然后一起吃晚饭。

　　中国传统的节日大都强调全家团圆，一家人聚在一起，这让不少年轻人觉得很麻烦。而圣诞节则比较轻松、快乐，更像是为自己过的，这也是年轻人喜欢圣诞节的重要原因之一。

　　Jìn xiē nián zài Zhōngguó guò Shèngdànjié de rén yuèláiyuè duō. Měi nián yí jìnrù shí'èryuè zhōngxún, Běijīng、Shànghǎi、Guǎngzhōu děng dà chéngshì dōu chōngmǎnle Shèngdànjié de qìfen. Dàochù dōu néng kàndào piàoliang de shèngdànshù, shāngdiàn li màide zuì duō de yě shì shèngdàn lǐwù.

　　Gēnjù tǒngjì, zài Zhōngguó, guò Shèngdànjié de rén dàduōshù niánlíng zài sānshíbā suì yǐxià, tèbié shì èrshí suì zuǒyòu de niánqīngrén, jǐnguǎn tāmen zhōng de juédà duōshù dōu bú shì Jīdū jiàotú, dànshì, tāmen suǒ zhàn de bǐlì dàgài shì guò Shèngdànjié de zǒng rénshù de qī chéng. Tāmen píngshí xuéxí hé gōngzuò dōu hěn máng, hěn shǎo yǒu jiàqī, suǒyǐ zhǐshì xiǎng lìyòng Shèngdànjié de jīhuì hǎohǎo fàngsōng yíxià. Yīnwei Shèngdànjié bú fàngjià, niánqīngrén zhǐhǎo bǎ qìngzhù huódòng ānpáizài yèwǎn jìnxíng. Lìngwài, bùshǎo niánqīngrén bǎ Shèngdànjié dàngchéng "Dì-èr ge Qíngrénjié", nàxiē zhèngzài tán liàn'ài de huò gānggāng jiéhūn de niánqīngrén dōu gèng xǐhuan Shèngdànjié, tāmen wǎngwǎng shì yìqǐ guàng shāngdiàn, kàn diànyǐng, ránhòu yìqǐ chī wǎnfàn.

　　Zhōngguó chuántǒng de jiérì dàdōu qiángdiào quánjiā tuányuán, yìjiārén jù zài yìqǐ, zhè ràng bùshǎo niánqīngrén juéde hěn máfan. Ér Shèngdànjié zé bǐjiào qīngsōng, kuàilè, gèng xiàng shì wèi zìjǐ guò de, zhè yě shì niánqīngrén xǐhuan Shèngdànjié de zhòngyào yuányīn zhī yī.

第1週

第2週

第3週

第4週

第5週

筆記対策

リスニング対策

模擬試験

（日本語訳）

　　最近中国ではクリスマスを過ごす人がますます増えてきました。毎年ひとたび12月の中旬になると、北京、上海、広州などの大都市ではクリスマスの雰囲気に満ち溢れます。いたるところできれいなクリスマスツリーが見られ、お店で売っている物の多くもクリスマスプレゼントです。

　　統計によると、中国では、クリスマスを過ごす大多数の人の年齢は38歳以下で、特に20歳ぐらいの若者です。彼らの中のほとんどの人はキリスト教徒ではありませんが、彼らが占める割合はクリスマスを過ごす人の総数の7割になります。彼らは普段、勉強と仕事に忙しく、休暇が少ないので、クリスマスの機会を利用してしっかりくつろぎたいだけです。クリスマスは休みではないので、若者はお祝いのイベントを夜に行うしかありません。それ以外に、多くの若者はクリスマスを「第二のバレンタイン」として扱い、ちょうど恋愛をしている、あるいは結婚したばかりの若者がよりクリスマスを好み、彼らは往々にして、いっしょにお店に行ったり、映画を見に行ったりした後、一緒に夕食を食べます。

　　中国の伝統的な祝日の大部分は一家団らんを強調し、一家で一緒に集まります。このことは多くの若者に煩わしく感じさせます。それに比べてクリスマスは気楽で楽しく、より自分のために過ごせるようです。これも若者がクリスマスを好む主な原因の一つです。

(6) 在中国过圣诞节的多数是什么人？

Zài Zhōngguó guò Shèngdànjié de duōshù shì shénme rén?

（中国でクリスマスを過ごす人の多くはどんな人ですか。）

① 多数是超过40岁的人。Duōshù shì chāoguò sìshí suì de rén.

（多くは40歳を越えた人。）

② 多数是已经结了婚的人。Duōshù shì yǐjīng jiéle hūn de rén.

（多くはすでに結婚した人。）

③ 多数是信奉基督教的人。Duōshù shì xìnfèng Jīdūjiào de rén.

（多くはキリスト教を信じる人。）

❹ 多数是不到40岁的人。Duōshù shì bú dào sìshí suì de rén.

（多くは40歳に満たない人。）

解説　"在中国，过圣诞节的人大多数年龄在38岁以下"と言っているので④が正解です。40歳という数値は本文には出ていませんが、38歳が40歳以下ということからこの答えになります。

(7) 圣诞节的庆祝活动经常在什么时候进行？

Shèngdànjié de qìngzhù huódòng jīngcháng zài shénme shíhou jìnxíng?

（クリスマスのお祝いのイベントはいつもいつ行われますか。）

① 早上。Zǎoshang.（朝。）　　　　② 中午。Zhōngwǔ.（昼。）

③ 下午。Xiàwǔ.（午後。）　　　　❹ 晚上。Wǎnshang.（夜。）

解説　"因为圣诞节不放假，年轻人只好把庆祝活动安排在夜晚进行。"と言っているので④が正解です。

(8) 他们过圣诞节的目的是什么？Tāmen guò Shèngdànjié de mùdì shì shénme?

（彼らがクリスマスを過ごす目的は何ですか。）

❶ 让自己放松放松。Ràng zìjǐ fàngsōngfangsong.

（リラックスするため。）

② 跟全家人一起吃饭。Gēn quánjiārén yìqǐ chī fàn.

（一家で一緒に食事をする。）

③ 送家人一些礼物。Sòng jiārén yìxiē lǐwù.

（家の人にプレゼントを送る。）

④ 跟朋友逛逛商店。Gēn péngyou guàngguang shāngdiàn.

（友人とお店を回る。）

解説 "只是想利用圣诞节的机会好好放松一下。"と言っているので①が正解です。②の一家と過ごすのは中国の伝統的な祝日ですね。

(9) 年轻人喜欢圣诞节的主要原因是什么？

Niánqīngrén xǐhuan Shèngdànjié de zhǔyào yuányīn shì shénme?

（若者がクリスマスを好む主な原因は何ですか。）

① 因为圣诞节能放一天假。Yīnwèi Shèngdànjié néng fàng yì tiān jià.

（クリスマスは一日休暇をとれるから。）

❷ 因为更像是自己的节日。Yīnwèi gèng xiàng shì zìjǐ de jiérì.

（自分の祝日らしいから。）

③ 因为它能够让全家团聚。Yīnwèi tā nénggòu ràng quánjiā tuánjù.

（クリスマスは一家団欒をすることができるから。）

④ 因为能看到很多圣诞树。Yīnwèi néng kàndào hěn duō shèngdànshù.

（クリスマスツリーをたくさん見ることができるから。）

解説 "更像是为自己过的"と言っているので②が正解です。①はクリスマスは休みではないと言っているので除外でき、③は中国の伝統的な祝日での行動、④はクリスマスの時期の事実を述べているだけなのでいずれも違います。

(10) 有些人把圣诞节看成是什么？

Yǒuxiē rén bǎ Shèngdànjié kànchéng shì shénme?

（一部の人はクリスマスを何と見なしていますか。）

① 全家人团圆的日子。Quánjiārén tuányuán de rìzi.

（一家団欒の日。）

② 中国的传统节假日。Zhōngguó de chuántǒng jiéjiàrì.

（中国の伝統的な祝日。）

❸ 每年另一个情人节。Měi nián lìng yí ge Qíngrénjié.

（毎年のもう一つのバレンタイン。）

④ 年轻人自己的节日。Niánqīngrén zìjǐ de jiérì.

（若者自身の祝日。）

解説 "不少年轻人把圣诞节当成""第二个情人节"と言っているので③が正解です。

筆記　解答

1 **1**

(1) 茶叶 cháyè（茶葉）
　　① 中药 zhōngyào（漢方薬）　　　② 台灯 táidēng（テーブルスタンド）
　　③ 电池 diànchí（電池）　　　　　❹ 肥皂 féizào（石けん）

(2) 手表 shǒubiǎo（腕時計）
　　① 号码 hàomǎ（番号）　　　　　② 德语 Déyǔ（ドイツ語）
　　❸ 洗澡 xǐzǎo（風呂に入る）　　　④ 满足 mǎnzú（満足する）

(3) 办法 bànfǎ（方法）
　　❶ 宁可 nìngkě（むしろ）　　　　② 少年 shàonián（少年）
　　③ 退还 tuìhuán（返却する）　　　④ 立刻 lìkè（すぐに）

(4) 公平 gōngpíng（公平である）
　　① 出版 chūbǎn（出版する）　　　❷ 通常 tōngcháng（普通の）
　　③ 对比 duìbǐ（対比する）　　　　④ 病人 bìngrén（病人）

(5) 统治 tǒngzhì（統治する）
　　① 篮球 lánqiú（バスケットボール）　② 请求 qǐngqiú（求める）
　　❸ 比赛 bǐsài（試合）　　　　　　④ 帮助 bāngzhù（助ける）

1 **2**

(6) 感觉（感覚）　① kǎnjué　❷ gǎnjué　③ gǎnjiào　④ kǎnjiào

(7) 手续（手続き）　❶ shǒuxù　② shǒuxì　③ sǒuxù　④ sǒuxì

(8) 干燥（乾燥している）　① gānsào　② kānsào　③ gànzào　❹ gānzào

(9) 悲痛（悲しみ痛む）　① bēiténg　❷ bēitòng　③ pēitòng　④ bēitèng

(10) 涨价（(物価が) 値上がりする）
　　　　　① chángjià　② zhàngjià　❸ zhǎngjià　④ zhāngjiǎ

2

(1) 我想（把）这本书还给王老师。
　　Wǒ xiǎng bǎ zhè běn shū huángěi Wáng lǎoshī.
　　（私はこの本を王先生に返したい。）
　　① 为 wèi　　❷ 把 bǎ　　③ 对 duì　　④ 被 bèi
　　解 説 「〜を」という動作の対象物を導く介詞を選ぶ問題なので②が正解です。①は「〜のために」、③は「〜に」、④は「〜に〜される」という受身文の動作主を表す介詞です。

(2) 小李昨天没来上课，今天（又）没来。

Xiǎo-Lǐ zuótiān méi lái shàngkè, jīntiān yòu méi lái.

（李さんは昨日授業に来なかったが、今日もまた来ていない）

① 都 dōu　　② 就 jiù　　③ 再 zài　　❹ 又 yòu

解説 繰り返しを表す④の「また」が正解です。①は「みな」、②は「すぐ」、③は「もう一度〜する」という将来に対する繰り返しを言っているので、ここでは該当しません。

(3) 他检查了两遍，一个错字也没找（出来）。

Tā jiǎnchále liǎng biàn, yí ge cuòzì yě méi zhǎochulai.

（彼は2回点検したが、一つの誤字も見つけることができなかった）

① 起来 qǐlai　　② 过来 guòlai　　❸ 出来 chūlai　　④ 出去 chūqu

解説 方向補語の派生義について選ぶ問題です。①は動作の開始、②は正常な状態に戻る、③は物事の完成や実現、④は好ましくないことが表ざたになる意味を表すので、③が正解です。

(4) 那个孩子虽然很努力，成绩（却）不太好。

Nàge háizi suīrán hěn nǔlì, chéngjì què bú tài hǎo.

（あの子は努力しているものの、成績は良くない）

❶ 却 què　　② 也 yě　　③ 都 dōu　　④ 又 yòu

解説 ここでは、「努力したのに成績が良くない」ということで、「予想に反して」というニュアンスを表す"却"が適当です。②は「も」、③は「みな」、④は「また」なのでいずれも違います。

(5) 你为什么（对）政治这么感兴趣?

Nǐ wèi shénme duì zhèngzhì zhème gǎn xìngqù?

（あなたはどうして政治にこんなに興味があるのですか。）

① 和 hé　　② 为 wèi　　❸ 对 duì　　④ 给 gěi

解説 適切な介詞を選ぶ問題です。①は「〜と」、②は「〜ために」、③は「〜に対して」、④は「〜に」を表します。ここでは「〜に興味がある」という文のため、対象を導く③ "对" が正解です。

(6) 你喜欢（的话），就送给你吧。

Nǐ xǐhuan dehuà, jiù sònggěi nǐ ba.

（あなたが好きなら、贈りますよ。）

❶ 的话 dehuà　　② 要是 yàoshi　　③ 尽管 jǐnguǎn　　④ 也许 yěxǔ

解説 仮定の表現には "要是 / 如果〜的话" の組み合わせのいずれかを使いますが、ここでは後ろにつく成分なので①が正解です。③は「〜ではあるけれども」、④は「もしかしたら」という意味になります。

(7) 在公园里玩儿的孩子很少，（因为）天气太热了。

Zài gōngyuán li wánr de háizi hěn shǎo, yīnwèi tiānqì tài rè le.

（公園で遊ぶ子供が少ないのは、天気があまりに暑いからだ。）

① 但是 dànshì　　② 为了 wèile　　③ 因此 yīncǐ　　❹ 因为 yīnwèi

解説 ①は「しかし」、②は「〜ために」、③は「それゆえ」と結論を表し、④は原因を表します。ここでは公園で遊ぶ子供が少ない原因を述べているので、④が正解です。

(8) 这件事你最好问（一下儿）赵老师。

Zhè jiàn shì nǐ zuìhǎo wèn yíxiàr Zhào lǎoshī.

（この件については趙先生に尋ねるのが一番です。）

❶ 一下儿 yíxiàr　　② 一点儿 yìdiǎnr　　③ 有点儿 yǒudiǎnr　　④ 一会儿 yíhuìr

解 説 ①は動詞の後ろに置き「ちょっと～してみる」、②は少しの量を、③は「"有点儿"＋形容詞」の語順で良くないことが「少し～」、④は短い時間を表します。

(9) 别等了，咱们（还是）先出发吧。Bié děng le, zánmen háishi xiān chūfā ba.

（待たないで、私たちはやはり先に出発しましょう。）

① 就是 jiùshì　　② 即是 jíshì　　❸ 还是 háishi　　④ 都是 dōu shì

解 説 ①は意志を強調し、②は「すなわち～である」、③は「やはり」、④「すべて～である」という意味をそれぞれ表します。ここでは③が正解です。

(10) 在这里根本吃（不到）正宗的四川菜。

Zài zhèli gēnběn chībudào zhèngzōng de Sìchuāncài.

（ここではまったく本場の四川料理を食べることはできません。）

❶不到 budào　　②不过 búguò　　③不好 bù hǎo　　④不去 bú qù

解 説 可能補語の問題です。結果補語の「到」は目標に到達することを表し、動詞＋"不"＋"到"の語順で可能補語の否定で目標に到達することができないという意味になり①が正解となります。

3 ①

(1) 私は今回中国に行って、1冊も本を買いませんでした。

❷ 我这次去中国，一本书也没买。Wǒ zhè cì qù Zhōngguó, yì běn shū yě méi mǎi.

解 説 完全否定の場合、「"一"＋量詞＋否定」という形になるので②が正解です。

(2) あなたの電話番号と住所をここに書いてください。

❶ 请你把电话号码和地址写在这儿。Qǐng nǐ bǎ diànhuà hàomǎ hé dìzhǐ xiězài zhèr.

解 説 「"把"＋目的語＋動詞＋"在"＋場所」の形で、「～を○○に～してください」という意味になるので①が正解です。

(3) 彼は毎日自転車に乗ってスーパーに買い物に行きます。

❹ 他每天都骑自行车去超市买东西。Tā měi tiān dōu qí zìxíngchē qù chāoshì mǎi dōngxi.

解 説 複数の動詞が並ぶ場合は、動作の順番に「動詞＋目的語」の順に並べます。ここでは「自転車に乗る」、「スーパーに行く」、「買い物をする」の順番に動作が進行するので④が正解です。

(4) あなたはフランス料理を何回食べたことがありますか。

❸ 你吃过几次法国菜? Nǐ chīguo jǐ cì Fǎguócài?

解 説 経験した回数を表す場合の語順は「動詞＋"过"＋回数＋目的語」なので③が正解です。

(5) あの子は書道を本当にまじめに練習します。

❷ 那个孩子练书法练得非常认真。Nàge háizi liàn shūfǎ liànde fēicháng rènzhēn.

解 説 動作の様態を表す場合は「動詞＋"得"＋様態補語＋形容詞」の語順になるので、②が正解です。

3 ②

(6) 上大学的时候，我 ② 学 ④ 过 [❸ 一年] ① 汉语 。

Shàng dàxué de shíhou, wǒ xuéguo yì nián Hànyǔ.

解説 「動詞+ "过" +時間の長さ+目的語」の語順になります。

(7) 我的电脑是 ④ 被 [❸ 我] ① 弟弟 ② 弄坏 的 。

Wǒ de diànnǎo shì bèi wǒ dìdi nònghuài de.

解説 「"被" +人+動詞」の形で「人に～された」という受身文になります。

(8) 佐藤小姐 [❶ 汉语] ② 说 ③ 得 ④ 非常流利 。

Zuǒténg xiǎojiě Hànyǔ shuōde fēicháng liúlì.

解説 「～するのが流暢だ」のような文は様態補語を使います。語順は「(動詞) +目的語+動詞+ "得" +形容詞などの補語」となり、この問題では最初の動詞が省略されています。

(9) 我们 [❹ 谁] ③ 都 ① 不知道 ② 这件事 。

Wǒmen shéi dōu bù zhīdào zhè jiàn shì.

解説 "谁都不～" の形で「誰も～ない」という意味になります。

(10) 我听说他 ③把资料 ②带回 [❹ 家] ①去 了 。

Wǒ tīngshuō tā bǎ zīliào dài huí jiā qù le.

解説 "把" を用いて目的語を前に持ってきて、目的語に何らかの処置を加えるニュアンスの文です。また、複合方向補語に場所を表す語を目的語として加える場合は、複合方向補語の間に挟み込みます。

4

　　炎热的夏天 (1) 总算 过去了。今年的夏天跟往年不一样，气温高得让人受不了，而且高温天气持续的时间也很长。今年夏天还有一个特点，就是全国各地都出现了创纪录的高温。有人开玩笑说：地球发烧了。高温天气 (2) 给 人们的生活造成了很大的影响，蔬菜水果的产量大大降低，价格也就比过去高了许多。因为中暑被送到医院救治的人数比以往多得多。

　　今年夏天的台风也跟往年不同，一个又一个的台风严重影响了人们的生产和生活。城市交通因台风而中断的情况一再发生，给人们的出行带来极大的不便。不少人 (3) 甚至 在台风中失去了生命。

　　据气象专家说，气温逐渐升高的现象会成为常态，也就是说今后可能会一年比一年热。异常天气的出现，让我们不得不想到一个问题，这 (4) 到底 是不是人类破坏地球环境的结果呢？人们在追求生活富裕便利的同时，也应该认真考虑如何保护地球环境的问题。近些年来，(5) 不管 是发达国家 (5) 还是 发展中国家，都在为保护环境而相互合作，我们每一个人也都应当为保护环境尽自己的一份义务。

Yánrè de xiàtiān zǒngsuàn guòqu le. Jīnnián de xiàtiān gēn wǎngnián bù yíyàng, qìwēn gāode ràng rén shòubuliǎo, érqiě gāowēn tiānqì chíxù de shíjiān yě hěn cháng. Jīnnián xiàtiān hái yǒu yí ge tèdiǎn, jiùshi quánguó gèdì dōu chūxiànle chuàng jìlù de gāowēn. Yǒurén kāi wánxiào shuō:dìqiú fāshāo le. Gāowēn tiānqì gěi rénmen de shēnghuó zàochéngle hěn dà de yǐngxiǎng, shūcài shuǐguǒ de chǎnliàng dàdà jiàngdī, jiàgé yě jiù bǐ guòqù gāole xǔduō. Yīnwèi zhòngshǔ bèi sòngdào yīyuàn jiùzhì de rénshù bǐ yǐwǎng duōde duō.

Jīnnián xiàtiān de táifēng yě gēn wǎngnián bùtóng, yí ge yòu yí ge de táifēng yánzhòng yǐngxiǎngle rénmen de shēngchǎn hé shēnghuó. Chéngshì jiāotōng yīn táifēng ér zhōngduàn de qíngkuàng yízài fāshēng, gěi rénmen de chūxíng dàilai jí dà de bú biàn. Bùshǎo rén shènzhì zài táifēng zhōng shīqùle shēngmìng.

Jù qìxiàng zhuānjiā shuō, qìwēn zhújiàn shēnggāo de xiànxiàng huì chéngwéi chángtài, yě jiùshì shuō jīnhòu kěnéng huì yì nián bǐ yì nián rè. Yìcháng tiānqì de chūxiàn, ràng wǒmen bùdébù xiǎngdào yí ge wèntí, zhè dàodǐ shì bu shì rénlèi pòhuài dìqiú huánjìng de jiéguǒ ne? Rénmen zài zhuīqiú shēnghuó fùyù biànlì de tóngshí, yě yīnggāi rènzhēn kǎolǜ rúhé bǎohù dìqiú huánjìng de wèntí. Jìn xiē nián lái, bùguǎn shì fādá guójiā háishi fāzhǎnzhōng guójiā, dōu zài wèi bǎohù huánjìng ér xiānghù hézuò, wǒmen měi yí ge rén yě dōu yīngdāng wèi bǎohù huánjìng jìn zìjǐ de yí fèn yìwù.

(日本語訳)

　ひどく暑い夏がようやく過ぎさった。今年の夏はこれまでとは異なり、気温が高すぎて耐えられず、しかも高温が持続する時間もとても長かった。今年の夏にはもう一つ特徴があった。全国各地で記録的な高温を観測したのである。「地球が熱を出した。」と冗談を言う人もいた。高温の天候は人々の生活に大きな影響を与えており、野菜や果物の生産量は大きく低下し、価格も今までに比べてかなり高くなった。熱中症で病院に搬送され診察を受けた人の人数もこれまでに比べて多くなった。

　今年の夏の台風も以前とは異なり、次から次へと来る台風は、人々の生産活動と生活に大きな影響を与えた。町の交通は台風によって断ち切られ、人々の外出に多大な不便を引き起こし、はては多くの人が台風によって生命を奪われた。

　気象の専門家によれば、気温が次第に高くなっている現象が通常の状態となり、今後、年々暑くなっていくそうである。異常気象の出現は、地球の環境を破壊した結果なのかと考えざるを得なくさせる。人々は便利で豊かな生活を追求すると同時に、いかに地球の環境を守るか真剣に考えなければならない。近年では、先進国であっても発展途上国であっても、環境保護のためにともに協力している。私たちは一人ひとりも環境保護を自身の義務として考えなければならない。

(1) ① 总之 zǒngzhī　　② 总结 zǒngjié　　❸ 总算 zǒngsuàn　　④ 总共 zǒnggòng

解説 ①は「要するに」、②は「総括する」、③は「ようやく、やっと」、④は「全部で」という意味で、ここでは「暑い夏がようやく過ぎ去った」という意味になるので③が正解となります。

(2) ① 为 wèi　　❷ 给 gěi　　③ 向 xiàng　　④ 在 zài

解説 介詞を選ぶ問題です。"人们的生活造成了很大的影响"と続くので、ここでは"人々の生活に大きな影響を与える"という意味から後ろに対象を導く"给"が適切です。①は「～のために」、③は「～に向かって」、④は場所を導き「～で」という意味をそれぞれ表します。

(3) ❶ 甚至 shènzhì　　② 尽量 jǐnliàng　　③ 究竟 jiūjìng　　④ 顺便 shùnbiàn

解説 ①の"甚至"は述語の前に置くことで強調し「ひいては、はては」という意味を表します。②は「できるだけ」、③は「結局のところ」、④は「ついでに」を表します。ここでは話の流れから①が正解となります。

(4) ① 尽管 jǐnguǎn　　② 既然 jìrán　　③ 如果 rúguǒ　　❹ 到底 dàodǐ

解説 ①は"尽管～也"の形で「～ではあるけれども」、②は"既然～就"の形で「～であるからには」、③は"如果～的话"の形で「もし～なら」という意味になります。④の"到底"は最後に、ある結果に到達することを強調して、「とうとう」という意味を表すので、ここでは④が正解となります。

(5) ❶ 不管～还是～ bùguǎn ～ háishi ～　　② 虽然～但是～ suīrán ～ dànshì ～

③ 尽管～也～ jǐnguǎn ～ yě ～　　④ 只有～才～ zhǐyǒu ～ cái ～

解説 "不管～都"の形で、条件を示したうえで、「～であろうがなかろうが」という意味になり、"是发达国家～发展中国家"の部分で先進国と発展途上国を選択させていることから"还是"が入るため①が正解。②は「～だけれども～」、③は「～ではあるけれども～」、④は「～してこそ～」という意味を表します。

(6) ① 今年的夏天还不算历史上最热的。

Jīnnián de xiàtiān hái bú suàn lìshǐ shang zuì rè de.

（今年の夏は歴史上最も暑いわけではない。）

② 今年夏天跟往年没有太大的区别。

Jīnnián xiàtiān gēn wǎngnián méiyǒu tài dà de qūbié.

（今年の夏はこれまでとあまり違いはない。）

❸ 有人预测未来的夏季将越来越热。

Yǒu rén yùcè wèilái de xiàjì jiāng yuèláiyuè rè.

（未来の夏はますます暑くなると予測する人がいる。）

④ 富人应为环境被破坏负更大责任。

Fùrén yīng wèi huánjìng bèi pòhuài fù gèng dà zérèn.

（富裕層は環境破壊にもっと責任を負わなければならない。）

解説 "据气象专家说，气温逐渐升高的现象会成为常态，也就是说今后可能会一年比一年热。"と専門家が未来の夏の暑さについて予測している記述があるので③が正解。

5

(1) 据说现在已经找不到那家药店了。

Jùshuō xiànzài yǐjīng zhǎobudào nà jiā yàodiàn le.

　解 説 "已经~了"ですでに完了したり、状態の変化があったことを表します。「見つからなくなった」の部分は目標に
到達することを表す "到" を、動詞＋"不"＋"到" の語順で可能補語の否定の形で用いることで表します。

(2) 你们（是）在哪儿学的汉语?

Nǐmen (shì) zài nǎr xué de Hànyǔ?

　解 説 どこで勉強したかということに焦点が当たっているので、"是~的" 文を使います。

(3) 这里的冬天怎么这么干燥啊。

Zhèli de dōngtiān zěnme zhème gānzào a .

　解 説 「どうしてこんなに~」という場合は「"怎么这么"＋形容詞」を使います。

(4) 今天起得太晚了，没来得及吃早饭了。

Jīntiān qǐde tài wǎn le, méi láidejí chī zǎofàn le.

　解 説 「起きるのが遅い」は様態補語を使い、「動詞＋"得"＋形容詞など」の語順で表します。「~するのに間に合わ
ない」は "没来得及~" を使います。

(5) 你要开车的话，咱们就别喝酒了。

Nǐ yào kāichē dehuà, zánmen jiù bié hē jiǔ le.

　解 説 「もし~するなら」という仮定の文なので、"如果／要是~的话" 等を用いた複文で表します。

中国語検定試験で学ぶ中国語シリーズ③
完全攻略！中検3級
8週間の学習プログラム

発行日	2020年3月25日（初版）
	2024年1月22日（第4刷）
著者	奥村佳代子・氷野善寛・馮誼光
編集	株式会社アルク出版編集部
編集協力	板垣友子・幸治隆子
AD	アートディレクター：佐藤勝志【エメ龍夢】
デザイン・DTP	デザイン：坂部陽子【エメ龍夢】
ナレーション	李洵／梁慶成
音声編集	Niwaty
印刷・製本	萩原印刷株式会社
発行者	天野智之
発行所	株式会社アルク
	〒102-0073　東京都千代田区九段北 4-2-6　市ヶ谷ビル
	Website　https://www.alc.co.jp/

著者プロフィール

奥村佳代子
　大阪生まれ。関西大学大学院文学研究科修了。現在、関西大学外国語学部で教鞭をとる。主な研究対象は江戸時代の日本人が接触・学習した中国語。『キクタン中国語【上級編】』（アルク）の執筆に加わった。

氷野善寛
　大阪生まれ。関西大学大学院文学研究科満期退学。目白大学中国語学科で教鞭をとる。また学校法人角川ドワンゴ学園 N 高等学校通学コース「中国語」のカリキュラム設計を担当。専攻は中国語教育、文化交渉学。『キクタン中国語会話』（共著、アルク）ほか。

馮誼光
　中国長春に生まれる。神戸大学大学院教育学研究科修士課程修了。現在、神戸大学、関西大学、近畿大学で非常勤講師。専門は中国語、教育史。教育学修士。主要著書『中検 4 級練習帳』（共著）光生館 2008 年、『中検 3 級練習帳』（共著）光生館 2010 年ほか。

地球人ネットワークを創る

アルクのシンボル
「地球人マーク」です。

PC：7020027
ISBN：978-4-7574-3612-1